일본 민주당정권의 성공과 실패

SNU일본연구총서 06

일본 민주당정권의 성공과 실패

펴낸곳 서울대학교출판문화원
펴낸이 오연천
지은이 박철희 외

초판 1쇄 인쇄 2014년 5월 20일
초판 1쇄 발행 2014년 5월 25일

출판등록 제15-3호
주소 서울 관악구 관악로 1 우편번호 151-742
대표전화 02-880-5252 **팩스** 02-888-4148
마케팅팀(주문상담) 02-889-4424, 02-880-7995
이메일 snubook@snu.ac.kr
홈페이지 www.snupress.com
영문홈페이지 eng.snupress.com

ISBN 978-89-521-1584-3 94340
세트 978-89-521-1086-2

SNU일본연구총서

06

일본 민주당정권의 성공과 실패

박철희 외 지음

서울대학교출판문화원

The Rise and Fall of the Democratic Party of Japan

Edited by Park, Cheol Hee (Professor, Seoul National University)

Seoul National University Press

머리말

일본 정치는 전후 오랜 기간에 걸쳐 자민당(自民党)의 장기집권과 정치적 안정성으로 세계의 주목을 받아왔다. 그러던 일본 정치에 새로운 바람을 불러일으킨 것이 민주당(民主党)이었다. 1996년 결성된 일본 민주당은 분산되어 있던 일본의 야당들을 서서히 흡수 통합하면서 자민당에 대항할 수 있는 거대 야당으로 다시 태어났다. 특히 2003년 오자와(小沢)가 이끄는 자유당(自由党)과의 통합을 계기로 민주당은 자민당과 공명당, 그리고 공산당을 제외한 거의 모든 야당을 하나로 만들었다. 이때부터 민주당의 자민당에 대한 도전은 본격화되었다. 2007년 참의원 선거에서 자민당과 공명당 연립정권을 이기면서 자민당정권을 소수 여당 정권으로 만든 민주당은 그 여세를 몰아 2009년 중의원 선거에서 자민당에 압승하면서 여당 자리에 올라섰다. 전후 일본에서 선거를 통해 야당이 집권한 것은 민주당이 처음이었다. 그런 만큼 민주당의 집권은 세간의 주목을 받았다.

하지만 민주당의 집권은 3년 3개월의 실험으로 끝이 났다. 2009년 9월 정식으로 출범한 민주당은 3년 남짓한 기간 동안 하토야마(鳩山), 간(管) 총리를 거쳐 노다(野田) 총리까지 세 명의 총리를 배출하였다. 고이즈미(小泉) 총리 이후 자민당정권이 그랬던 것처럼 민주당의 총리들도 매년 바뀌는 불안정성을 드러냈다. 만성적인 재정 적자에 시달리던 일본은 2011년 3·11 대지진을 겪으면서 재정 적자의 고민이 깊어졌고, 소비세 인상이라는 카드를 빼어 들면서 민주당의 인기는 점점 식어 갔다. 민주당은 2012년 12월 총선에서 57석이라는 보잘것없는 의석을 차지한 야당으로 전락하였고, 자민당은 294석이라는 의석을 되찾으면서 화려하게 권력의 자리에 복귀하였다. 2012년 말 이후 일본 정치는 다시 자민당이 국가의 운명을 좌지우지하는 상태로 되돌아갔다.

그렇다면, 과연 민주당정권은 일본 정치에서 무엇이었나? 민주당이 이루고자 하였던 정치적 목표는 무엇이었고, 정책적 과제들을 어떻게 풀어 가고자 하였나? 민주당은 무엇을 이루어내었고, 무엇에 실패하였나? 이러한 질문들을 던지는 것은 연구자로서도 관찰자로서도 당연한 질문일 것이다.

이 책은 민주당이 집권한 이후 일본 정치를 연구하는 학도들이 모여 민주당 집권의 가능성과 한계를 짚어보기 시작한 것이 그 출발점이었다. 서울대학교 일본연구소 2010 일본학 연구지원 사업비의 지원을 받아 여섯 명의 연구자가 민주당 발족과 그에 따른 국내외 정책의 전개를 연구하기 시작하였다. 2010년 7월부터 2011년 6월까지 진행된 연구에는 서울대학교 박철희 교수, 국방대학교 박영준 교수, 일본 도카이대학 김경주 교수, 국립외교원 조양현 교수, 일본 도호쿠대학 김숙현 교수, 국민대학교 최희식 교수가 참가하였다. 2011년 1월 27일에는 도쿄대학에서 한국 측 연구자들이 민주당정권에 대해 발표를 하고 도쿄대학 교수들이 토론에 나서는 진풍경이 벌어졌다. 당시 토론에 나섰던 여러분의 도움이 이 책에 실린 논문들의 발전에 커다란 도움이 되었다. 당시 도쿄대학의 우치야마 유(内山融), 고조 요시코(古城佳子), 기미야 다다시(木宮正), 다니구치 마사키(谷口雅紀), 호시로 히로시(保城広至), 야마모토 겐타로(山本健太郎) 등 저명한 학자들께서 논문에 도움 말씀을 주셨다.

서울대학교 일본연구소 기획 프로젝트의 1단계는 2011년 연구보고서를 제출하면서 마무리되었다. 이어 책을 출판할 계획을 세우고 정치상황의 추이를 지켜보았다. 그 와중에 점점 민주당이 성공보다는 실패의 길로 향하고 있다는 연구자들의 의견이 제시되었다. 급기야 2012년에 들어서서는 민주당이 분열하고 자민당의 기세가 등등해지더니 민주당은 정권을 잃고 말았다. 이러한 결과에 접하여 2012년 9월 서울대학교 일본연구소 소장이 된 박철희 교수는 같은 연구진들로 하여금 민주당정권의 전모를 다시 한 번 점검하고 종합적으로 분석하는 논문을 집필해 달라고 요구하게 되었다. 기본적으로 2011년에 제출한 원고를 대폭 수정하고 보완하는 형식을 통해 민주당정권 기간 전체를 포괄하는 연구로 재정립시켜 달라고 요청하였다. 이 단계에서 연구년으로 미국에 가 있던 김숙현 교수를 대신하여 서울대학교 국제대학원에서 민주당 분열을 주제로 석사학위 논문을 쓴 심미정 양이 연구진으로 교체 투입되었다. 연구진 전체는 다시 한 번 힘을 모아 민주당정권 전체를 조망하는 논문으로 가필 수정하였고, 그 결과를 2013년 4월 26일 서울대학교 일본연구소 공개발표회 형식으로 발표하였다. 이후 저자들의 최종 보완을 거친 후 최종 연구결과로 제출된 것이 이 책에 실린 논문들이다.

이 책에 실린 논문들의 내용을 간단히 개관하면 다음과 같다.

제1부에는 민주당 집권 이후의 국내 정치 역학을 다루었다.

제1장에 소개된 박철희 교수의 논문은 일본 민주당의 정책대립축

이동이 가져온 성공과 실패를 분석한 것이다. 민주당은 야당 시절 고이즈미 시대 자민당의 정책에 대항하는 반(反)자민당 노선을 제창함으로써 인기를 끌었다. 사회복지에 대한 충실성을 보여주는 '국민의 생활이 가장 먼저(国民の生活が第一)'라는 구호가 재정건전화를 내세우는 자민당과 크게 대비되었다. 또한 외교안보 노선에서도 미일동맹 일변도에서 벗어나 아시아 외교를 충실히 하려는 시도가 높이 평가되었다. 이 같은 정책적 대립축의 이행은 민주당이 자민당을 넘어설 수 있는 이념적 고리를 제공하였다. 그러나 정권을 잡은 이후 민주당은 사회복지 공약의 남발로 인한 재정 부담을 이겨내지 못하고 점차 소비세 인상을 통해 재정건전화를 도모하는 방향으로 정책을 전환하였다. 또한 외교안보 분야에서도 중국과의 영토 갈등이 심화되면서 아시아 외교를 포기하고 점차 미일동맹 중심으로 되돌아서게 되었다. 반(反)자민이었던 정책 노선이 반(半)자민 노선으로 이행했다가 친(親)자민 노선으로 다시 이행하는 과정이 민주당의 정책적 차별성과 정체성을 약화시키는 결과를 초래하여 정권 상실의 길을 열어 주었다는 것이 이 논문의 요지이다. 심미정 양이 집필한 제2장은 그의 석사학위 논문을 발전시킨

것이다. 민주당은 정권교체라는 대의명분을 위해 당내의 보수파와 리버럴한 세력이 일치단결했으나 역설적으로 정권을 잡은 다음에 당내 갈등이 심화되는 결과를 낳았다. 특히, 민주당 내부는 친(親)오자와 세력과 반(反)오자와 세력으로 나뉘어 갈등을 거듭하였다. 하토야마 총리 시절 민주당 간사장이라는 직책을 차지한 오자와는 하토야마와 정책 지향성이 같았고 당내의 권력을 거의 독점하다시피 했었기 때문에 불만이 없었다. 불만은 권력의 자리에 가까이 가지 못한 당내 신진 세력 내에서 확산되었다. 하토야마에 이어 총리의 자리에 오른 간(菅)은 반오자와파의 추대를 받았던 관계로 오자와를 당내 권력에서 밀어내었다. 당내 최대의 계파를 형성하고 있던 오자와파는 정책결정이나 인사에 있어서 거부권을 행사할 수 있는 위치(veto player)를 확보하고 있었던 관계로 정권 담당자들과 타협할 수 있었다. 하지만 반오자와 성향이 강한 노다(野田)가 총리가 되면서부터 소비세 인상을 추진하는 당권파와 오자와가 중심이 된 비판세력이 정면으로 충돌하는 사태가 빚어졌다. 오자와 그룹의 반대에도 불구하고 소비세 인상 법안을 추진하는 사태가 일어나면서 당은 극심한 분열 양상을 보였고, 마침내 오자와와 그 추종자들은 민주당을 이탈하여 신당을 창당하였다. 당의 분열이 민주당의 약체화를 가져오는 결과에 이르는 과정을 이 논문은 잘 보여주고 있다.

김경주 교수의 논문은 민주당 내각에 대한 지지율을 심층적으로 분석하고 그 변동 요인과 유형을 범주화한 것이다. 김 교수는 여론조사 데이터에 하딘(Hardin)이 개발한 정치적 신뢰라는 개념을 민주당 내각 평가에 적용하였다. 이 연구는 두 가지 점에 주목하고 있다. 일본의 유권자들은 민주당이 지향하는 정책의 방향성이나 동기에 대해 높은 지지를 보여주었다. 생활정치에 관한 관심, 재정 재건에 대한 노력 등도 높은 지지를 보였다. 자민당과는 구별되는 정책 아젠다들이었기 때문이다. 하지만 이 연구는 민주당의 정책실행력에 대한 여론의 지지는 낮았다는 점을 잘 밝혀내고 있다. 후텐마(普天間) 기지 이전 문제를 취급하는 방식 등에 대한 여론의 실망은 매우 컸다. 소비세 증세에 대한 여론의 후폭풍은 대단히 강하였다. 이같이 정책 방향성에 대한 지지에도 불구하고 정책실행력에 대한 깊은 의구심이 민주당의 지지도를 낮게 하는 원인을 제공했다는 것이 김 교수의 분석이다.

제2부는 민주당정권하에서의 대외관계를 다루고 있다. 모든 분야를 망라하기보다는 민주당정권의 성과를 측정해 볼 수 있는 미일관계, 중일관계, 그리고 한일관계에 초점을 맞추었다.

박영준 교수의 논문은 민주당의 대외정책이 미국과의 대등한 동맹관계를 구축하려는 노력에서 출발했다는 점에 주목하고 있다. 후텐마 기지 이전은 그 대표적인 사례였다. 미국과 아시아 국가 간의 등거리외교 노선으로까지 불렸던 민주당 초기의 미일관계 수정 방침은 민주당정권에는 사실상 부메랑으로 작용하였다. 아시아 국가와의 관계를 강화하는 한편 미국과의 적절한 동맹 관리에 실패한 민주당은 역설적으로 중국의 공세적인 대외전략의 전개로 인해 센카쿠를 둘러싼 분쟁에 휩싸이면서 미일동맹을 기축으로 하는 정책으로 다시 선회할 수밖에 없는 지경에 이르게 되었다. 박 교수의 논문은 이 과정을 면밀하게 분석하면서, 대등한 미일관계 구축이라는 이상이 좌절하게 되는 점을 밝히고 있다.

조양현 교수의 논문은 중일관계에 대한 새로운 조망을 하고 있다. 동아시아 외교의 재구축은 민주당정권이 자민당 시절과 대비하면서 내세운 중요한 정책 목표였다. 하토야마 정권은 특히 동아시아 공동체라는 이상을 내세우면서 중국 및 한국과의 관계개선을 강력하게 추구하였다. 하지만 민주당정권하에서의 동아시아 외교는 경제적 상호의존의 심화에도 불구하고 정치외교 분야에서는 갈등이 심화되는 불균형적 발전을 목도하게 된다. 이 논문은 이 같은 중일관계의 불균형적 발전을 개별 정치인, 국내 정치과정, 그리고 국제체제라는 삼차원의 분석틀로 엮어내고 있다. 센카쿠 열도를 둘러싼 갈등과 동아시아 공동체의 이상과 현실에 대한 분석을 통해 중일관계의 모순을 다룬 것이 주된 내용이다.

한국 독자들의 관심을 끄는 한일관계를 다룬 논문은 최희식 교수가 담당하였다. 최 교수는 냉전기와 탈냉전기 한일관계를 규정하는 기본틀에 변화가 있음을 유의하면서 일본과 한국은 전략적 연대를 필요로 하는 관계임을 역설한다. 민주당정권은 아시아 외교의 재건에 발맞추어 한국 및 중국에 대한 접근을 강화하였고, 중국과 영토 문제 등에서 대립하면서 한국과는 전략적인 제휴를 하려는 노력이 민주당정권하에서 꾸준히 전개되었다는 점을 지적하고 있다. 하지만 노다 정권에 접어들면서 사실상 한일관계를 관리하는 데 실패하고 방기에 이르렀다는 것이 최 교수의 결론이다.

민주당정권의 성공과 실패를 다룬 이 책이 민주당의 모든 측면을 포괄하는 분석이라고는 할 수 없다. 하지만 일본 초유의 정권교체를 이루어낸 민주당이 여당의 자리를 차지하고 이루고자 했던 꿈이 무엇이었고 그 꿈들이 좌절되는 과정이 어떠했는가를 보여주는 데에는 성공했다고 자부한다. 상세한 정책 부문이나 세부적인 정치과정의 분석은 다른 연구자들의 몫으로 남겨 놓고자 한다. 다만 민주당의 성공과 실패의 원인이 어디에 있었는가 하는 거시적 분석의 족적을 남기고자 한 것이 필자들의 희망이었음을 이 자리를 빌려 밝혀 둔다.

이 연구 프로젝트는 서울대학교 일본연구소의 전폭적인 지원 없이는 성공할 수 없었다. 재정적인 지원으로부터 공개발표회 등 학술행사의 자리를 마련하고 나아가 출판 작업의 지원에 이르기까지 일본연구소의 손이 닿지 않은 곳이 없다. 이 자리를 빌려 서울대학교 일본연구소 관계자께 감사를 드린다. 특히, 전임 소장이신 한영혜 교수는 이 프로젝트의 중요성을 일찍이 감지하시고 지원 결정을 내려주셨다. 그 기대에 못 미치는 점이 있다면 프로젝트 참가자들의 몫으로 남겨두고자 한다. 서울대학교 일본연구소의 출판 업무를 맡은 조관자 교수와 서동주 교수는 늘 이 책의 출판을 손꼽아 기다리면서 지원과 격려를 아끼지 않았다. 그들의 인내심과 관용에 고개를 숙인다. 마지막으로 서울대학교출판문화원 권영자 선생님께도 감사를 드린다.

2014년 1월

서울대학교 국제대학원 교수 겸 일본연구소장

박 철 희

차 례

第5장 동아시아 파워밸런스 변화와 일본 외교: 일본 민주당정권하의 중일관계 195

第6장 한일관계: 전략적 연대에서 방기로 247

제1부

민주당과 국내 정치 역학

제1장

일본 민주당의 정책대립축 이행과 정당 간 경쟁의 역전[1]

박철희

I. 서론

1990년대 초반까지 일본 정치를 특징짓는 개념이 안정이었다면,[2] 그 이후의 일본 정치를 특징짓는 말은 유동성과 불안정성일 것이다.[3] 2006년부터 2013년까지 7년간에 걸쳐 일본 총리는 고이즈미(小泉), 아베(安倍), 후쿠다(福田), 아소(麻生), 하토야마(鳩山), 간(菅), 노다(野田)에 이어 다시 자민당의 아베(安倍)로 이어지면서 일곱 번이나 바뀌었다. 거의 1년에 한 명꼴로 일본 총리가 교체되는 '재상불행사회(宰相不幸社會)'가 되었다.[4] 한편 2005년 296석을 얻어 야당 민주당에 압승을 거둔 자민당은 2007년 참의원 선거에서 36석밖에 획득하지 못하는 참패를 맛보았다. 2009년 총선거에서 308석을 차지하면서 역사적인 정권교체를 이룬 민주당은 바로 이듬해인 2010년 7월 참의원 선거에서 역시 44석만 확보하면서 참의원에서 과반수 확보에 실패하였다. 급기야 2012년 총선에서는 480석 중 57석만 얻는 참담한 패배를 겪으면서 3년 3개월 만에 정

---

1 이 논문은 서울대학교 일본연구소 2010 일본학 연구지원 사업비의 지원을 받아 수행한 연구이다. 이 논문의 초고는 2011년 1월 27일 도쿄대학 워크숍에서 발표되었다. 당시 좋은 토론을 해 주신 우치야마 유(内山融), 고조 요시코(古城佳子), 기미야 다다시(木宮正), 다니구치 마사키(谷口雅紀), 호시로 히로시(保城広至), 야마모토 겐타로(山本健太郎) 등 도쿄대학 교수님들, 그리고 박영준, 김경주, 조양현, 김숙현, 최희식 박사에게 감사드린다. 본 논문의 전 단계에 해당하는 1차 완성원고는 『국제지역연구』 2011년호에 게재되었음을 밝혀 두고자 한다. 이 논문은 『국제지역연구』에 발표한 논문을 대폭 수정 보완한 것이다.

2 Gerald Curtis, *The Japanese Way of Politics*(New York: Columbia University Press, 1988); Kent Calder, *Crisis and Compensation*(Princeton: Princeton University Press, 1988); T. J. Pempel (ed.), *Uncommon Democracies*(Ithaca: Cornell University Press, 1990).

3 樋渡展洋·三浦まり編, 『流動期の日本政治』(東京: 東京大学出版会, 2002).

4 塩川正十郎, 「日本は宰相不幸社會」, 『文藝春秋』 8月号(2010), pp. 110-117.

권의 자리에서 물러났다.

이 논문은 정당 간 경쟁 공간에서 민주당이 집권에 성공하고 다시 야당으로 전락한 원인을 분석하는 데 주된 목적이 있다. 민주당이 53년이나 집권한 자민당을 누르고 2009년 선거에서 압승했던 배경은 무엇인가? 집권에 성공한 민주당은 자민당과 차별화된 전략을 정책으로 실행함에 있어서 어떠한 난관에 봉착하였고, 정책지향성에 어떠한 변화를 가져왔는가? 민주당의 정책대립축 이동은 당내 갈등과 정당 차별화 전략에 어떠한 결과를 가져왔는가? 이와 같은 질문들에 답함으로써 민주당정권의 성공과 실패를 규명해 보고자 하는 것이 이 논문의 주된 문제의식이다.

이 논문에서는 정당 간 경쟁 공간에서 각 정당의 정책대립축의 설정과 이행이 국정선거에서의 승패를 가져다주었다는 점에 주목하면서, 민주당의 2009년 총선 승리와 2010년 참의원 선거 패배 및 2012년 총선에서의 참패를 일관성 있게 설명하고자 한다. 민주당이 자민당을 물리치고 정권을 잡을 수 있었던 것은 야당통합의 효과와 득표구조의 전략적 변환을 통해 자민당에 대항하는 정당으로서 조직적인 대안을 제시한 것 이외에, 정치이념과 정책방향에 있어서 자민당 정책중심축을 갈음하는 정책적 대안에 대한 기대를 높였기 때문이다. 그러나 정치수법 및 정책 차별화에 기반을 둔 정치적 대안의 추구는 공약의 비현실성을 둘러싼 당내 갈등을 불러일으키고 공약 이행에 파행을 가져왔다. 반자민적인 정치수법과 정책 대안의 추구가 유권자들의 기대와 유리되면서 점차 부정적 평가에 직면한 결과가 민주당의 2010년 참의원 선거 패배였다. 참의원 선거 패배 이후 민주당은 반(反)자민 자세를 수정하여 경제사회정책과 대외정책 양면에서 반(半)자민당적, 나아가 심지어 친(親)자민당적 방향 선회를 시도하였다. 하지만 이 같은 정책대립축의 이동은 민주당의 정체성에 대한 내부 논란을 심화시켜 당의 분열을 가져왔을 뿐만 아니라, 자민당과의 차별성을 잃어 2012년 총선에서 대패하는 원인을 제공하였다.

II. 2009년 총선 승리: 반(反)자민당 노선 제시에 의한 대안정당화의 성공

1996년 처음 결성될 당시 민주당은 반자민, 반공산, 반공명당의 입장에 서서 유럽식 사회민주주의적인 이상을 제시하였다.[5] 그 후 1997년 말 오자와(小沢)가 이끌던 신진당이 해체되자 상당수의 신진당 소속 멤버들이 민주당에 참가하면서 1998년 민주당은 제2의 출범을 하였다. 민주당은 2000년 총선 등을 거치면서 성장하였고, 2003년 오자와가 이끌던 자유당과 합당하면서 사실상 야당의 통합과정을 종료하게 된다. 따라서 기본적으로 2003년 시점까지 민주당의 성장은 자민당, 공산당, 공명당을 제외한 제 야당들을 흡수 통합하면서 이루어진 것이었다.[6]

민주당은 2003년 이후 일본 정치의 장에서 정권교체를 이루지는 못했지만 자민당에 대항하는 제1야당으로서 유권자들의 불만을 수용할 수 있는 조직적 기반을 확장해 나갔다. 이후 민주당은 2005년 총선을 제외하면 비례대표 득표 면에서 자민당을 줄곧 능가함으로써 자민

5 박철희, 「일본 야당세력의 재편과 정당경쟁체제」, 『한국정치학회보』 40: 5, 겨울(2006), pp. 279-299.

6 박철희(2006).

당에 대한 대안 정당으로서의 위치를 확고히 하였다.[7] 〈표 1-1〉은 민주당이 2003년 이래 지속적으로 득표를 늘려왔다는 사실을 보여준다. 자민당도 절대득표의 면에서는 득표를 늘렸으나, 다나카(田中)는 이것이 공명당의 지원에 의한 것임을 결과임을 실증적으로 밝히고 있다.[8]

표 1-1. 국정선거 비례대표구에서의 양당 득표수 및 비율

연도	선거구분	정당	득표수	의석수	득표비율(%)
1996	중의원선거	자민당	18,205,955	70	32.76
		민주당	8,949,190	35	16.10
1998	참의원선거	자민당	14,128,719	14	25.17
		민주당	12,209,685	12	21.75
2000	중의원선거	자민당	16,943,425	56	28.31
		민주당	15,067,990	47	25.18
2001	참의원선거	자민당	21,114,727	20	38.57
		민주당	8,990,524	8	16.42
2003	중의원선거	자민당	20,660,185	69	34.96
		민주당	22,095,636	72	37.39
2004	참의원선거	자민당	16,797,686	15	30.03
		민주당	21,137,457	19	37.79
2005	중의원선거	자민당	25,887,798	77	38.18
		민주당	21.036,425	61	31.02
2007	참의원선거	자민당	16,544,761	14	28.08
		민주당	23,256,247	20	39.48
2009	중의원선거	자민당	18,810,217	87	26.7
		민주당	29,844,799	55	42.4

출처: 아사히신문 역대 선거결과 자료를 바탕으로 필자가 작성.

7 박철희, 「일본의 정권교체선거와 민주당정권의 향배」, 최관·서승원 엮음, 『저팬리뷰』(서울: 도서출판 문, 2010).

8 田中愛治, 「自民党衰退の構造: 得票構造と政策対立軸の変化」, 『2009年、なぜ政権交代だったのか』(東京: 勁草書房, 2009), pp. 4-6.

민주당의 역할 증대는 단지 총선에서의 득표와 의석수의 획득이라는 양적인 성장에 그치지 않았다. 2006년 민주당 당수가 된 오자와(小沢)는 확실하게 자민당과 차별화된 정책 제시에 나섰다. 오자와가 대표가 되기 이전에는 민주당 내부에서도 집권을 위해 자민당의 분열이나 자멸을 기대하는 경향이 있었으나, 오자와가 대표가 된 이후에는 적극적이고 공세적으로 자민당에 대한 정책적 대립축을 형성해 나갔다.[9]

고이즈미는 국내 정치적인 측면에서 기존의 자민당 지지조직을 중심으로 한 이익의 배분구조를 타파하고, 구조개혁을 통한 재정건전화를 기도하였다.[10] 다른 한편으로, 고이즈미는 국가와 민족이라는 공동체적인 보수적 가치를 중시하는 방식을 통해 자민당 보수 지지층의 이탈 방지에 노력하였다. 야스쿠니 신사 참배 등은 대표적인 예이다. 고이즈미 정권을 이어받은 아베 정권은 우정개혁 반대의원들을 당으로 다시 불러들이는 상징적인 조치를 통해 재정건전화보다는 전통적 자민당 지지조직에 대한 혜택 배분 구조를 복원시키려 노력하였다.[11] 한편 일본의 전통, 문화, 역사의 가치에 기반을 둔 국가와 민족, 공동체를 강화한다는 의미에서 교육기본법 추진 등 이데올로기의 정치를 구사하였다.[12] 이와 같이 국민의 일상생활과 유리된 이데올로기 정치 추구에 대해 정반대의 논리를 제공함으로써 유권자들의 관심을 불러일으키려 한 것이 오자와의 대항적 정책축 발견이었다. 오자와는 '생활이 제일(生活が第一)'이라는 정치구호를 내세웠다. 이를 통해 재정건전화를

---

9 山口二郎, 『ポスト戦後政治の対抗軸』(東京: 岩波書店, 2007).

10 竹中平蔵, 『構造改革の真実』(東京: 日本経済新聞社, 2006).

11 星浩, 『安倍政権の日本』(東京: 朝日新書, 2006).

12 渡辺治, 『安倍政権論』(東京: 旬報社, 2007).

이루기 위한 구조개혁의 폐해와 사회복지정책의 약화를 비판하면서, 자민당이 종래에 중시하던 농촌 지역이나 도시생활자 및 서민을 파고들었다. 그러면서도 관이 주도하는 국가주의적·민족주의적 가치 추구보다는 국민 개개인에 대한 복지의 충실화를 외침으로써 전통주의적인 보수와 구별되는 개인주의적 가치관의 고양을 외쳤다.[13] 이것은 전통적으로 자민당이 강조해 왔던 사회복지중심형 정책구조를 이어받으면서도 관이 주도하고 특정 이익집단에만 혜택이 집중되는 구조로부터 국민 개개인이 수혜자가 되는 사회복지국가 건설을 주장한 것이었다.

따라서 경제적 보수-혁신, 사회적 보수-혁신을 축으로 한 국내 정책대립축 도표에서 본다면, 오자와를 중심으로 한 민주당은 고이즈미가 추진하던 정책에 대한 적극적인 대항축을 제시하였다.[14] 전통적 자민당이 지방과 사회적 약자보호를 위한 보상(compensation)의 정치에 중점을 두는 A면 중심의 정치를 폈다면, 고이즈미는 전통적인 보수적 가치관을 고양하면서도 구조개혁 노선을 통해 재정건전화를 추진하는 방식으로 정책중심축을 B면으로 이동시켰다. 이에 대해 오자와는 개인주의적 가치관에 바탕을 두고 약자와 지방을 중시하는 사회복지국가 노선인 C면으로 정책축을 옮김으로써 자민당에 대한 대항축 형성에

13 鳩山由起夫·菅直人,『民益論』(東京: PHP, 1997).

14 〈그림 1-1〉은 다음과 같은 기존의 연구 성과를 바탕으로 재구성한 것이다. 山口(2007); 田中(2009); 渡辺治 外,『新自由主義か新福祉国家か: 民主党政権下の日本の行方』(東京: 旬報社, 2010). 필자는 야마구치가 제시한 리스크의 사회화와 개인화를 재정에 초점을 두어 사회복지 확충과 재정건전화를 대립축의 하나로 치환하였다. 또한 다나카가 전통주의와 개인주의로 명명한 축을 집단주의와 개인주의의 축으로 재구성하였다. 반대로 이 축은 야마구치가 명명한 패터널리즘과 개인주의의 축을 원용하였다. 와타나베는 신자유주의냐 신복지국가냐 하는 횡축에 초점을 두고 있다.

주력하였다. 따라서 개인주의적 가치관을 가진 도시의 젊은, 교육을 받은 층들이 민주당에 지지를 높이는 것은 물론 고이즈미의 구조개혁에서 희생된 농촌의 지지도 함께 확보하는 것을 가능하게 만들었다.

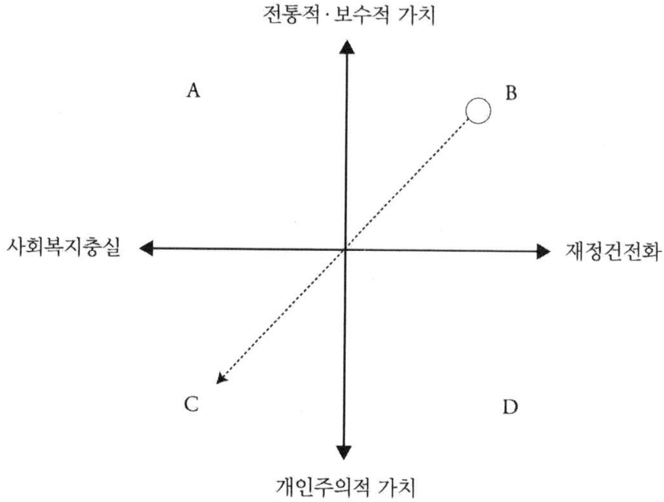

그림 1-1.

오자와를 중심으로 한 민주당은 외교안보 면에서도 정책대립축을 이동시키면서 자민당에 대한 대항축을 선명히 하였다. 전통적인 자민당 노선은 미국과의 동맹관계를 유지하면서 아시아 국가들과의 협조를 중시하는 리버럴한 전통을 가지고 있었다.[15] 그러나 고이즈미 총리 시대 자민당은 중국의 부상과 북한의 위협, 그리고 동아시아에서의 민족주의의 대두를 배경으로 미일동맹을 굳건히 하는 반면 아시아 국가들과의 대립과 갈등을 마다치 않는 현실주의 노선으로 전환하였다.[16]

15 添谷芳秀, 『日本のミドルパワー外交』(東京: ちくま新書, 2005).

이 같은 정책중심축의 이동은 미국과의 관계는 안정시킬 수 있었지만, 아시아 국가들과의 빈번한 갈등을 조장함으로써 외교적인 부담을 크게 만들었다. 오자와를 중심으로 한 민주당은 이 같은 외교정책축을 아시아 중심적인 방향으로 이동시키면서 동아시아 국가들과의 신뢰관계 구축을 위해 노력하는 방향으로 전환하였다. 반면 미국과는 대등한 동맹관계의 재설정을 도모함으로써 고이즈미가 추구하던 외교안보 노선과는 확연하게 대비되는 정책방향의 재조정을 시도하였다.[17]

미국과 아시아라는 일본 외교의 양대 지주를 중심으로 외교 정책 대립축을 가시화시킨 것이 〈그림 1-2〉이다.[18] 전통적 자민당 노선이 미일동맹을 기축으로 하면서도 아시아와의 협조관계에 유의하는 D면에 놓여 있었다면, 고이즈미는 미일관계를 강화시키면서 아시아와의 갈등을 인정하는 B면으로 이동시켰다. 민주당은 이에 대한 대항 테제로 미국과는 대등한 관계를 주장하면서 아시아를 중시하는 C면으로의 이동을 시도하였다.

---

16 読売新聞政治部, 『外交を喧嘩にした男』(東京: 新潮社, 2006).

17 이면우, 『일본민주당정권의 정책성향과 대외관계』(서울: 세종연구소, 2010).

18 〈그림 1-2〉는 다음과 같은 기존의 분석을 참고로 필자가 재구성한 것이다. Richard Samuels, *Securing Japan*(Ithaca: Cornell University Press, 2007); 田中(2009); 이면우(2010). 이 도표는 미국과 아시아의 외교를 두 축으로 설정한 이면우의 분석틀에 가장 가깝다. Samuels는 아시아와의 갈등과 협력의 축을 평화주의와 군사주의라는 군사적인 측면을 중심으로 논하고 있다. 다나카도 현실주의와 리버럴의 대결이라는 단면에 중심을 두어 양 차원의 대립을 하나로 통합하고 있으나, 여기에서는 미국과의 정책과 아시아에 대한 정책을 분리하여 별개의 대립과 협력의 조합이 가능함을 제기하고 있다.

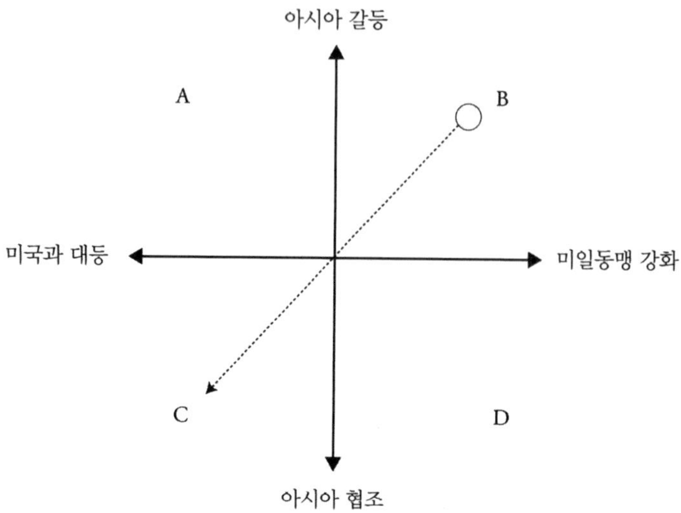

그림 1-2.

이 같은 민주당의 자민당에 대한 대안 제시와 쟁점화는 유권자들의 선택을 민주당으로 끌어들이는 흡인 요인으로 작용하여, 2007년 참의원 선거에서의 승리로 이어졌다.[19] 아베에 이은 후쿠다(福田), 아소(麻生)의 전통적 자민당 노선으로의 복귀 시도와 총리직의 사퇴, 해산 타이밍의 상실 등은 자민당에 대한 반감을 더욱 확산시키면서 민주당에 대한 기대를 심화시켰다. 그 결과 2009년 총선에서 민주당은 정권교체를 이룰 수 있었다.[20]

---

19 이이범, 「제22회 일본 참의원선거 결과 분석」, 『일본연구논총』(2010), pp. 221-244.
20 박철희(2010).

III. 민주당 공약 수정과 2010년 참의원 패배

민주당정권의 출발은 많은 일본 유권자의 기대를 모았다. 하토야마 내각의 출범 시 지지율은 75%에 달하였다.[21] 정치주도를 통한 관료지배 폐해의 타파 가능성은 큰 기대를 모았다. 하토야마 정권이 초반에 시행한 몇 가지 조치들은 특히 자민당 정치와는 다른 모습을 보여줄 것이라는 기대를 고양시켰다.[22] 먼저, 정책결정구조를 정치주도로 강화하는 데 주력하였다. 대신을 임명한 이후 부대신, 정무관을 대신과 상의하여 임명함으로써 내각의 팀워크가 살아날 수 있도록 하였다. 자민당 시절 여당의 사전심사나 진정이 내각의 결정에 방해가 된 점을 참고하여, 정부와 여당의 분리를 통해 정책결정의 중심을 내각으로 집중시켰다. 그 일환으로 민주당의 정무조사회를 폐지하기도 하였다. 그 대신 여당 간사장실로 민원의 창구를 일원화함으로써 족의원의 발호를 막고자 하였다. 둘째, 하토야마 내각은 예산상의 낭비와 무절제한 사용을 금지하기 위해 사업재분류(事業仕分け)라는 작업을 통해 예산 심사 과정을 투명하게 하고자 하였다. 자민당이 지방과 단체에 관성적으로 나누어 주던 예산을 재조정함으로써 특정 이익집단에 의한 예산의 독점수혜를 방지하려는 것이었다. 셋째, 국민에게 직접적인 복지혜택을 주기 위해 고등학교 교육 무료화, 고속도로 무료화, 아동수당 지급, 농가소득보전 등 시혜성 사회복지프로그램이 새롭게 소개되었다.

민주당의 혁신적 시도에도 불구하고 하토야마 정권의 발목을 잡

---

21 『読売新聞』, 2009년 9월 18일.

22 Cheol Hee Park, "Bloodless Revolution: How DPJ's Win Will Change Japan," *Global Asia* 4: 4, Winter(2010), pp. 82-87.

은 이슈는 후텐마(普天間) 기지 이전 문제였다. 문제의 발단은 자민당정권 시절 이전을 약속한 후텐마 기지의 현외 이전을 추진하기로 한 하토야마의 결정이었다. 민주당의 선거공약집에는 '미군 재편과 재일미군기지의 형태에 대해서는 수정하는 방향으로'라고 쓰여 있었는데 하토야마는 2009년 7월 오키나와(沖縄)의 집회에서 구체적으로 '최소한 현외(県外)로 이전하는 방향으로 적극 추진한다'고 공언하였다.[23] 대등한 미일관계를 상징적으로 보여주려 한 것이었으나, 현실적인 난관은 컸다. 하토야마는 삼중의 딜레마에 직면하였다. 첫째, 자신이 국외 내지 현외 이전에 관한 주장을 수용함으로써 오키나와 현민으로 하여금 미군기지 주둔으로 인한 부담이 경감될 것이라는 기대를 높였고, 이는 이미 이전을 수용하기로 한 헤노코(辺野古) 지역에서마저 이전을 반대하는 분위기를 조성시켰다. 헤노코 지역의 이전 반대 명분을 정부가 만들어준 격이었다. 둘째, 미군기지의 현외 이전은 사민당의 오랜 주장이었고, 민주당이 이에 동조함에 따라 후텐마 기지 이전에 대한 주도권을 민주당이 아닌 사민당이 쥐도록 하는 결과를 가져왔다. 민주당이 현실적인 대안을 모색하는 와중에 사민당 후쿠시마(福島) 당수가 2009년 12월 3일 '후텐마 비행장 이전이 헤노코라면 정권 이탈을 검토하겠다'고 위협하고 나서자 민주당은 사민당과의 연립유지를 위해 타협의 의사를 밝혔다.[24] 따라서 현외 이전을 주장하는 사민당이 주장을 굽히지 않는 한 민주당이 단독으로 정치적 결단을 내릴 수 없는 상황이 전개되었다. 셋째, 대등한 미일관계를 명분으로 이미 합의한 기지 이전

23 塩田潮, 『民主党政権の真実』(東京: 毎日新聞社, 2010).

24 『朝日新聞』, 2009년 12월 4일.

문제를 다시 끄집어냄으로써 미국은 새로 출범한 민주당정권이 좌파적인 지향성을 가진 반미 정권이 아닌가 하는 의구심을 떨치지 못하게 되었다. 더구나 오키나와 현내에서의 이전이 아니고 현외로의 이전은 미군 전략의 재편과 직결되는 문제이므로 간단히 수용할 수 없는 이슈였다. 그럼에도 불구하고 하토야마 총리는 2009년 12월 25일에 앞으로 2010년 5월 말까지 기지 이전 문제에 대한 대안을 제시하겠다는 시한을 못 박음으로써 퇴로를 차단하였다. 결국 하토야마 총리는 5월 말 시점에 이르러서도 오키나와 현민, 연립여당, 미국 정부를 동시에 만족시킬 수 있는 안을 제시하지 못하고 총리직을 사임해야 하였다.[25] 자민당과의 차별성 부각을 위해 제기했던 대등한 미일관계 주장이 후텐마 기지 이전 문제로 집중되면서 하토야마 내각의 정책수행을 가로막는 딜레마를 가져온 것이었다.

다른 한편 민주당이 공약한 사회복지 확충 프로그램은 국가 재정이 뒷받침되지 않는 한 실현이 어려운 것들이었다. 민주당은 2009년 발표한 공약에서 2010년도에는 아동수당과 공립고등학교 무상화를 위해 7조 1천억 엔을 쓰겠다고 약속하였다. 하지만 재원 염출이 가능한 것은 3조 1천억 엔 정도였고, 경기악화로 2009년 세수는 18.8%가 떨어진 37조 4천억 엔이 되어 신규 국채발행액이 44조 3천억 엔에 달하였다.[26] 당초의 예상과는 달리 사업 재분류나 예산 낭비삭감을 해도 턱없이 모자라는 예산 때문에 민주당의 공약 중 상당 부분에 대한 수정이 불가피하였다. 하토야마가 후텐마 문제로 퇴진한 후 6월 9일 총리가 된 간

25 전진호, 「하토야마 민주당 정부의 대미 외교안보정책」, 『일본연구논총』(2010), p. 165.

26 塩田(2010), pp. 214-216.

은 취임 기자회견에서 '강한 경제, 강한 재정, 강한 사회보장을 실현하겠다'고 하면서, '재정재건을 위해 초당파적인 논의가 필요하다'고 주장하였다.[27] 6월 11일에는 민주당이 2020년도까지 기초적 재정수지를 흑자화한다는 재정건전화 목표를 제시하고, 소비세를 포함한 세제의 근본적인 개혁을 참의원 공약에 포함시킬 것을 분명히 하였다.[28] 6월 19일에는, 소비세율은 자민당의 10% 안을 참고로 하겠다고 함으로써 소비세 인상 폭까지 제시하였다.[29] 간 정권이 발족하면서 재정적인 뒷받침이 이루어지지 않아 어려움에 빠졌던 공약 실현을 소비세 증세를 통해 추진하자는 방향으로 노선을 수정한 것이다.

민주당정권은 반자민당적인 정책대립축 설정을 통해 정권을 잡았지만, 현실적으로 공약을 이행하는 데 시행착오와 어려움을 겪으면서 사실상 공약을 수정하는 데까지 이르렀다. 그 결과 2010년 7월 11일 투·개표된 참의원 선거에서 민주당은 대패하였다. 참의원 선거에서의 패배는 하토야마 내각에 대한 종합평가도 곁들여진 것이었지만, 기본적으로 간 총리의 소비세 발언이 결정적으로 작용하였다. 요미우리신문 조사에 의하면, 민주당이 참패한 이유를 묻는 말에 대해 간 총리의 소비세 발언 비판이 37%로 가장 높았고, 다음은 민주당 공약에 대한 불만으로 31%였다. 반대로 자민당을 지지한 이유는 민주당정권에 대한 비판이 71%로 가장 높았다.[30] 민주당은 선거 이전보다 10석이 줄어든 106석밖에 확보하지 못함으로써 연립여당인 국민신당 및 여당계 무소

---

27 『讀売新聞』, 2010년 6월 9일.

28 『讀売新聞』, 2010년 6월 11일.

29 『讀売新聞』, 2010년 6월 19일.

30 『讀売新聞』, 2010년 7월 14일.

속을 합쳐도 110석밖에 되지 않아 참의원 정족수의 과반수인 121석에 턱없이 못 미치는 사태에 직면하였다. 민주당의 패배가 자민당의 승리를 의미하는 것은 아니었으나, 민주당은 참의원에서의 과반수 확보 실패라는 치명적인 결과에 직면하게 되었다. 반면 야당인 자민당은 민주당의 자충수에 힘입어 13석을 늘린 84석을 얻었다. 하지만 자민당도 참의원에서 과반수를 차지하는 것은 불가능한 일이었다. 새롭게 구성된 '민나노당(みんなの党)'은 자민당에 아직 불만을 품은 유권자와 민주당에 불안을 느낀 유권자를 흡수하면서 10석이나 확보하였다.

표 1-2. 2010년 7월 11일 참의원 선거 결과

정당명	당선자 수			선거전 의석	신세력
	당선자 합계	선거구	비례구		
민주당	44	28	16	116	106
국민신당	0	0	0	6	3
친여 무소속	0	0	0	1	1
자민당	51	39	12	71	84
공명당	9	3	6	21	19
공산당	3	0	3	7	6
개혁	1	0	1	6	2
사회민주당	2	0	2	5	4
일어서라일본	1	0	1	3	3
민나노당	10	3	7	1	11
행복실현당	0	0	0	1	1
무소속	0	0	0	3	2
합계	121	73	48		

참의원 선거에서 민주당이 대패했지만, 다음 몇 가지 점은 주목할 만한 경향이었다. 첫째, 민주당은 주로 지방의 1인 선거구에서 패배하였다. 1인 선거구 29개 중에서 21석을 자민당에 내어주고 8석만 겨우 확보하였다. 2007년 참의원 선거에서 민주당이 17개 1인 선거구에서 승

리한 것과 대조적인 결과였다. 둘째, 민주당이 절대득표의 면에서 자민당에 뒤처지지 않았다. 민주당은 비례득표에서 31.6%를 얻어 24.1%를 득표한 자민당에 앞섰고, 지역선거구 득표에서도 39%를 확보하여 33.4%를 얻은 자민당을 오히려 앞섰지만, 1인 선거구에서 참패하여 과반수 확보에 실패하였다. 자민당이 51석을 얻었지만, 참의원 내 제1당의 자리를 회복하지는 못하였다. 민주당에 불만을 품은 민심이 자민당으로 회귀한 것은 아니었다. 셋째, 자민당의 복귀를 바라지도 않고 민주당에도 불만인 유권자와 무당파층은 민나노당에 표를 던져 11석을 가져다주었다. 2010년 민주당에 대한 무당파층의 지지율은 23% 감소한 반면 신당인 민나노당은 무당파층의 22% 지지를 획득하였다.[31] 민주당 지지 하락의 반사이익을 얻은 것은 자민당이 아닌 민나노당(みんなの党)이었다.

IV. 간 내각의 반(半)자민당화와 민주당의 딜레마

참의원 선거가 끝나고 민주당 대표선에서 간(菅)이 대표로 다시 선출되자 현실주의적인 방향 선회를 하기 시작하였다. 가장 눈에 띄는 것은 반오자와 노선의 철저한 추구였다. 오자와는 정치자금 문제로 검찰조사회에 의해 기소 결정이 내려진데다 소비세 증세에 반대하였고, 미일동맹을 기축으로 하는 데 대해서도 비판적이었다. 따라서 간 총리는 오자와를 배제한 인사에 주저하지 않았다. 간 자신은 물론 관방장관을 맡은 센고쿠(仙谷), 간사장인 오카다(岡田), 외상인 마에하라(前原) 등이 모두 반오자와적인 기치를 선명히 함으로써 내각의 인기를 만회

31 이이범(2010), p. 235.

하고자 하였다. 오자와와 하토야마 연합 체제에 의한 민주당정권 운영에 새로운 방향성을 제시하려는 준비 작업이기도 하였다.

간 총리는 하토야마 정권하에서 간사장인 오자와에게 집중되었던 당내 권력을 분산하기 위해 몇 가지 실질적인 조처를 하였다. 우선 당정 일원화의 미명하에 폐지되었던 정책조사회를 부활시켜 국가전략상과 겸무하도록 하였다. 당, 특히 간사장실에 이관되었던 당내 여론 수렴 및 정책 조정 업무를 정책조사회 부활을 통해 사실상 간사장과 정책조사회장으로 이원화시켜 당내 권력의 분산을 도모한 것이다.[32] 또한 당 간사장실로 집약되던 진정과 민원의 처리를 자치단체는 당 조직위로, 업계와 단체는 당 기업단체 대책위로, 노조는 당 정책조사위로 역할을 분담하게 함으로써 간사장으로의 권력 집중을 견제하고자 하였다. 아울러 오자와가 원칙적으로 폐지시켰던 의원 입법을 부활시켜 당 조정팀과 내각 조정팀의 합동 심사를 통해 입법할 수 있는 길을 열어 놓았다.[33] 이 모든 조치는 오자와에게 집중되었던 당의 권력을 분산시키려는 노력의 일환이었다.

간 내각은 민주당정권 등장 이후 하토야마 내각에서 추진하던 정책방향에 두 가지 근본적인 수정을 가하였다.

하나는, 외교안보 노선의 대폭적인 수정이었다. 민주당 대표선이 한창인 2010년 9월 7일에 발생한 센카쿠(尖閣) 열도 부근에서 중국 어선이 일본 순시선에 충돌한 사건에 대한 대응은 민주당 외교에 대한 불안을 가중시켰다. 일본이 중국 어선 선장을 억류하자 중국은 주중 일

---

32 『朝日新聞』, 2012년 4월 8일.

33 『朝日新聞』, 2011년 9월 13일.

본대사의 거듭된 소환, 가스전 공동 개발 중지, 일중 정상회담 연기, 1만 명 방일여행 중지, 희토류 수출금지, 일본 여행객 4명을 사진촬영 금지 지역 촬영 혐의로 체포하는 등 여러 개의 카드를 동시 병행적으로 활용하면서 일본에 압력을 가하였고, 일본은 이에 굴복하여 9월 24일 처분보류로 선장을 석방하였다.[34] 자민당 등 야당이 이를 중국에 대한 외교적 굴복이라며 항의하자 중국의 적극적 해양 전략에 대한 대응의 일환으로 간 총리는 9월 23일 오바마 대통령과의 정상회담에서 '미일동맹은 세계적인 인프라'라는 입장을 표명하였고,[35] 마에하라 외상은 미일 외상회담에서 센카쿠도 미일동맹의 적용대상임을 밝히는 등 미일관계 회복에 주력하였다.[36] 센카쿠 열도 문제를 둘러싸고 갈등 국면이 고조된 상황에서 2010년 12월 17일 각의에서 결정, 발표된 신방위대강(新防衛大綱)에서는 중국을 염두에 두고, 종래의 기반적 방위력이라는 개념을 포기하고 '동적 방위력'이라는 신개념하에 서남부와 도서방위에 중점을 두는 적극 억지 전략이 발표되었다. 반면 미일관계에 대해서는 '아태지역의 안정화를 꾀하기 위해 동맹을 심화시킨다'는 표현을 씀으로써 동맹 강화 방침을 확인하였다.[37] 하토야마 내각을 뒤흔든 후텐마 기지 이전 문제도 마에하라 외상과 게이츠(Gates) 미 국방상의 회담을 통해 '오키나와 현내 이전을 명기한 미일합의를 존중한다'는 방침을 확인함으로써 원안대로 헤노코(辺野古)로의 이전을 다시 모색하기 시작하였다.[38] 이 같은 간 내각의 외교 노선은 미국과의 대등한 관계를

34 『朝日新聞』, 2010년 9월 24일.

35 『朝日新聞』, 2010년 9월 24일.

36 『朝日新聞』, 2010년 9월 25일.

37 『朝日新聞』, 2010년 12월 17일.

주장하던 민주당 선거공약을 사실상 수정한 것이었다. 그러나 간 총리는 아시아 국가들과의 전면적인 갈등 관계를 염두에 두지는 않았다. 중국과의 갈등이 고조되면서 오히려 간 정권은 한국에 대한 적극적인 접근을 시도하였으며, 아시아 국가 내에서도 한국과 중국의 전략적 차별화를 시도하였다. 2010년 8월 10일에는 간 담화를 통해 일본의 식민지 지배가 한국민의 의지에 반해 이루어졌다는 점을 인정하고 사과하는 동시에 조선의궤를 비롯한 문화재 1,200점 이상을 한국에 반환함으로써 한국에 대한 유화적인 제스처를 취하였다. 또한 마에하라 외상과 기타자와(北沢) 방위상을 중심으로 한국과의 FTA 체결 촉진, 한일정보보호 협정 추진 등 방위 협력의 강화를 골자로 하는 대외 노선의 추구를 통해 아시아 국가들과의 협조 노선을 견지하고자 하였다.

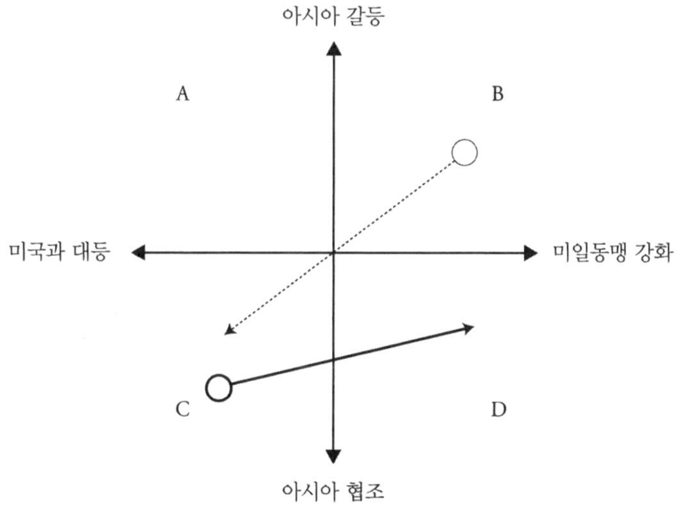

그림 1-3.

---

38 『朝日新聞』, 2011년 1월 13일.

다시 말해 간 정권은 고이즈미 정권 당시 일방적으로 미일동맹을 강화시켰던 B면에서 대등한 미일관계 속에 아시아를 중시하는 노선인 C면으로 이동시켰던 민주당 외교안보 정책의 중심축을, 다시 아시아 중시 노선을 부분적으로 견지하면서 미일동맹을 중시하는 노선인 D면으로 이동시킨 것이다.

간 내각은 또한 참의원 선거에서 소비세 증세 문제로 유권자들의 반격을 받았음에도 불구하고, 세제 전반의 개혁에 대한 미련을 버리지 않았다. 내각 개조를 앞둔 2011년 1월 5일 TV 프로그램에서 간 총리는 '국민에게 어느 정도 부담 확대를 부탁하더라도 안심할 수 있는 사회를 만드는 게 중요하다. 정치생명을 걸고 각오를 새롭게 해 가겠다'고 말함으로써 재정건전화 노선에 박차를 가하였다.[39] 1월 13일 민주당대회에서는 세제와 사회보장제도 일체화 개혁을 위한 초당파 협의를 제안하였다.[40] 1월 14일에 이루어진 내각 개조에서 간 총리는 증세론자인 요사노(与謝野)를 야당의원임에도 불구하고 경제재정상으로 임명하였으며, 자신의 재무상 전임자인 후지이(藤井)를 관방부장관으로 임명하여 세제개혁을 통한 증세 추진의 발판을 마련하였다. 즉 사회복지 사업의 확충이라는 사업 전체의 방향을 수정하지는 않았지만, 이를 재정건전화와 양립시키기 위한 방안을 적극 모색하기 시작한 것이다. 간 내각은 재정건전화에 중점을 두고 구조개혁 노선을 추진하던 고이즈미 노선인 B면에서, 오자와와 하토야마가 반자민당적 대항축 제시를 위해 개별적 사회복지에 중점을 둔 C면으로 이동시켰던 정책대립의

39 『読売新聞』, 2011년 1월 6일.

40 『読売新聞』, 2011년 1월 13일.

중심축을 재정건전화에 노력하는 D면으로 이동시켰다.

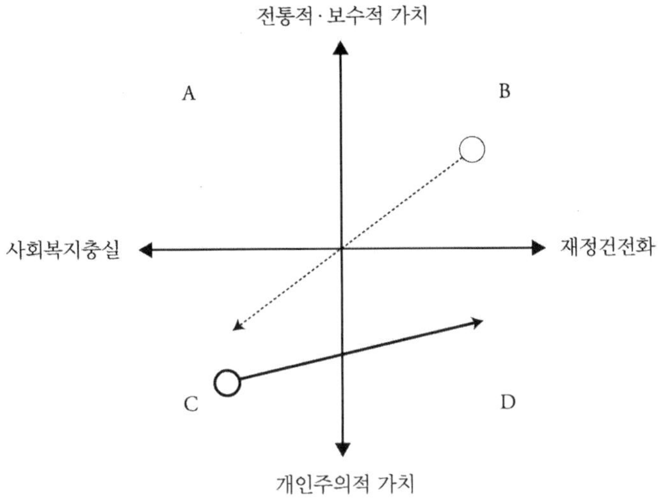

그림 1-4.

간 내각은 정책중심축을 이동시킴으로써 하토야마 내각이 직면했던 정책 실행의 딜레마를 해결하고자 하는 의지를 보여주었다. 이 같은 노력은 고이즈미 내각에서 시행하고자 했던 정책 노선과는 여전히 구분되지만, 결과적으로 자민당의 정책과의 차별성이 줄어드는 결과를 낳았다. 즉 국내 경제정책 면에서 재정건전화에 대한 논의에 시동을 걺으로써 신복지국가와 신자유주의의 중간 점쯤에 일본을 위치시키고자 하고 있다. 외교안보 면에서는 아시아 국가들과의 협조관계를 유지하면서도 미일동맹의 원만한 관리에 중점을 이동시킴으로써 자민당과의 전면적인 대결은 회피하려고 노력하고 있다. 한마디로 말해 민주당의 간 내각은 반(反)자민으로부터 반(半)자민으로 이행하였다.

이와 같은 정책중심축의 이동은 민주당정권에 두 가지 딜레마를 안겨주었다.

하나는, 민주당 내부의 의견 대립의 심화이다. 재정건전화 논의는 현실적인 방향 수정이긴 하지만, '적어도 다음 총선까지 증세하지 않겠다'던 민주당 선거공약과 부합하지 않는 주장이다. 따라서 간을 중심으로 한 현실주의적 증세론자들과 오자와로 대표되는 공공부문 개혁 우선론자들 사이에 의견 대립이 불가피하게 되었다. 간이 소비세 인상론을 제기하자 오자와는 '지난 총선 때 소비세를 4년간은 올리지 않는다고 하였다. 반드시 지켜져야 한다'고 주장하였고,[41] 하토야마도 '차기 총선까지 소비세를 올리지 않겠다는 공약은 지켜야 한다'고 비판적인 발언을 쏟아냈다.[42] 소비세 인상에 대해 유권자들의 여론은 갈라졌다. 아사히신문의 조사에 의하면 소비세 인상에 대해 찬성이 42%, 반대가 48%였다.[43] 요미우리신문의 조사는 소비세 인상에 대해 찬성 의견이 63%, 반대가 31%로 찬성이 더 많았다.[44] 하지만 증세 노선 추진은 민주당 내부의 대립을 가져오는 한편 자민당에 정치적 비판의 구실을 주었다. 간 내각이 증세 노선을 추진하자 오자와에 가까운 민주당 하라구치(原口) 전 총무상은 '증세 내각은 국민에게 버림을 받을 것이다'라고 직격탄을 날렸다.[45] 다니가키(谷垣) 자민당 총재는 증세 노선은 사실상 민주당 매니페스토의 철회라면서 '매니페스토는 빈말에 불과하니 해산해야 한다'고 요구하였다.[46] 또한 외교 노선을 둘러싼 민주당 내부 및

---

41 『読売新聞』, 2010년 6월 29일.

42 『読売新聞』, 2010년 7월 4일.

43 『朝日新聞』, 2011년 1월 17일.

44 『読売新聞』, 2011년 3월 7일.

45 『朝日新聞』, 2011년 1월 17일.

46 『朝日新聞』, 2011년 1월 26일.

연립 정당과의 이견 조율도 과제이다. 간 총리는 2010년 9월 미일정상회담에서 '미일관계가 일본 외교의 기축이다'라는 점을 확인하였다.[47] 2011년 초 외교연설에서도 간 총리는 '미일관계는 정권교체와 무관하게 강화되어야 할 일본 외교의 기축'이라는 점을 재확인하였다. 반면 하토야마 총리가 주창한 동아시아 공동체 구상에 대해서는 한마디도 하지 않았다.[48] 이에 대해 하토야마 전 총리는 '간 정권은 너무 미국을 추종하고 있다'고 비판하고 나섰다.[49] 후텐마 기지 이전 문제도 미일 간에 헤노코에 이전하면서 헬리콥터가 육상 비행은 하지 않는다는 선에서 양측이 합의를 도출해 내었다.[50] 기지 이전이 원안대로 이행된다면 현외 내지 국외 이전을 바라던 민주당 내 리버럴한 세력들과 현실주의적 세력 간의 의견 대립은 충분히 예상할 수 있는 것이었다.

그다음은 자민당과의 차별적 정체성 유지 문제이다. 민주당이 자민당의 정책에 접근할 경우, 의회에서의 여·야 간 정책 협력 여지는 높아져 국회운영에서의 대립적 요소는 줄어들겠지만, 자민당과의 차별성이 줄어들어 왜 민주당에 정권을 맡겨야 하는지에 대한 회의론이 일어날 여지가 높았다. 민주당을 더욱 괴롭히는 것은 자민당도 민주당도 아닌 제3세력에 의한 도전이다. 2011년 2월 6일 치러진 나고야 시장 선거에서는 지역정당 '감세일본(減税日本)' 대표인 가와무라(河村)가 압승하였고,[51] 3월 13일 실시된 나고야 시의원 선거에서도 민주당 11석,

---

47 『朝日新聞』, 2010년 9월 25일.

48 『朝日新聞』, 2011년 1월 21일.

49 『朝日新聞』, 2011년 2월 19일.

50 『朝日新聞』, 2011년 3월 5일.

51 『朝日新聞』, 2011년 2월 7일.

자민당 19석을 누르고 '감세일본'이 28석을 차지하는 이변을 일으켰다.[52] 정당 간 정책 차별성 면에서 자민, 민주 양당에 대립적인 정치세력이 꿈틀거리기 시작한 것이다.

V. 동일본대지진의 발생, 간(菅) 내각의 대연립 시도와 당내 분열

간 내각이 내분에 시달리며 정책수행상의 딜레마에 빠져 인기가 하락하던 와중 마에하라 외상의 외국인 정치헌금 문제는 민주당 내각을 더욱 흔들었다. 마에하라는 어릴 적부터 자신을 후원해 주던 재일교포로부터 5년에 걸쳐 5만 엔씩 25만 엔의 정치헌금을 받았다는 이유로 자민당 의원으로부터 추궁을 받은 후 외상직을 사임하였다.[53] 그러나 마에하라 외상 사임 직후 간 총리도 요코하마에 사는 재일교포로부터 104만 엔의 정치헌금을 받은 사실이 드러나면서 정치적으로 궁지에 몰렸다.

2011년 3월 11일 동일본대지진이 발생한 시점은 바로 간 총리가 자민당은 물론 공명당과 민나노당(みんなの党)으로부터 퇴진 요구를 당하던 날이었다.[54] 진도 9라는 사상 유례없는 강력한 지진과 그에 이은 쓰나미, 그리고 후쿠시마 원자력발전소의 가동중단 및 폭발 등 지진의 여파는 일본을 자연재해 위기로 몰아넣었다. 경찰청 추계에 의하면 14,227

52 『朝日新聞』, 2011년 3월 15일.

53 『朝日新聞』, 2011년 3월 7일.

54 『読売新聞』, 2011년 3월 11일.

명이 사망한 것으로 확인되었고, 12,228명이 행방불명되었다. 154,234명이 넘는 이재민이 2,331개 피난소에서 긴급대피생활을 할 만큼 인명피해가 컸다.[55] 또한 지진에 따른 직접적인 재산피해만도 25조엔 정도여서, 1995년 고베 대지진 당시 피해의 약 2.5배에 이른 것으로 추산되었다. 아오모리(青森), 이와테(岩手), 미야기(宮城), 후쿠시마(福島) 현의 침수지역 피해주민이 44만 4,344명에 달하는 대규모 지진, 해일 피해였다. 후쿠시마 원전 6기가 손상되면서 전력공급에 차질을 빚은 것은 물론 원전 20km에 이른 지역이 '경계 구역'으로 설정되어 사람의 출입이 통제되는 사실상 거주 불가능 지역으로 선포되었다.[56]

이 같은 와중에 간 총리는 긴급위기관리내각을 구성하겠다는 발상하에 야당인 자민당에 대연립을 제안하였다. 재해관리는 물론 추후 재해로부터의 부흥을 위한 계획 수립 및 집행에 야당도 동참하는 대연립을 통해 국난을 극복하겠다는 취지였다. 간 내각은 구체적으로 추가경정예산 편성에 야당을 참여시키고, 부흥구상회의에서 야당 간부의 의견을 청취함은 물론 재해부흥담당 대신 등 각료직 3개를 늘려 자민당 인사를 각료로 임명하겠다는 대담한 제안까지 내놓았다.[57] 자민당의 일부 의원들도 추경예산 집행에 참여하는 인센티브를 염두에 두고 대연립에 응하려는 움직임을 보였으나, 자민당 다니가키 총재는 민주당의 제안을 거절하였다. 대연립 참가가 민주당정권의 집권연장을 도와주는 것은 물론 공동책임이라는 미명하에 자민당의 이미지를 실추

---

55 일본 경찰청 집계. http://www.npa.go.jp/archive/keibi/biki/higaijyokyo.pdf (검색일: 2011년 4월 23일).

56 『朝日新聞』, 2011년 4월 22일.

57 『朝日新聞』, 2011년 4월 3일.

시킬 우려가 있기 때문이었다. 나아가 민주당 간 내각의 위기 대응이 여당인 민주당 내부로부터도 비판을 받고 있는 실정에서는 4월 10일과 24일의 통일지방선거를 앞두고 민주당에 힘을 더해 줄 이유가 없었다. 특히 간 내각에서 냉대를 당한 오자와는 간 총리의 위기 대응에 대해 '간 총리는 우왕좌왕하기만 하고 리더십이 보이지 않는 무책임 내각'이라는 표현까지 써가면서 간 총리를 비판하였다.[58] 하토야마 전 총리도 간 총리의 위기관리 능력에 불만을 표시하면서 오자와와 인식을 같이 하였다.[59] 4월 19일 열린 오자와계 의원모임인 '일신회(一新会)'에서는 '간 내각으로서는 국가와 국민을 구할 수 없다'는 의견이 제시됨으로써 간 내각을 무너뜨릴 각오까지 내비쳐졌다.[60] 미야기가 선거구인 사쿠라이(桜井) 재무부대신은 자신이 내각의 일원임에도 불구하고 '간 내각을 바꾸라고 하는 소리가 나오는 것은 당연한 일'이라고 토로하였다.[61] 민주당 간 내각이 초대형 지진을 맞아 당을 결속하고 자신의 권력기반을 강화하고 당을 결속시키기는커녕 오히려 부적절하고 시기를 놓친 위기 대응으로 인해 민주당 내부에서조차 비판을 받는 형국이 전개된 것이다. 여당 내 분열양상은 민주당에 대한 유권자들의 기대를 더욱 낮추었다. 4월 10일 실시된 도쿄도 지사 선거에서 4선을 노리는 이시하라(石原)가 민주당 대항마가 없는 부전승을 거두는 사태에 이를 만큼 간 내각은 선거대책 면에서도 지리멸렬한 상태를 보여주었다. 자민당과 공명당 지도부는 지방선거가 끝난 다음 날 민주당의 대연정 제안에

---

58 『読売新聞』, 2011년 4월 14일.

59 『読売新聞』, 2011년 4월 13일.

60 『朝日新聞』, 2011년 4월 20일.

61 『朝日新聞』, 2011년 4월 21일.

대해 공식적인 거부 의사를 확실하게 밝혔다. 약화되어 가는 간 내각을 야당 측에서 도와줄 의사는 없다는 의사표시였다.

그럼에도 불구하고 자민당은 민주당이 지진 피해지역 복구를 위해 편성하여 제출한 제1차 추가경정예산에 반대표를 던지기보다는 찬성하기로 결정하였다. 간 내각은 4조 153억 엔 규모에 이르는 제1차 추경예산을 편성하고, 기초연금 국고부담금으로 사용하려던 2.5조 엔을 피해복구비로 돌리는 한편 경제대책 예비비 8,100억 엔 등을 복구비에 우선 투입하는 안을 마련하였다. 자민당과 공명당도 재해복구를 위해 꼭 필요한 예산임을 들어 심의에 응하기로 하면서 5월 2일 이 안을 통과시켰다.[62] 자민당과 공명당이 비록 민주당의 공식적인 대연립 제안을 거부하기는 하였지만, 야당의 반대로 피해지역 복구가 늦어지고 있다는 인상을 주지 않으려는 조치의 일환이었다. 간 총리는 4월 22일 '부흥실시본부'를 설치하면서 자민당과 공명당 등 각 당의 협력이 불가피하다면서 야당의 참가를 호소하였다.[63] 하지만 이시바(石破) 자민당 정조회장은 바로 '총리의 식견을 의심한다'며 즉시 거부 의사를 밝혔다.[64]

간 총리의 대연립 추구는 역설적인 결과를 이끌어내었다. 간 총리의 정국 돌파 자신감의 결여는 민주당 내부의 간 비판세력에 힘을 실어 주었다. 민주당 내 절대적인 간 지지세력은 1할, 절대적인 반대파도 1할, 나머지는 중간파로 나뉘는 형국이 되었다. 2011년 5월 17일 다루도코(樽床) 의원이 정계 개편을 염두에 두고 소집한 민주 및 자민당 젊은 의원 연합에 87명의 민주당 의원이 참가하기도 하였다.[65] 간 총리에

62 『朝日新聞』, 2011년 4월 22일.

63 『朝日新聞』, 2011년 4월 23일.

64 『朝日新聞』, 2011년 4월 23일.

대한 비판세력의 대표주자였던 오자와 측 인사는 다니가키 자민당 총재에게 간을 끌어내리기 위해 다니가키를 '포스트 간의 총리로 밀어도 좋다'는 메시지를 전달할 정도였다.[66] 자민당이 간 총리 불신임안을 제출한다면, 불신임안에 찬성할 의향이 있는 오자와계 의원이 62명이나 되는 것으로 조사되기도 하였다.[67] 오자와 자신은 계파 모임에서 '국민이 지지하였던 민주당의 모습으로 돌아가야 한다'고 역설하였다.[68] 당내 반대 여론이 급증하자 간 총리는 당 의원총회에서 총리직을 사임할 의향을 밝힘으로써 야당이 제출한 불신임안을 부결시켰다. 단, 그는 '젊은 세대에 책임을 넘기고 싶다'고 밝힘으로써 오자와가 전면에 나서는 것을 견제하고자 하였다.[69]

VI. 노다 총리의 친(親)자민 노선 추구의 역설

간 총리의 퇴진으로 치러진 민주당 대표선은 기본적으로 친(親)오자와파와 반(反)오자와파의 대결이었다.[70] 5명이 입후보한 대표선거 1차 투표에서 가이에다(海江田)가 143표로 노다(野田)의 102표에 앞섰지만, 2차 투표에서 3, 4위였던 마에하라와 가노(鹿野)의 표를 흡수하면서

---

65 『朝日新聞』, 2011년 5월 18일.

66 『朝日新聞』, 2011년 5월 7일.

67 『朝日新聞』, 2011년 6월 2일.

68 『朝日新聞』, 2011년 6월 2일.

69 『朝日新聞』, 2011년 6월 2일.

70 오자와 자신도 대표선거를 '민주당의 원점 복귀인가, 간 정권의 계속인가의 싸움이다'라고 규정하였다. 『朝日新聞』, 2011년 8월 27일.

노다가 215표를 획득하여 민주당 대표로 선출되었다.[71]

총리로 선출된 노다는 자녀 수당 등 매니페스토 정책을 수정함으로써 세출을 삭감하는 한편 소비세 증세 법안을 2012년 3월 말까지 국회에 제출하겠다고 공언하여 증세를 통한 재정건전화 방향으로 정책 대립축을 이행시켰다. 2011년 9월 12일 소신표명 연설에서 노다 총리는 '복구, 부흥을 위한 재원은 지금 사는 세대 전체가 연대해서 부담을 나눠 갖는 게 기본이다'라고 발언하여 세출 삭감과 동시에 증세 조치를 통한 재정건전화를 도모하겠다는 의지를 확실히 하였다.[72] 당내에 오자와 지지세력을 중심으로 소비세 증세에 대한 반발이 있음을 잘 인식하고 있던 노다 총리는 당의 의견 수렴 및 정책 수립 과정에 변경을 가함으로써 오자와 세력에 대한 견제 장치를 마련하고자 하였다. 진정과 민원의 창구는 당 간사장실로 집약하면서도 정책조사회가 정부 제출 법안을 사전심사하게 하고 의원 입법도 당 정책조사회에 집약시킴으로써 정책조사위를 강화시켰다.[73] 또한 각료와 정책조사회장의 겸무체제를 해체하고 정책 관련 사항은 정책조사회장의 사전 승인을 받도록 하였다.[74] 정책조사회장에는 자신에게 우호적인 마에하라를 임명함으로써 오자와에 대한 견제책을 마련하였다. 한편 대표선거 중인 8월 15일에 'A급 전범은 전쟁 범죄인이 아니다'는 발언을 함으로써 전통적 보수의 가치관을 공유하고 있음을 대내외에 공표하였다.[75]

---

71 『朝日新聞』, 2011년 8월 30일.

72 『朝日新聞』, 2011년 9월 13일.

73 『朝日新聞』, 2011년 9월 13일.

74 『朝日新聞』, 2012년 4월 8일.

75 『朝日新聞』, 2011년 8월 30일.

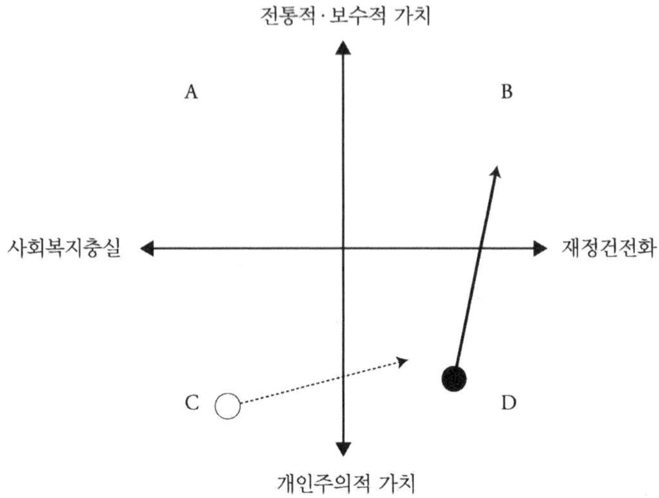

그림 1-5.

노다 총리는 간 총리가 추진하던 재정건전화 노선에 더욱 박차를 가하는 한편 자신의 전통적 가치관에 입각한 정책을 가미함으로써 D면으로 이행되었던 국내 정책의 대립축을 점차 고이즈미 시절 자민당 노선에 가까운 B면으로 이동시켰다.

노다 총리는 2012년 시정방침연설에서도 소비세 증세에 대한 결의를 의연히 하였다. 그는 '세금과 사회보장의 일체 개혁은 수행해야만 하는 큰 과제'라고 자리매김하고 '정국이 아닌 대국으로 보겠다'고 자신의 의지를 표명하였다.[76] 노다 총리가 소비세 증세를 무엇보다 중시하겠다는 의향은 후지무라(藤村) 관방장관도 확인하였다.[77]

오자와를 중심으로 한 소비세 증세 반대세력이 상존하는 가운데

---

76 『朝日新聞』, 2012년 1월 14일.

77 『朝日新聞』, 2012년 1월 13일.

노다 총리가 강력하게 추진한 소비세 증세 법안은 당내의 갈등을 증폭시켰다. 2012년 3월 14일부터 3일간 계속된 민주당 내 증세 법안 승인 절차에서 노다 총리는 '불퇴전의 용기'를 강조했지만, 오자와는 '불경기 때 증세란 어디를 봐도 말이 안 된다'고 맞섰다.[78] 오자와에 가까운 고가(古賀) 의원은 '2년 반 전의 선거에서 4년간은 소비세를 안 올리겠다고 약속하고 싸웠다. 사람들한테 거짓말쟁이라는 말을 들을 수는 없다'며 강한 반대를 표명하기도 하였다.[79] 하지만 노다 총리는 2012년 3월 24일에 '정치 생명, 목숨을 걸고 이번 국회 중에 소비세 증세 법안을 성립시키겠다'고 선언하면서 '내가 가장 하고 싶은 것은 해야 할 일을 미루기만 하는 정치와의 결별이다'라고까지 선언하였다.[80]

당내에서의 분열로 소비세 증세 법안 처리에 난관을 겪고 있던 노다 내각은 야당인 자민당과의 대연립을 조심스럽게 타진해 나갔다. 오카다 부총리는 2012년 3월 초 다니가키 자민당 총재에게 민주당과의 대연립 의사를 타진하기도 하였다.[81] 하지만 민주당의 거듭된 대연립 제안에 대해 자민당은 일관된 전략을 전개해 나갔다. 민주당 내 오자와의 반대를 명분으로 삼아 오자와를 축출함으로써 민주당의 세력을 약화시키고 분열의 기운을 강화시킨다는 것이었다. 2012년 3월 초 모테기(茂木) 자민당 정책조사회장은 소비세 증세 법안에 찬성할 수 있음을 시사하면서 '가장 알기 쉬운 것은 민주당 내의 반대파를 쫓아내는

78 『朝日新聞』, 2012년 3월 15일.

79 『朝日新聞』, 2012년 3월 18일.

80 『朝日新聞』, 2012년 3월 25일.

81 오카다는 '자민당이 민주당을 비판하고 민주당이 반대하는 정치를 국민은 바라지 않는다. 서로 양보하고 합의에 이르는 정치를 하지 않는 한 기존 정당은 국민에게 버림을 받을 것이다'라고 말했다고 한다. 『朝日新聞』, 2012년 3월 18일.

것이다'라고 말하였다.[82] 3월 23일에는 다니가키 자민당 총재가 '총리는 오자와 씨와 결별을 마다치 않겠다고 해야 할 것'이라며 오자와와의 결별을 종용하였다.[83]

이러한 와중에 민주당 합동총회는 반대파의 주장에도 불구하고 3월 28일 아침 명목 3% 정도, 실질 2% 정도라는 경제성장 목표를 부칙에 넣은 증세 법안 수정안을 통과시켰다. 이어서 3월 30일에는 2014년 4월에 8%, 2015년 10월에 10% 인상을 명기한 소비세 증세 법안을 각의 결정하고 국회에 제출하였다.[84] 이에 대해 소비세 증세에 반대하는 오자와계는 요코가와다(横川田) 총무부대신, 마키(牧) 후생부대신을 포함한 정무 3역 4명과 스즈키(鈴木) 간사장 대리 등 당직자 수십 명이 일괄 사표를 제출함으로써 불만을 표시하였다.[85] 2012년 3월 31일에 오자와는 세금을 올리면 "민주당정권에 대한 인심은 점점 떨어져 나갈 것이다. 약속한 정치를 실현하지 않으면 일본 정치의 대혼란이 이어질 것"이라고 당내 투쟁을 예고하였다.[86]

노다 총리와 오자와는 파국을 피하기 위해 6월 3일 회담을 가졌지만 오자와가 "해야 할 것을 한 다음에 세금 이야기를 하자는 게 국민의 마음이다."라고 하자 노다는 "정치 생명을 걸고 여러 번 말해 왔다. 무

---

82 『朝日新聞』, 2012년 3월 5일.

83 『朝日新聞』, 2012년 3월 23일. 자민당이 오자와와의 결별을 종용한 흔적은 이후에도 감지된다. 다니가키 자민당 총재는 2012년 5월 27일 "노다 총리가 민주당의 분열도 서슴지 않을 각오를 하고 오자와 전 대표와 회담을 할 것인가. 그것에 따라 우리 태도가 다를 것이다."라고 오자와와의 결별을 소비세 증세 법안 찬성의 조건으로 제시하였다. 『朝日新聞』, 2012년 5월 28일.

84 『朝日新聞』, 2012년 3월 30일.

85 『朝日新聞』, 2012년 3월 31일.

86 『朝日新聞』, 2013년 3월 31일.

슨 일이 있어도 성립시킨다."라는 강경한 자세를 굽히지 않았다.[87] 노다 총리는 6월 4일 제2차 개조 내각을 발족시키면서 "이번 국회 중에 결론을 내지 않으면 안 된다. 나라를 위해 해야 할 것은 하겠다."라며 스스로 각오를 다졌다.[88] 이런 방침에 따라 6월 15일 민주, 자민, 공명 3당 실무자협의에서 소비세 증세에 합의하고 2014년까지 8%, 2015년 10월까지 10%로 인상하는 안에 대해 합의를 보았다. 이어 6월 26일 중의원 본회의에서 소비세 증세 법안을 통과시켰다.[89]

노다 총리는 소비세 증세 법안에 정책 추진의 우선순위를 두는 동시에 외교정책의 전환도 시도하였다. 센카쿠를 둘러싼 중국과의 갈등이 점점 표면화되면서 노다 내각은 미일동맹 중시 전략을 점점 강화시켜 나갔다. 노다 총리는 총리 선출 직후 행한 소신표명 연설에서 '미일동맹은 외교안보의 기축'임을 새삼 강조하였다.[90] 그는 2011년 11월 중순 APEC 정상회담을 앞두고, 대미 중시의 자세를 어필하였다. 노다 총리는 TPP 교섭에의 참가를 공언하는 한편 미국산 소고기 수입 제한을 완화할 것이며, 무기 수출 3원칙의 수정에도 전향적인 자세를 보였다. 또한 남수단 UN PKO에 육상 자위대를 파견할 의향을 비침으로써 미국에 대한 신뢰 강화 조치를 취하였다.[91] 노다 총리는 나아가 시정방침 연설을 통해 '미일동맹은 일본 외교안보의 기축에 그치지 않고 세계평화와 번영을 위한 공공재'라고 추켜올리면서 '아태지역의 안정과 번영

87 『朝日新聞』, 2012년 6월 4일.
88 『朝日新聞』, 2012년 6월 5일.
89 『朝日新聞』, 2012년 6월 26일.
90 『朝日新聞』, 2011년 9월 13일.
91 『朝日新聞』, 2011년 10월 26일.

은 중국의 건설적 역할 없이는 말할 수 없다'고 하여 중국에 대한 견제 심리를 드러냈다.[92] 2012년 4월 30일 오바마 대통령과 가진 정상회담에서 노다 총리는 "미일동맹이 아시아 · 태평양 평화와 경제적 번영에 불가결하다."라고 재삼 강조하였다.[93]

한편 중국의 남중국해 진출을 둘러싸고는 중국과의 대결 자세를 굽히지 않았다.[94] 2011년에만 해도 일본은 9월 27일 필리핀과 정상회담을 하고 양국 관계를 전략적 파트너십으로 위치시켰고, 10월 12일에는 싱가포르 외상회담을 통해 동아시아 정상회의에서 해양 협력 논의 필요성에 의견의 일치를 보았다. 10월 14일에는 인도네시아와의 외상회담에서 외무 및 방위 국장급 협의를 개시하였고, 10월 29일에는 인도와의 외상회담에서 미국·일본·인도 간 정치 및 안보 국장급 회의 개최를 약속하였다. 10월 31일에는 베트남과의 정상회담을 통해 원전 수출 및 희토류 공동 개발을 약속하기도 하였다. 이 같은 일련의 조치가 중국에 대한 견제임은 말할 나위도 없었다. 이와 같은 입장은 하토야마와 오자와가 중시하였던 아시아 외교와는 거리가 먼 것이었다. 마에하라 정책조사회장은 오자와 외교를 정면으로 비판하면서, '당내에는 미중일이 정삼각형이라고 이야기하는 이도 있지만, 동맹관계를 맺은 국가와 그렇지 않은 국가와의 관계가 정삼각형일 수는 없다'고 말하기도 하였다.[95]

간 총리 시절 우호관계를 추구하였던 한국과의 관계도 뒤틀어지

92 『朝日新聞』, 2012년 1월 14일.

93 『朝日新聞』, 2012년 5월 1일.

94 『朝日新聞』, 2011년 11월 6일.

95 『朝日新聞』, 2011년 12월 13일.

기 시작하였다. 사실상 한일관계가 흔들리기 시작한 것은 간 내각 말기였다. 대한항공 새 기종인 A380이 독도 상공을 비행하자 이에 대항하여 일본 외무성은 2011년 7월 18일부터 한 달간 대한항공 이용을 자숙하라는 이례적인 조치를 내렸다.[96] 야당인 자민당 내에는 '영토 관련 특명위'가 설치되어 신도(新藤) 의원 등 3명의 자민당 의원이 울릉도에 시찰단을 파견하려 하다가 한국 정부에 입국 금지를 당하는 사건도 벌어졌다.[97] 이같이 팽팽하던 한일 간의 긴장관계는 2011년 12월 18일 교토에서 개최된 한일 정상회담에서 이명박 대통령과 노다 총리 사이에 종군 위안부 문제 해결을 위한 설전이 벌어지면서 갈등으로 비화하게 되었다. 노다 총리는 교토 정상회담에서 '종군 위안부 문제는 1965년 한일기본조약에 의해 법적으로 종결된 문제'라고 주장하였다. 이후 한일 간에는 종군 위안부 문제를 둘러싼 갈등의 기류가 약화하기는커녕 2012년 8월 10일 이명박 대통령이 독도를 방문하고 천황사죄발언이 보도되면서 갈등의 골은 깊어만 갔다.

도쿄도 이시하라 지사는 2012년 4월 '일본인이 일본의 국토를 지키는 데 무슨 문제가 있느냐'면서 민간인이 소유하고 있는 센카쿠 열도를 도쿄도에서 구입하겠다는 의사를 밝힘으로써 중국과 각을 세웠다. 노다 내각은 이러한 제안에 대해 7월 7일 "중국과의 사이에 영토, 영유권 문제는 존재하지 않는다. 센카쿠를 평화롭고 안정되게 관리한다는 관점에서 소유자와 연락하면서 종합적으로 검토하고 있다."라고 국유화 방침을 천명하였다.[98] 같은 해 8월 홍콩의 활동가가 센카쿠 국유화

---

96 『朝日新聞』, 2011년 7월 14일.

97 『朝日新聞』, 2011년 7월 30일.

98 『朝日新聞』, 2012년 7월 7일.

에 반대하면서 센카쿠에 불법 상륙하는 사태가 벌어졌고, 북경에서는 니와(丹羽) 주중 일본대사의 공용차 국기가 손상되는 일도 일어났다. 하지만 노다 총리는 9월 11일 각의에서 센카쿠 열도를 국유화하기 위해 20억 5천만 엔의 지출을 결정함으로써 중국과의 갈등은 점점 고조되었다.[99]

따라서 노다 총리 시절의 대외정책은 미일동맹을 강화하려는 노력을 지속하는 한편 중국에 대한 극도의 경계심을 나타내고 나아가 한국과도 갈등하는 관계가 되면서 결과적으로 아시아와의 갈등구조가 심화되는 결과를 가져왔다. 간 총리 때까지는 적어도 한국과 중국의 전략적 차별화를 통해 아시아 협조 노선을 끈을 잡고 있던 것이 노다 총리 시절에 들어 아시아와의 갈등 기조로 선회한 것이다. 이는 미일동맹을 강화하면서 아시아와의 갈등을 개의치 않았던 자민당 고이즈미 시절의 외교 노선과 다르지 않은 것이었다. 〈그림 1-6〉에서 D면에 있었던 정책대립축을 B로 전환하게 된 것이 노다 총리의 정책중심축 이동이었다.

99 『朝日新聞』, 2012년 9월 12일.

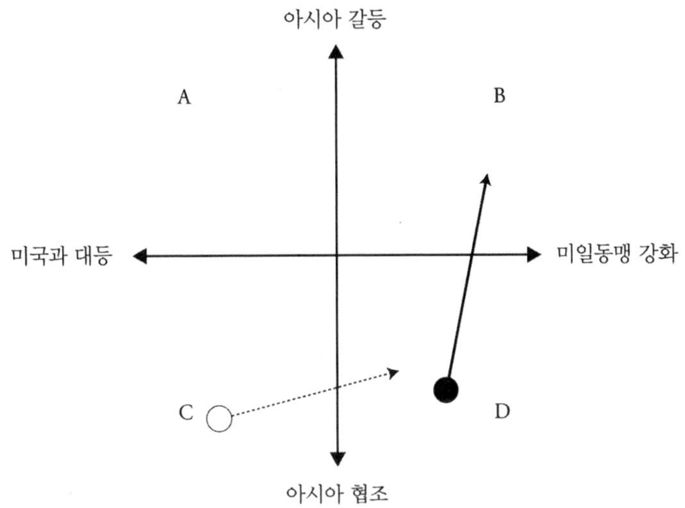

그림 1-6.

노다 총리하에서의 국내 정책대립축 및 외교안보 노선 대립축의 이동은 두 가지 결과를 가져왔다.

우선 민주당 내부의 대립과 분열을 격화시켰다. 2011년 9명의 탈당 사태로 시작된 민주당의 분열은 결국 오자와의 탈당으로까지 이어짐으로써 1996년 이후 민주당을 중심으로 뭉쳤던 야당들이 다시 핵분열을 시작하게 되었다. 민주당 내에서 노다 총리와 정책 노선을 두고 대립하는 가운데 오자와는 '우리가 총선에서 무엇을 약속하고 정권을 맡았는지를 잊어버렸다면 정권교체는 의미가 없다'고 말하였다.[100] 중의원 본회의에서 소비세 증세 법안이 통과되던 6월 26일 민주당은 반대 57명, 기권 및 결석 16명으로 사실상의 분열 상태에 들어갔다. 오자와파의 반대는 43명에 이르렀고, 하토야마 전 총리는 당 최고고문직을 사

100 『朝日新聞』, 2012년 5월 28일.

임하였다.[101] 오자와는 기자회견에서 "우리는 행정의 낭비를 없애고 전후의 잘못된 관행을 시정하는 대개혁을 하겠다고 약속하면서 정권교체를 실현하였다. 그걸 접어두고 소비세 증세만 선행하는 것은 국민이 결코 납득할 수 없는 용서할 수 없는 행위다."라고 반대의 이유를 밝혔다.[102] 오자와를 포함한 중의원 40명, 참의원 12명 등 52명의 민주당의원은 7월 2일 민주당을 탈당하였다.[103] 또한 소비세 증세 법안에 반대하지만 당에 잔류한 21명의 중의원 의원과 3명의 참의원 의원이 정책연구회를 설립하여 노다 총리와 각을 세웠다.[104] 2011년 연말부터 시작된 민주당 의원들의 탈당은 2012년에 이르기까지 끊이지 않았고, 당이 사분오열하는 상태가 되었다(표 1-3).

표 1-3. 민주당 탈당의 시기, 이유, 규모

시기	이유	규모
2011. 12. 23.	얌바댐 건설 계속 결정	1명
2011. 12. 29.	당 세조에서 소비세 증세안 결정	10명
2012. 03. 30.	소비 증세안 각의 결정	2명
2012. 06. 16.	오오이 원전 재가동 결정	4명
2012. 06. 26.	소비세 증세 법안 중의원 가결	54명
2012. 09. 10.	민주당 대표선 재선 출마	3명
계		74명

출처: 『朝日新聞』, 2012년 9월 19일.

101 『朝日新聞』, 2012년 6월 27일.

102 『朝日新聞』, 2012년 6월 27일.

103 『朝日新聞』, 2012년 7월 2일.

104 『朝日新聞』, 2012년 7월 5일.

결과적으로 2009년 8월 308명의 의원을 확보한 안정다수의 민주당은 2012년 12월 과반수에도 미치지 못하는 243명의 정당으로 전락하였다. 민주당의 설립자인 하토야마 전 총리가 11월 22일 정계 은퇴를 표명한 것은 민주당 분열의 실상을 잘 보여주었다. 그는 "소비세 증세, TPP, 원전 재가동 등 현 정권의 방침과 다른 주장을 당내에서 계속하려고 했지만, 그 주장을 계속하면 공인을 얻을 수 없다는 걸 알게 되었다."라며 노다 정권의 방침에 따른다는 서약서에 서명할 수 없는 것이 은퇴 이유임을 밝혔다.[105]

다른 하나는, 민주당의 정책 노선이 점차 자민당의 정책 노선에 접근함에 따라 민주당의 실책이 점차 유권자의 눈에 가시화되는 역설적인 결과를 낳았다. 민주당과 자민당은 2012년 8월 11일 소비세 증세 법안을 참의원에서 성립시키면서, 자민당 다니가키 총재와 '가까운 시일 내에 해산하겠다'는 약속을 하였다.[106] 해산이 시야에 들어오자 하시모토(橋本) 오사카 유신회 대표는 8월 15일 신당을 결성하여 보수를 기축으로 하는 정계 개편에 불을 지폈다. 후에 일본 유신회에 합류한 마츠노(松野) 민주당 의원은 "민주당은 자민당을 부정해서 정권을 잡았는데 그 기대를 저버렸다."라고 말함으로써 민주당과 자민당의 구분이 모호해진 점을 고백하였다.[107] 중국의 센카쿠에 대한 공세가 거세지는 가운데 자민당 총재 출마 선언을 한 아베는 "우리들의 아름다운 바다와 영

---

105 『朝日新聞』, 2012년 11월 22일.

106 『朝日新聞』, 2012년 8월 11일. 그 3일 전인 8월 8일 민주당 국회대책위원장은 총리의 의사를 자민당과 공명당에 전달하면서 "법안이 성립하면 가까운 장래에 신임을 묻겠다"는 뜻을 밝혔다. 2012년 8월 11일.

107 『朝日新聞』, 2012년 8월 15일.

토가 침범되고 있다. 일본의 위기에 맞서라는 동지의 소리에 응할 결단을 하였다."라고 민주당과의 차별화를 시도하면서 "전후 체제와의 끈을 끊고 헌법 개정에 임하겠다."라고 밝혔다.[108] 9월 25일 실시된 자민당 총재 선거에서 아베는 1차 투표에서 199표를 획득한 이시바(石破)를 국회의원만의 결선투표에서 108대 89로 역전시키면서 자민당 총재에 당선되었다.[109] 아사히신문의 여론조사에 의하면, 2012년 10월 노다 내각의 지지율은 18%로 최저를 기록하였고, 정당지지율은 자민당 26%, 민주당 11%, 비례구 투표 정당 선호는 자민당이 36%, 민주당이 13%로 자민당이 민주당을 역전하였다. 총리에 적합한 인물로도 아베가 37%, 노다가 25%로 자민당의 추격을 허용하였다.[110]

2012년 12월 16일 실시된 중의원 선거의 결과는 민주당에 충격적이었다. 2009년 308석을 차지해 자민당을 정권의 자리에서 밀어낸 민주당은 57석에 불과한 소수정당으로 전락하여 54석을 차지한 일본유신회(日本維新の会)를 불과 3석 앞서는 참패를 당하였다. 반면 자민당은 294석을 획득하면서 연립 여당인 공명당 31석을 합치면 325석이라는 절대 안정다수를 확보하고 정권에 복귀하였다. 2009년 중의원 선거에서 선거구 또는 비례구에서 민주당에 투표하였다고 답한 유권자 49%가 2012년 선거에서는 선거구에서 민주당 지지 35%, 자민당 지지 28%로 떨어져 나갔고, 비례구에서는 민주당 지지가 28%, 자민당 지지가 17%로 민주당 지지층이 뿔뿔이 흩어졌음을 여실히 증명하였다.[111] 민

108 『朝日新聞』, 2012년 9월 13일.

109 『朝日新聞』, 2012년 9월 27일.

110 『朝日新聞』, 2012년 10월 22일.

111 『朝日新聞』, 2012년 12월 17일.

주당의 자기 분열과 지지자 이탈이 민주당의 패인이었음을 보여주는 것이었다.

VII. 결론

민주당은 소선거구제도라는 제도적 환경을 최대한 활용하면서 기존의 야당을 물리적으로 통합하는 조직적 성장에 더하여, 적극 자민당에 대한 정책적 대립축을 형성하고 이에 기반을 둔 선거전략 수립을 통해 자민당에 대한 불만세력 및 유동층을 흡수함으로써 정권교체를 이루어냈다. 그러나 민주당이 집권한 이후 반자민당적인 정책 노선을 원리주의적으로 추구한 것이 오히려 정권운영에는 마이너스 요인으로 작용하였다. 새로운 재원이 확보되지 않은 상태에서의 무리하게 추구한 분배형 사회복지정책은 재정운영의 어려움을 더욱 심화시켰고, 대등한 대미관계의 명분하에 협상테이블에 다시 올려놓은 후텐마 기지 문제도 민주당의 정국운영을 어렵게 하였다. 민주당을 지지했던 적극적 무당파층이 민주당에 대한 지지를 유보하면서 민주당은 2010년 참의원 선거에서 패배하였다. 그 이후 간(菅) 내각은 정치적 지지 회복은 물론 동일본대지진으로부터의 부흥을 위해 재정건전화 노선으로 급선회하는 한편 중국과의 영토 문제 갈등을 염두에 두고 한국과의 전략적 협력은 유지하지만 미일동맹 강화 노선으로 정책축을 옮겨가는 현실주의적 선택으로 전환하였다. 반(反)자민으로부터 반(半)자민으로 대립축을 이행시킨 것이었다. 간 총리의 사임 이후 등장한 노다 정권은 소비세 증세화에 정치적 생명을 걸고 자민당과 공명당의 협조를 통한 재정건전화 노력에 몰두하는 한편 중국은 물론 한국과의 외교적 갈등도 마다치 않는 자세를 취하면서 미국과의 동맹을 일층 강화시켰다. 정책대립축을 친(親)자민으로 이행시킨 것이다. 그 결과 민주당 내부는 소비세 인상을 둘러싼 갈등이 심화되면서 분열에 이르게 되었고, 노다가 이끄는 민주당은 자민당과의 차별화에도 실패하게 됨으로써 자민당정권 복귀에 일조하는 역설적인 결과를 만들어냈다. 노다 총리를 자민당 노다파(自民党 野田派)라고 통렬하게 비판한 하토야마의 지적은 정당 간 경쟁 공간에서의 민주당의 움직임을 예리하게 통찰한 결론이었다.[112] 자민당정권 복귀의 길을 열어 준 것은 다름 아닌 민주당이었다.

정당 경쟁 공간에서의 정책대립축 이행에 초점을 맞춘 민주당 집권과 하야의 분석은 일본 정치 연구에서 다음과 같은 시사점을 제공해 준다.

첫째, 일본 정치 연구에서의 정책대립축 및 아이디어의 중요성에 대한 새로운 인식이다. 일본 정치 연구는 오랫동안 조직화된 유권자와 네트워크의 연구, 그리고 자민당 지배체제 유지를 위한 정책적 도구에 관심이 집중되어 왔다.[113] 오타케(大嶽)는 오래전부터 일본 정계 내에서의 이념적 대립축에 대한 관심이 있었지만,[114] 일본 정치 설명을 위해 정책적 대립축에 대한 관심이 본격화된 것은 1990년대 중반이 넘어서면서부터였다.[115] 서로 다른 정치적 아이디어의 제시와 경합, 그리고

112 鳩山由起夫·高野孟,『民主党の原点』(東京: 花伝社, 2010), p. 17.

113 Curtis(1988); Bradely Richardson, *Japanese Democracy*(New Haven: Yale University Press, 1997); Calder(1988).

114 大嶽秀夫,『自由主義的改革の時代』(東京: 中央公論社, 1994).

115 草野厚,『連立政権』(東京: 文芸春秋, 1999); 大嶽秀夫,『日本政治の対立軸』(東京: 中公新書, 1999); 新川敏光,『戦後日本政治と社会民主主義』(東京: 法律文化社, 1999);

대립이 정치의 일상사로 이해되기 시작한 것이다. 이것은 일본 정치를 이해함에 있어 정치세력의 이합집산이나 비공식적 회동, 그리고 파벌적 결합에 대한 이해도 중요하지만, 정치가들이 집단적으로 지니고 있는 정책적 대립축과 아이디어가 중요하다는 사실을 다시 한 번 일깨워 준다.[116] 이 같은 정책대립축은 유권자들의 성향을 실시간으로 반영한다기보다는 정치가와 정당들에 의해 선택적으로 흡수되고 자율적으로 제시된다. 정치적 유동성의 원인을 유권자들의 변덕스런 선택에서 찾기보다는 정치적 이미지와 정책의 공급자 측인 정치가와 정당의 논리 속에서 찾는 노력이 의미가 있음을 말해 준다.

둘째, 점차 유동화되어 가는 유권자들에 대한 인식 제고가 불가피하다. 1955년 체제하에서 유권자들은 시장분할(market share)이라는 개념이 잘 들어맞을 만큼 조직화된 유권자들을 중심으로 선거결과를 예측가능한 것으로 만들었다. 그러나 사회경제적 여건의 변화 및 인구 구조 변화와 더불어 유권자들의 조직도 및 투표 성향은 급격하게 전환되고 있다. 경제성장의 둔화에 따른 예산의 고갈과 재정적자의 확대, 소자화와 교육열 향상에 따른 유권자의 정보습득 채널의 변화, 고령화에 따른 유권자 구성의 변화, 선거제도 변화에 따른 전국적인 규모의 지지기반 확대 등이 조직화된 유권자에 관한 관심으로부터 유동적인 유권자, 적극적 무당파층에 관한 관심을 증대시키고 있다.[117]

셋째, 야당 세력의 통합과 분열에 대한 분석이 다시 중요성을 더해가고 있다. 1955년 체제하에서 자민당이 장기 집권을 할 수 있었던 것

山口(2007); 田中(2009).

116 Sidney Tarrow and Tilly Charles, *Contentious Politics*(Paradigm Publishers, 2006).

117 田中(2009); 菅原琢, 『世論の曲解』(東京: 光文社新書, 2009).

은 야당의 분열이 가장 큰 원인이었다.[118] 역으로, 2009년 민주당이 자민당을 물리치고 집권에 성공한 것은 자민당에 대항할 수 있는 통합적 야당을 만들어냈기 때문이었다. 다만 야당 통합의 연장선상에서 같은 정당 내부에도 다양한 정책적 아이디어 간의 대결적 요소가 공존하고 있음은 가능성과 동시에 도전을 내포한 것이었다. 정당 내부의 통합성과 결속을 어떻게 유지하느냐가 정당 간 경쟁 공간에서의 경쟁력에도 영향을 준다는 점은 일본 정치 연구에서 시사하는 바가 크다. 2012년 총선에서 자민당이 비례득표수를 줄이면서도 중의원 의석을 압도적으로 석권한 것은 야당이 이념적으로 분절화되고 조직적으로 분열한 덕택이었다. 야당이 분열되어 있는 한 자민당은 집권을 연장할 공산이 크다. 앞으로도 일본 내 야당의 통합과 분열이 어떠한 형태로 진행되느냐가 일본 정치의 향배를 결정할 것이다.

118 朴喆熙, 『代議士のつくられ方』(東京: 文藝春秋, 2000).

참고문헌

박철희. 2006.「일본 야당세력의 재편과 정당경쟁체제」,『한국정치학회보』40: 5, 겨울, pp. 279-299.

______. 2010.「일본의 정권교체선거와 민주당정권의 향배」, 최관 · 서승원 엮음,『저팬리뷰』, 서울: 도서출판 문.

______. 2011.「일본 민주당의 정책대립축 이행과 정당 간 경쟁의 불안정성」,『국제지역연구』20권 1호, pp. 31-59.

이면우. 2010.『일본민주당정권의 정책성향과 대외관계』, 서울: 세종연구소.

이이범. 2010.「제22회 일본 참의원선거 결과 분석」,『일본연구논총』, pp. 221-244.

전진호. 2010.「하토야마 민주당 정부의 대미 외교안보정책」,『일본연구논총』, pp. 147-168.

猪口孝. 1983.『現代日本政治経済の構造』, 東京: 東洋経済新聞社.

大嶽秀夫. 1994.『自由主義的改革の時代』, 東京: 中央公論社.

______. 1999.『日本政治の対立軸』, 東京: 中公新書.

______. 2006.『小泉純一郎ポピュリズムの研究』, 東京: 東洋経済.

加藤紘一. 2009.『劇場政治の誤算』, 東京: 角川書店.

草野厚. 1999.『連立政権』, 東京: 文芸春秋.

河野勝. 2009.「選挙結果から見た民主党圧勝自民党大敗の原因」, 読売新聞世論調査部,『2009年なぜ政権交代だったのか』, 東京: 剄草書房.

佐藤誠三郎 · 松崎哲久. 1986.『自民党政権』, 東京: 中央公論社.

塩川正十郎. 2010.「日本は宰相不幸社會だ」,『文藝春秋』8月号, pp. 110-117.

塩田潮. 2010.『民主党政権の真実』, 東京: 毎日新聞社.

菅原琢. 2009.『世論の曲解』, 東京: 光文社新書.

鈴木棟一. 2006.『小泉政権50の功罪』, 東京: ダイヤモンド社.

新川敏光. 1999.『戦後日本政治と社会民主主義』, 東京: 法律文化社.

添谷芳秀. 2005.『日本のミドルパワー外交』, 東京: ちくま新書.

田中愛治. 2009.「自民党衰退の構造: 得票構造と政策対立軸の変化」,『2009年、なぜ政権交代だったのか』, 東京: 剄草書房.
竹中平蔵. 2006.『構造改革の真実』, 東京: 日本経済新聞社.
野中尚人. 2008.『自民党政権の終り』, 東京: ちくま新書.
鳩山由起夫 · 菅直人. 1997.『民益論』, 東京: PHP.
鳩山由起夫 · 高野孟. 2012.『民主党の原点』, 東京: 花伝社.
朴喆熙. 2000.『代議士のつくられ方』, 東京: 文藝春秋.
樋渡展洋 · 三浦まり. 2002.『流動期の日本政治』, 東京: 東京大学出版会.
星浩. 2006.『安倍政権の日本』, 東京: 朝日新書.
山口二郎. 2007.『ポスト戦後政治の対抗軸』, 東京: 岩波書店.
______. 2009.『政権交代論』, 東京: 岩波新書.
読売新聞政治部. 2006.『外交を喧嘩にした男』, 東京: 新潮社.
______. 2010.『民主党迷走と裏切りの300日』, 東京: 新潮社.
読売新聞世論調査部. 2009.『2009年なぜ政権交代だったのか』, 東京: 剄草書房.
渡辺治. 2007.『安倍政権論』, 東京: 旬報社.
渡辺治 外. 2010.『新自由主義か新福祉国家か: 民主党政権下の日本の行方』, 東京: 旬報社.

Calder, Kent. 1988. *Crisis and Compensation*, Princeton: Princeton University Press.
Curtis, Gerald. 1988. *The Japanese Way of Politics*, New York: Columbia University Press.
______. 1999. *The Logic of Japanese Politics*, New York: Columbia University Press.
Inglehart, Ronald. 1990. *Culture Shift in Advanced Industrial Society*, Princeton: Princeton University Press.
Kitschelt, Herbert. 1994. *The Transformation of European Social Democracy*, Cambridge: Cambridge University Press.
Krauss, Ellis and Robert Pekannen. 2010. "The Rise and Fall of Japan's Liberal Democratic Party," *The Journal of Asian Studies*, 69: 1, February, pp. 5-15.
Maeda, Ko. 2010. "Factors Behind the Historic Defeat of Japan's Liberal Democratic Party in 2009," *Asian Survey*, 50: 5, pp. 888-907.
Muramatsu, Michio and Ellis Krauss. 1987. "The Conservative Policy Line and the Development of Patterned Pluralism," in Kozo Yamamura and Yasukichi Yasuba(eds.), *The Political Economy of Japan*, Vol. 1, The Domestic Transformation. Stanford: Stanford University Press.
Park, Cheol Hee. 2010. "Bloodless Revolution: How DPJ's Win Will Change Japan," *Global*

Asia, 4: 4, Winter, pp. 82-87.

Pempel. T. J. 2010. "Between Pork and Productivity: The Collapse of the Liberal Democratic Party," *The Journal of Japanese Studies*, 36: 2, Summer, pp. 227-254.

Pempel, T. J.(ed.) 1990. *Uncommon Democracies*, Ithaca: Cornell University Press.

Reed, Steven, Kenneth Mori McElwain, and Kay Shimizu(eds.), 2009. *Political Change in Japan*, Stanford: APARC.

Reed, Steven and Kay Shimizu. 2009. "Avoiding a Two-Party System," in Steven Reed, Kenneth Mori McElwain, and Kay Shimizu(eds.), *Political Change in Japan*, Stanford: APARC.

Richardson, Bradley. 1997. *Japanese Democracy*, New Haven: Yale University Press.

Samuels, Richard. 2007. *Securing Japan*, Ithaca: Cornell University Press.

Scheiner, Ethan. 2006. *Democracy Without Competition in Japan*, Cambridge: Cambridge University Press.

Tarrow, Sidney and Charles Tilly. 2006. *Contentious Politics*, Paradigm Publishers.

제2장

오자와를 중심으로 본 일본 민주당의 통합과 분열

심미정

I. 서론

1996년 자민당에 대항하는 리버럴한 중도좌파적인 성격으로 시작한 일본 민주당은 분열된 야당 세력과 정치신인들을 대거 흡수하며 다양한 이데올로기가 존재하는 포괄정당(catch-all party)으로 성장하였다.[1] 이러한 이데올로기적 다양성으로 인한 당내 균열을 막기 위한 방편으로, 1996년부터 2002년까지 창당 멤버이자 당내에서 각각 보수와 혁신 세력을 대표하는 하토야마 유키오(鳩山由紀夫)와 간 나오토(菅直人)가 번갈아 가며 당 대표직과 간사장 직을 맡으며 당내 세력 간의 균형을 유지하였다. 2006년 오자와 이치로(小沢一郎)가 당 대표로 선출된 이후에도 '정권교체'라는 목표를 최우선에 두어 당을 통합시키며 2007년 참의원 선거, 2009년 총선거에서 승리를 거둠으로써 1955년 체제 형성 이후 처음으로 완전한 형태의 비자민 집권당이 되었다. 하지만 정권교체 이전까지 대체로 잘 유지되었던 당내 세력들 간의 균형은 민주당이 집권당이 된 후 오히려 그 균형이 무너지고 당내 그룹 간의 갈등이 고조되기 시작하였다. 이러한 당내 갈등은 자민당과 차별화된 정책적 대립축을 제시한 2009년 선거 매니페스토의 수정과 당의 운영을 둘러싸고 친오자와 세력과 반오자와 세력 간의 권력투쟁 구도를 형성하며 점점 심각해졌다. 결국 자민당의 대안 정당으로서 정권교체에 성공한 민주당은 2012년 선거에서 대패함으로써 4년의 짧은 집권 후 다시 자민당정권의 복권이라는 결과를 가져왔다.

민주당은 왜 집권 후에 당내 갈등이 심화되어 완전히 분열되었는

---

1 박철희, 「일본 야당세력의 재편과 정당경쟁체제」, 『한국정치학회보』 제40집 5호(2006).

가? 오자와가 민주당 내에서의 갈등을 해결하려 하지 않고 탈당을 선택한 이유는 무엇인가? 이 논문에서는 민주당 내에서의 친오자와와 반오자와 세력구도의 형성과 그들 간의 갈등이 심화되는 과정과 함께 민주당의 정책 노선과 당의 운영방식이 하토야마, 간, 노다 정권을 거치며 어떻게 변해 가는지를 설명하고자 하였다. 이와 함께 오자와의 민주당 내 포지션 변동과 오자와 그룹 의원들의 움직임을 분석함으로써 민주당의 내부분열을 통해 민주당의 실패를 분석하고자 하였다.

II. 당내 친오자와 세력과 반오자와 세력의 결집과 갈등

1. 오자와 당 대표 시기: 2006~2009

호리에 송금메일 사건[2]으로 마에하라 세이지(前原誠司) 대표가 사퇴하게 되자 민주당 내에서는 마에하라의 정치경험 부족에 대한 비난과 함께 고이즈미(小泉)의 자민당에 대항하여 풍부한 정치적 경험과 함께 자민당과 차별화된 정책축을 제시할 수 있는 리더십을 가진 지도상을 요구하는 목소리가 높아지며 오자와와 간이 물망에 올랐다. 특히 '강완'의 이미지로 거부감을 주었던 오자와의 정치수법이 고이즈미의

2 마에하라 대표가 호리에 다카후미 전 라이브도어 사장이 자민당 간사장의 차남에게 3,000만 엔을 송금하라는 내용의 이메일을 입수, 자민당을 추궁했으나 그 메일이 가짜로 밝혀지면서 국정조사를 요구하던 마에하라 대표와 민주당 지도부가 그 책임을 지고 사퇴한 사건(『동아일보』, 2006년 3월 1일; 『한국일보』, 2006년 2월 23일).

자민당과 대결할 수 있는 강력한 리더십으로서 기대가 높아져 감에 따라 당내의 친오자와계에서뿐만 아니라 중간파와 반오자와 세력 내에서도 오자와를 새로운 대표로 지지하는 의원들이 늘어났다. 아카마츠 히로타카(赤松広隆) 구 사회당계 그룹 부대표는 "자민당에서 '저 녀석은 싫다'고 말하는 사람, 당내의 노·장·청년 의원들을 한데 모을 수 있는 사람은 오자와밖에 없다."라고 말하며 오자와에 대한 지지를 분명히 하였다.[3] 민주당의 전 대표를 역임했던 하토야마 유키오(鳩山由紀夫) 역시 '자민당에 대해 강력한 리더십을 발휘할 수 있고 당내 결속을 강화하는 인재로, 이 사람이라면 자민당에 이길 수 있는 존재'를 민주당의 새로운 대표상으로 내세웠다.[4]

오자와를 지지하는 분위기는 반오자와계의 대표적인 세력 중 하나인 마에하라 그룹에도 나타나서 그룹의 의견을 통합하는 대신 대표선에서 자주투표를 선택, 오자와의 대표선출을 강하게 견제하지 않았다. 이러한 당내 분위기 속에서 오자와는 '강완'이라는 면을 내세우는 한편 "'오자와는 바뀌었다'라는 이미지를 전면에 내세우고 싶다."라고 발언하는 등 '뉴오자와'의 이미지를 어필하며 오자와의 기존 정치수법에 반감이 있는 세력을 끌어들였다.[5] 이러한 오자와의 이미지 변화에 대한 긍정적인 반응은 민주당 지방조직간부 취재에서도 드러나 오자와 지지가 28, 간은 3으로 압도적인 차이를 보였다.[6] 결과적으로 기존의 강한 이미지와 함께 '뉴오자와'를 내세움과 동시에 '정권교체'라는

---

3 『朝日新聞』, 2006년 4월 1일.

4 『朝日新聞』, 2006년 4월 3일.

5 『朝日新聞』, 2006년 4월 7일.

6 『朝日新聞』, 2006년 4월 6일.

확실한 목표를 제시한 오자와는 당 대표선에서 친오자와계 그룹의 의원들은 물론, 이전 선거에서 간을 지지했던 구 사회당계를 비롯하여 그룹에 대한 소속의식이 약해 당내의 무당파라고 여겨지는 소장파 의원들의 표 또한 얻어 전체 191표 중 119표를 획득함으로써 민주당 대표로 선출되었다.

표 2-1. 2006년 당 대표선 득표결과와 지지세력[7]

후보자	오자와	간
득표수	119	72
지지세력	하토야마 그룹 구 사회당계 그룹 구 민사계 그룹 소장파	간 그룹

2. 하토야마 정권: Full Control, Insider

오자와의 지휘하에 민주당은 2007년 참의원 선거에서 목표였던 60석을 획득하며 기존의 의석과 합쳐 반수를 넘은 109석의 의석을 차지하여 자민당을 제치고 참의원에서 제1당이 되었다.[8] 하지만 2009년 8월의 중의원 선거를 앞두고 그해 3월 니시마츠(西松) 건설 정치자금 문제로 오자와의 비서가 기소되면서 당내에서 간 나오토가 오자와를 향해 "자신이 정권교체를 하는 데 있어서 가장 가능성이 높다고 하는 것에

7 『朝日新聞』, 2006년 4월 8일.

8 2007년 참의원 선거 http://seiji.yahoo.co.jp/guide/election/sangiin2007/ (검색일: 2013년 1월 10일).

대한 설명을 생각해야 한다."라고 질타하였고, 5월에 행해진 아사히 여론조사에서도 그의 사임을 바라는 대답이 61%로 나타나는 등 오자와에 대한 비난의 목소리가 높아져 감에 따라 오자와는 그해 5월 당 대표직을 사임하였다. 사임 당시 기자회견에서 오자와는 자신의 사임은 다가오는 총선에서의 정권교체를 위한 것이라 강조, 8월에 있을 총선을 대비한 거당일치의 필요성을 주장하였다.

오자와의 후임을 선출하는 당 대표선에 하토야마 유키오와 오카다 가츠야(岡田克也)가 출마를 선언하였다. 대표선거의 공략에 있어서 오카다는 오자와가 대표로 선출된 이후 도입된 이루어진 단기결전 스타일의 대표선거에 반대하며 오픈된 대표선거의 도입을 주장하였고, 소비세 논의의 필요성을 주장하는 등 오자와의 주도하에 만들어진 제도들의 수정을 공략으로 내세웠다. 또한 오자와가 주장한 세금 낭비의 근절이라는 아이디어를 수용하였지만 '세금을 관료의 손에서 국민의 손으로 돌아가게'를 주장하는 오자와나 하토야마와는 달리 정치적으로 강한 리더십을 통해 세금낭비를 근절할 것을 주장하여 제도의 시행방법에서도 차이를 보였다.[9] 따라서 오자와의 당 운영 스타일과 정책에 불만을 품고 있던 민주당 의원들이 반오자와 세력으로 결집하고 오카다를 지지하여, 주로 젊은 층의 의원들, 특히 당내 반오자와 세력인 노다 그룹, 마에하라 그룹, 센고쿠 그룹, 간 그룹, 구 민사당계, 구 사회당계 그룹의 지지를 받았다.[10] 한편 하토야마는 오자와가 당 대표인 시절 간사장을 지낸 친오자와계의 인물로, 오자와의 '국민의 생활이 제

9 『朝日新聞』, 2009년 5월 15일.

10 『朝日新聞』, 2009년 5월 15일.

일'이라는 이념과 정책 노선을 그의 선거 공략으로 내세웠다. 오자와 그룹에 대항한 반오자와 세력의 결집에도 불구하고 2009년 대표선거에서는 친오자와계의 하토야마가 오자와 그룹과 자신의 그룹, 그리고 참의원에서의 지지를 받아 124표를 획득하여 95표의 오카다를 제치고 당 대표로 선출되었다.

표 2-2. 2009년 당 대표선 득표결과와 지지세력[11]

후보자	하토야마 유키오	오카다 가츠야
득표수	124표	95표
지지세력	〈친오자와계〉 하토야마 그룹(약 30명) 오자와 그룹(약 50명)	〈비오자와계〉 노다 그룹(약 20명) 마에하라 그룹(약 20명) 간 그룹(약 20명) 구 민사당(약 25명) 구 사회당 그룹(약 20명)

새로운 민주당 대표로 선출된 하토야마는 간과 함께 오자와를 대표대행으로 임명하였다. 대표대행으로서 선거대책을 담당하게 된 오자와와 대표인 하토야마의 지휘 아래 치러진 2009년 총선거에서 민주당은 480석 중 308석을 획득함으로써 119석을 획득한 자민당을 압도적으로 이겨 마침내 정권교체에 성공하였다. 집권당이 된 민주당 내부에서는 2007년, 2009년 선거를 통한 정권교체에 있어 오자와의 기여도가 인정되며 당내에서는 2010년도 참의원 선거의 승리를 위해 오자와의 당 주요직 기용을 요구하는 목소리가 높아지는 한편 선거를 통해 급격

11 『朝日新聞』, 2009년 5월 16일.

히 규모를 확대한 오자와 그룹으로 인해 당내 세력 불균형한 상태에서, 오자와의 요직 기용이 이중권력구조를 형성할 것이라는 경계감 또한 높아졌다. 이러한 당내 분위기 속에서 하토야마 총리는 새 정권의 인사에 있어서 오자와의 영향력을 인정하면서도 이중권력구조에 대한 의혹을 부정하며 오자와를 간사장으로 임명하였다.[12] 그러나 하토야마의 발언과 달리 오자와는 하토야마와의 회담 후에 총리가 인사를 간사장인 자신에게 일임하였으며, 정부는 하토야마가 담당하고, 당과 국회는 간사장인 오자와 자신이 담당한다는 것을 발표함으로써[13] 당과 정부의 업무분리를 주장하였다. 이와 같은 당·정의 분리는 당의 업무뿐만 아니라 당과 국회에 관련된 인사를 간사장이 전적으로 추진하게 되었고 오자와는 당을 완전히 장악할 수 있었다.

독립적인 당 운영을 주장한 오자와는 '정부·여당 일원화의 정책결정에 대한 간사장 오자와 이치로'라는 메일을 민주당 의원들에게 보내 당의 정책조사회의 폐지를 고시하였다. 오자와가 구상한 정책입안과정은 의원입법을 원칙적으로 금지하고 법안 제출은 정부 제안에 한하여 당의 정책결정과 의원들의 입안활동을 제한하는 것이었다. 이를 통해 정책결정을 정부에 일원화시켜 정치가의 활동에 직접 관련된 것 이외에는 당의 기관은 간섭하지 않는 것으로[14] 이원적 정책과정에서 문제가 되는 투명성을 높이는 것이라 설명했지만, 정부에 들어가지 않은 민주당 의원들의 입법 활동이 제한되어 정책결정의 폭이 좁아지는 것이 문제시되었다. 과정적인 면에서도 새로운 정책결정과정의 도입에

---

12 『朝日新聞』, 2009년 9월 6일.

13 『朝日新聞』, 2009년 9월 6일.

14 『朝日新聞』, 2009년 9월 19일; 2009년 10월 31일.

있어서 정식으로 당내 논의를 통한 것이 아닌 갑작스러운 통보방식이었기에 오자와의 이중권력에 대한 경계감이 높아졌다.[15] 또한 오자와는 당의 민원처리구조를 중앙당으로 집중시키고 집중된 민원들을 간사장실에서 처리하는 시스템을 도입하여 의원들의 민원처리를 간사장실로 일원화하였다.[16] 즉 하토야마 정권에서의 오자와는 내각과 당을 완전히 분리시키고 민원처리의 간사장실 일원화와 정책조사회 폐지 등을 통해 당의 업무를 간사장에게로 집중시킴으로써 당을 완전히 장악하였다.

표 2-3. 하토야마 내각과 오자와 민주당[17]

	하토야마 내각	오자와 민주당
역할	정책결정 법안제출	국회운영 선거대책
조정역	하토야마 총리	오자와 간사장
보좌역	간 부총리 등	고시이시 간사장 대리 등
당 소속 의원 수	정부 내에 약 60명	정부 외에 약 360명

간사장으로서 당의 장악뿐만 아니라 약 150명의 소속의원이 있는 당내 최대 그룹의 리더로서 오자와의 영향력 또한 최대치에 달하였다. 민주당은 2009년 총선거에서의 압도적인 승리로 당의석이 지난 선거보다 193석 증가하여, 당의 규모 확장은 물론 당내 그룹들도 그 세력이 증가하였다. 특히 당선된 308명의 민주당 의원 중 과반수에 가까운 143

15 『朝日新聞』, 2009년 9월 24일.

16 『朝日新聞』, 2009년 10월 30일.

17 『朝日新聞』, 2009년 10월 14일.

명이 신인 정치인이었다. 선거 당시 선거대책을 담당하였던 오자와는 선거 공천과 비례대표명단에 작성뿐만 아니라 각지의 신인 후보들의 선거구에 비서들을 파견하는 등 선거경험이 없는 신인들을 지원하였고, 선거 이후 그들을 대거 받아들여 그룹의 세력 또한 넓혀 갔다.[18] 결과적으로 이전에도 약 50명으로 당내 최대 그룹이었던 오자와 그룹은 2009년 선거를 통해 그 규모가 급격히 확장되어 소속의원 수가 약 150명에 달하는, 당 전체 의원의 약 40%를 차지하는 그룹으로 성장하였다. 또한 143명의 신인 의원의 교육도 오자와가 담당하게 되어 간사장으로서 당의 신인 의원들에 대한 영향력 또한 높아졌다.

정책적인 면에서도 하토야마 정권은 오자와의 이념과 정책 노선이 대거 반영된 2009년 선거 매니페스토의 노선을 그대로 유지하여 국민 개개인과 사회복지를 중시하는 한편 외교 노선에서는 미국과의 대등한 관계와 친아시아 정책을 고수하였다.[19] 따라서 하토야마 정권하에서의 오자와는 간사장으로서, 그리고 당내 최대 세력의 지도자로서 당 운영을 완벽하게 장악함과 동시에 민주당의 정책 역시 그의 의도대로 추진되는 그가 구상했던 이상적인 민주당을 만드는 것이 가능하였다.

---

18 『朝日新聞』, 2009년 8월 20일.

19 박철희, 「일본 민주당의 정책대립축 이행과 정당 간 경쟁의 불안정성」, 『국제지역연구』 20권 1호(2011), pp. 31-59.

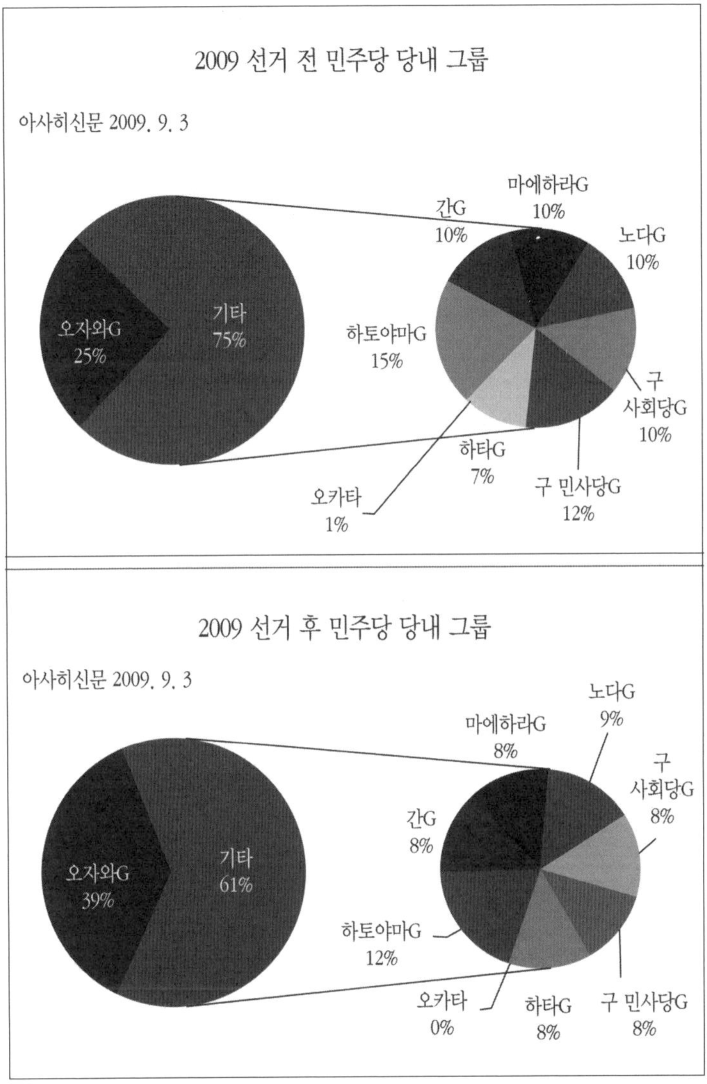

그림 2-1. 2009 선거 전후 민주당 그룹의 세력 변화

3. 간 정권: Compromisable, Outsider

후텐마 기지 이전 문제와 그로 인한 사민당의 연립 이탈과 함께 정치자금 문제까지 불거지자 하토야마는 총리직 사임 의사를 밝히며, 마찬가지로 후원회인 륙산회의 정치자금 문제[20]를 안고 있는 오자와를 향해 민주당 재생을 위해, 깨끗한(clean) 민주당을 만들 수 있을 것이라 하며 동반 사퇴를 권고하였다.[21] 이에 오자와 역시 그 의견을 받아들여 간사장직에서 물러났다. 자민당과의 금권정치와 거리를 두고 있던 민주당에 있어서 정치자금 문제는 여론조사에서 그 여파가 치명적인 것으로 드러났다. 아사히신문의 여론조사에서 87%의 일본 국민이 오자와의 사임에 만족하고, 민주당의 지지율은 5월 말의 21%에서 약간 오른 27%로 나타났는데,[22] 이는 2009년 9월 오자와의 전 비서들이 정치자금 문제로 기소된 이후와 비슷한 현상이다. 당시 민주당의 지지율은 42%에서 31%로 급격히 내려간 반면 자민당의 지지율은 27%였다. 하지만 이런 지지율의 하락은 오자와의 대표 사임 이후 다시 43%로 이전의 성세를 회복하였기에 민주당에 있어서 2010년 참의원 선거를 위해 당의 이미지 쇄신과 여론의 지지가 중요하였다.

---

20 오자와의 정치자금 문제는 오자와의 정치자금 후원회인 륙산회와 관련하여 2009년 11월 오자와의 전 비서들이 정치자금법 위반으로 기소된 사건을 말한다. 오자와의 전 비서들은 정치자금의 수입과 출처 보고의 기한을 넘긴 것과 관련하여 기소되었다. 오자와 역시 기소되었다가 후에 불기소처분으로 풀려났지만, 결국 이 사건은 오자와의 간사장 사임으로 이어지게 된다.

21 『朝日新聞』, 2010년 6월 2일.

22 『朝日新聞』, 2010년 6월 4일.

표 2-4. 2010년 6월 당 대표선 득표결과와 지지세력[23]

후보자	간 나오토	다루토코 신지
득표수	291	129
지지세력	노다 그룹 마에하라 그룹 간 그룹 구 사회계 그룹 구 민사계 그룹 오자와 그룹(2~4선 의원)	오자와 그룹 (초선 의원) 중견, 소장파 의원

이런 상황에서 대표선에 출마한 간은 계속되는 정치자금 문제로 잃어버린 국민의 신뢰 회복을 강조하며 깨끗한(clean) 민주당을 표방, 정치자금의 투명화를 내세움과 동시에 당·정부 분리로 간사장에게 집중되었던 권력의 분산과 당·정 업무처리방식의 재정비, 참의원 선거 전략의 수정 등을 공략으로 내세워 노다, 마에하라 그룹, 구 사회계, 구 민사당 그룹 등 당내 반오자와계 그룹들의 지지를 받았다. 후보자를 내지 못한 오자와 그룹 내에서는 표가 분산되어 그룹의 초선 의원들은 다루토코 신지(樽床伸二)를, 2~4선의 의원들은 자유투표를 하게 되었다.[24] 당 대표가 되자 간은 "오자와가 오자와 자신을 위해, 당을 위해, 그리고 일본 정치를 위해 조용히 있는 편이 좋다."[25]라는 발언으로 오자와와의 거리를 두는 자세를 취하였다. 당 운영에 있어서도 선거에서 공략했던 바와 같이 정책조사회의 부활, 7월의 참의원 선거 전략의 재검토, 정치자금의 투명화를 추진하며 '탈오자와 노선'을 걷기 시작하였

23 『朝日新聞』, 2010년 6월 4일.

24 『朝日新聞』, 2010년 6월 4일.

25 『朝日新聞』, 2010년 6월 4일.

다.[26]

인사에서부터 철저히 탈오자와 노선을 추진한 간은 간사장에 에다노 유키오(枝野幸男), 관방장관에 센고쿠 요시토(仙谷由人), 재무상에 노다 요시히코(野田佳彦)를 기용하는 등 당과 내각의 포스트를 반오자와 성향이 있는 의원들로 채우며 정부를 출범시켰다.[27] 또한 하토야마 정권 때 이중권력구조를 형성하게 했던 분리된 당과 정부의 업무를 다시 일원화하고자 당의 요직을 맡은 임원들을 내각에 입각시켜 겸임하도록 하는 한편 오자와에 의해 폐지되었던 정책조사회(정조)를 부활시키고 정조회장에 겐바 고이치로(玄葉光一郎)를 임명하였다. 그뿐만 아니라 오자와가 간사장이었을 당시 정책조사회가 폐지되면서 부총리와 정조회장을 겸임하고 있었던 간이 당내에서 영향력을 잃었던 것과는 반대로 정조회장인 겐바를 입각시킴으로써 당과 내각을 연결시켜 정조회장이 당과 내각 양쪽에 영향력을 가질 수 있게 하였다.[28] 정치자금과 관련해서도 오자와의 정치자금 문제로 실추된 민주당의 이미지 회복을 위해 정치자금 투명화를 표방하며 정치가 개인이 기업이나 단체 등으로부터 헌금을 받는 것을 금하였다.[29] 이 조치는 자금력을 바탕으로 선거구에서 조직과 연줄을 동원한 선거 전략을 구사하며 자신의 세력을 유지하는 오자와의 선거 전략과 세력 유지에 제재를 가한 것이었다. 이렇게 철저한 오자와 배제 노선을 추구한 간 정권으로 인해 오자와는 하토야마 정권 때와 달리 당의 운영에서 밀려난 채 당내 최대 그

26 『朝日新聞』, 2010년 6월 8일.

27 『朝日新聞』, 2010년 6월 4일.

28 『朝日新聞』, 2010년 6월 9일.

29 『朝日新聞』, 2010년 6월 8일.

룹의 장으로서의 영향력만을 유지하였다.

2010년 9월 당 대표선에서는 2010년 7월 참의원 선거 패배의 책임론과 함께 간의 소비세 인상 발언에 대한 비판이 제기되는 가운데 오자와의 출마를 요구하는 목소리가 높아졌다. 간의 탈오자와 노선으로 인한 갈등을 해소하기 위해 하토야마는 간의 총리 연임 지지를 표명하는 한편 거당태세를 위한 간과 오자와의 회담을 주선하는 등 당의 분열을 막으려 하였다. 하지만 오자와가 불출마 조건으로 내세운 탈오자와 노선의 철회 요구를 간이 받아들이지 않음으로써 오자와는 간과 경합을 벌이게 되었다. 하토야마 또한 거당태세로의 노력이 수포로 돌아감에 따라 "당을 하나로 모이게 하려 노력했으나 간 총리가 받아들이지 않았다. 오자와와 함께하겠다."라며 오자와에 대한 지지를 표명하였다.[30] 간과 오자와의 대결 노선이 굳어짐에 따라 당내에서 두 후보의 지지세력 또한 친오자와계와 비오자와계로 나뉘어 뚜렷하게 드러났다. 탈오자와 노선을 전면에 내세운 간은 '깨끗(clean)하고 열린(open) 민주당'을 내세우며 마에하라 그룹, 노다 그룹 등 당내 반오자와 세력의 지지를 얻었다. 한편 오자와 그룹은 독자적인 후보를 내세우지 못하여 결국 표가 분열되었던 6월 대표선과 달리 오자와의 출마로 인해 일치된 움직임을 보였고, 친오자와계인 하토야마 그룹 또한 대표인 하토야마와 행동을 같이하여 오자와 지지로 그룹의 의견을 일치시켰다.[31]

---

30 『朝日新聞』, 2010년 8월 27일; 2010년 8월 28일.

31 『朝日新聞』, 2010년 9월 1일.

표 2-5. 2010년 9월 대표선 지지세력[32]

후보자	간 나오토	오자와 이치로
지지세력	〈반오자와계〉 노다 그룹(약 30명) 간 그룹(약 50명) 마에하라 그룹(약 40명)	〈친오자와계〉 오자와 그룹(약 150명) 하토야마 그룹(약 60명)

한편 지지후보를 일치시키지 않은 민주당의 다른 그룹 소속 의원들은 탈오자와 노선에 대한 자신의 입장에 따라 오자와와 간의 지지로 나누어졌다. 따라서 9월 대표선거는 오자와가 간의 매니페스토 수정을 문제 삼으며 출마한 선거였지만 탈오자와 노선에 대한 민주당 의원들의 입장을 분명히 보여주는 선거였다. 게다가 9월 당 대표선이 중참 양원 의원들로만 치러지는 것이 아니라 당원과 서포터즈들도 투표를 하는 만큼 여론 역시 반영되었는데, 대표선거 며칠 전인 9월 4~5일에 걸쳐 실시된 아사히신문 여론조사에 따르면 총리로 간을 지지하는 것이 65%, 오자와 지지는 17%로 나타났으며, 공적인 자세에서도 '강완'의 오자와에 대한 기대가 24%에 그치며 공략 수정도 불사하겠다는 간에 대한 기대인 63%에 한참 못 미쳤다. 이 결과는 민주당 내에서는 물론 여론도 오자와에 대한 인식이 여전히 부정적이었음을 보여준다.[33] 따라서 9월 대표선거의 결과는 721표를 획득한 간의 압도적 승리로 나타났다. 이는 당원·서포터 표에서의 압도적인 차이의 결과였다. 비록 오자와가 간에게 약 200표 차이로 패했지만, 국회의원 표에서 단지 6표 차이를 보였다는 것으로 미루어 보아 당 의원들에 대한 오자와의 영향력

32 『朝日新聞』, 2010년 9월 1일.

33 『朝日新聞』, 2010년 9월 6일.

은 건재하였다.

표 2-6. 2010년 9월 당 대표선 득표결과[34]

후보자	간	오자와
총득표	721	491
국회의원 표	412(206표)	400(200표)
지방의원 표	60(1,360표)	40(927표)
당원·서포터 표	249	51

대표선 전부터 "여러 곳에서 인사에 관한 의견을 들었지만, 국민이 볼 수 없는 곳에서 의논하고 결정하는 것은 이상하다."라는 말로 탈오자와 노선의 수정을 거부했던 간 총리는 오자와의 당내 영향력이 여전히 유지되고 있음에도 불구하고 2차 개조내각에서도 탈오자와 노선을 견지하여 간사장에 오카다를 임명, 관방장관인 센고쿠와 정조회장인 겐바를 유임시키고 1차 내각에서 간사장이었던 에다노를 간사장 대리로 임명하였다.[35] 또한 개조 내각의 각료 임명에 있어서도 당내 융화를 배려하여 각 그룹의 의원들을 두루 기용한 것과는 달리 오자와 그룹은 철저히 배제해 한 명도 입각시키지 않았다.[36]

간 총리는 2010년 참의원 선거공략에서 2009년 선거공략에 비해 좀 더 현실주의 노선을 택할 것을 주장하며 민주당의 정책 노선을 수정하였다. 간판 정책인 사회정책에서는 재원마련의 어려움으로 기존의 사회보장중심에서 재정건전화로 정책축이 이동하였고, 중국과의

34 『朝日新聞』, 2010년 9월 1일.

35 『朝日新聞』, 2010년 9월 16일.

36 『朝日新聞』, 2010년 9월 18일.

센카쿠 분쟁으로 미국과의 대등한 관계를 주장하는 대신 전통적인 미일관계를 중시하는 외교정책 쪽으로 회귀하였다. 하지만 자민당과 차별을 두려 했던 오자와의 정책구상을 완전히 폐기한 것이 아니라 실현가능한 정책으로 수정하려 했기에 원래의 민주당 정책과 자민당 정책의 중간에 있게 되었다.[37] 따라서 간 정권의 정책 노선은 그 축이 다른 쪽으로 옮겨갔지만, 여전히 본래의 정책 성향을 어느 정도 유지하고 있었기 때문에 타협과 조정의 여지를 남겨두고 있었다. 또한 오자와와 간의 그룹은 탈오자와 노선으로 인해 당 운영에서 배제되었지만, 여전히 150여 명의 의원이 소속되어 있는 당내 최대 세력으로서 그 영향력을 지니고 있었다.

4. 노다 정권: Uncompromisable, Outsider

2011년 8월 9일 간 총리는 ① 금년도 제2보정예산, ② 적자국채를 발행하기 위한 특별공채법안, ③ 재생 가능 에너지 특별조치법안의 성립을 「퇴진 3조건」으로 제시하며 사임 의향을 표명하였다.[38] 따라서 민주당 내에서는 간 총리의 후임을 뽑는 대표선이 열려 노다, 마에하라, 가이에다, 가노 미치히코, 마부치 스미오가 입후보하였다. 이 대표선은 당원과 서포터의 투표를 포함한 정규 선거가 아닌 당 소속의 의원들에 의해 치러지는 선거였으므로 간 정부하에서 철저히 소외되어 있었던

---

37 박철희, 「일본 민주당의 정책대립축 이행과 정당 간 경쟁의 불안정성」, 『국제지역연구』 20권 1호(2011), pp. 31-59.

38 『朝日新聞』, 2010년 8월 10일.

당내 최대 그룹인 오자와 그룹의 영향력이 다시 부각되기 시작하였다. 오자와 본인은 당원자격 정치처분을 받은 상태라 출마할 수 없었지만 소속 의원들에게 "가만히 있으면서 후보들을 보고 정하자. 때가 되면 단결이다."라거나 "가능한 한 적극적으로 대표선에 참여하고 싶다."라는 등 선거에서 자신의 영향력을 행사할 의중을 내비쳤다.[39] 이런 이유로 각 후보는 오자와 그룹의 지지를 얻기 위해서 개별적으로 오자와에게 접촉하여 의사 타진을 시도하였다. 후보지지의 조건으로 오자와가 2009년 선거 매니페스토의 실행과 인사 문제의 개입을 원했기에 2011년 대표선에서는 매니페스토 수정 문제와 함께 오자와의 처분이 쟁점화되었다. 대표선 후보들은 본인의 당선과 당의 융합 측면에서는 오자와를 끌어안으려 노력했지만, 한편으로는 오자와가 제시한 조건의 수용에 따른 그의 복권과 이중권력 생성 가능성에 대한 형성을 여전히 우려하고 있었다. 또한 정치자금 문제로 야당과 여론의 비난을 받고 있는 오자와의 지원을 받음으로써 집권당으로서 야당과의 관계나 지지율 하락에 대한 걱정, 그리고 재원부족에도 매니페스토의 실행을 끝까지 고수하는 오자와에 대한 저항감은 여전히 존재하였다.[40] 따라서 2011년 대표선에서는 매니페스토 수정, 특히 소비세 증세와 오자와 처분 문제를 통해 각 후보와 오자와 라인과의 거리가 명확하게 드러났다.

---

39 『朝日新聞』, 2011년 8월 13일.

40 『朝日新聞』, 2011년 8월 20일.

표 2-7. 각 후보의 정책에 대한 자세[41]

	마에하라	마부치	가이에다	노다	가노
부흥증세	×	×	×	○	×
소비세 증세	○	△	△	○	△
원전재가동	○	△	○	○	△
TPP 참가	○	△	△	△	×
대연립	○	×	×	△	△
오자와 처분해제	×	△	○	△	△

〈표 2-7〉은 각 후보의 정책에 대한 입장을 나타낸 것이다. 노다의 경우 오자와의 처분에 대해서는 협상의 여지를 남겨두고 있었지만, 증세를 위해서는 야당과의 타협의 가능성 또한 비칠 정도로 증세 노선을 강력히 주장하였기에 오자와와의 합의가 불가능하였다. 이는 역시 소비세 인상을 반대하는 하토야마 그룹과도 맞지 않기에 하토야마 그룹 또한 가장 먼저 노다를 지지하지 않는다는 입장을 표명하였다.[42] 한편 노다와 마찬가지로 반오자와계인 마에하라의 경우에는 이전 선거에서 지원을 받았던 노다 그룹으로부터 지지를 얻을 수 없게 되자 거당태세를 주장하며 오자와에게 접촉을 시도하였다. 하지만 오자와가 요구하는 인사개입이나 오자와의 당원자격정지 처분의 해제를 거절함으로써 협상은 결렬되었다. 오자와에 대해 이같이 강경한 태도는 오자와로 하여금 마에하라에 대항하는 후보를 세우게끔 하였다. 결국 오자와는 친오자와계인 하토야마 그룹 소속으로 소비세 증세에 반대하고 오자와의 처분해소에 있어서도 가장 적극적인 자세를 지니고 있었던 가이에

41 『朝日新聞』, 2011년 8월 28일.

42 『朝日新聞』, 2011년 8월 13일.

다의 지지를 선언하였다.[43] 8월 29일에 열린 대표선에서 1차 투표는 가이에다가 오자와 그룹과 하토야마 그룹의 지지를 받아 143표를 획득하였으나[44] 유효투표 398표의 과반수인 199표를 넘지 못했기에 2위인 노다와 2차 투표를 하게 되었다. 하지만 2차 투표에서 가이에다는 177표를 획득한 반면 반오자와 세력의 표가 노다에게 집중되면서 215표를 얻은 노다가 대표로 선출되었다.

표 2-8. 2011년 8월 대표선 2차 투표 득표결과와 지지세력[45]

후보자	노다 요시히코	가이에다
득표수	215	177
지지세력	〈반오자와계〉 노다 그룹(약 30명) 마에하라 그룹(약 40명) 간 그룹(약 40명)	〈친오자와계〉 오자와 그룹(약 120명) 하토야마 그룹(약 30명)

총리로 취임한 노다는 내각과 당의 인사에서 당내 융화를 중시하는 모습을 보이며 내각의 각료직을 각 그룹에게 두루 분배하여 정조회장에는 반오자와계의 마에하라를, 간사장직에는 친오자와계인 코시이시를 임명하였다.[46] 이러한 노다의 인사에 대한 평가는 30일에 국회에서 열린 총리지명투표에서 중의원 308표, 참의원 110표라는 결과로 나타남으로써[47] 대부분의 민주당 의원이 노다의 인사에 동조하는 모습을

43 『朝日新聞』, 2011년 8월 9일; 2011년 8월 27일.

44 1차 투표 결과 1위 가이에다 143표, 2위 노다 102표, 3위 마에하라 74표, 4위 가노 52표, 5위 마부치 24표(『朝日新聞』, 2011년 8월 29일).

45 『朝日新聞』, 2011년 8월 29일.

46 『朝日新聞』, 2011년 9월 4일.

보였다. 이와 같이 당 인사와 운영에서 철저하게 배제되었던 간 정권 때와는 달리 오자와는 당 대표선에서 지지 후보자 선정에서 당내 최대 그룹으로서의 영향력 행사가 가능했을 뿐 아니라 고시이시의 간사장 직 임명으로 당 운영에도 관여하는 것이 가능하였다.

하지만 이처럼 균형 있는 인사로 평가되었던 노다 정권의 인사는 노다 총리가 정책조사회(정조) 회장인 마에하라에게 정책결정의 권한을 집중시킴으로써 그 균형이 깨어졌다. 노다 정권에서는 이전의 하토야마와 간 정권의 정부의 정책결정시스템과는 다른 정책조사회 회장에 의한 정부 제출법안의 '사전승인'이라는 새로운 형태의 시스템으로 ① 전체의원이 참여 가능한 부문 회의, ② 국회대책 간부들이 참여하는 정조위원회와 정조간부회, ③ 정조회장, ④ 총리, 간사장이 참여한 정부·민주 3역 회의, 총 4단계로 구성되어 있다. 이 구조는 부문 회의를 통해 전 의원들의 정책결정과정에의 참여가 가능하게 만들었지만, 사전심의와 승인이라는 과정을 통해 정조회장이 의원들의 입안을 통제하는 것이 가능하였다. 또한 최종적인 정책결정 단계인 '정부·민주 3역 회의'에 당의 간부를 포함시키는 한편 간 정부 때 분산시켰던 자치단체와 업계로부터의 진정업무를 다시 간사장실로 일원화시키며 정권 운영의 주도권을 관저에서 당으로 전환시켰다.[48] 따라서 노다 정권은 하토야마 정권이 시도했던 간사장실로의 민원일원화를 추진하는 한편 간 정권과 마찬가지로 정책조사회를 정책결정의 주기관으로 하였다. 하지만 정조회장을 입각시키지 않고 당과 정부를 분리하고, 사전승인

47 『朝日新聞』, 2011년 8월 31일.

48 『朝日新聞』, 2011년 9월 7일; 2011년 9월 13일; 2011년 9월 14일.

이라는 제도를 통해 당의 정책결정 권한을 정조회장에게로 집중시켰다. 따라서 오자와에 가까운 고시이시가 간사장직을 맡고 있었지만, 당의 정책이 집약되는 정조회장에 마에하라, 부회장에 센고쿠라는 반오자와계 기용으로 인해 오자와는 노다 정권이 추진하는 정책에 있어 당내 최대 그룹으로서 반대를 표명하는 것은 가능했지만, 실질적으로 정책결정에 영향력을 행사하는 것에는 제한을 받게 되었다.

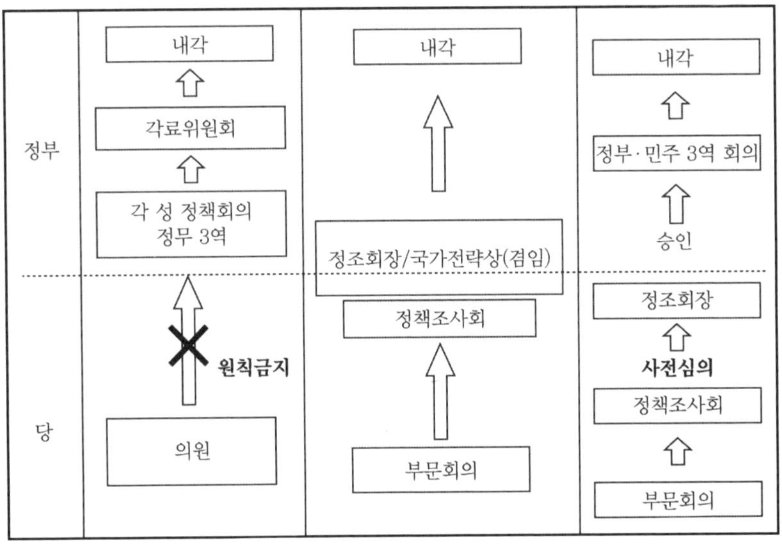

그림 2-2. 민주당 각 정권의 정책결정 시스템[49]

민주당 내에서의 오자와의 영향력 약화는 당내 정책결정과정에의 제한뿐만 아니라 오자와 그룹 자체의 규모 축소에서도 볼 수 있다. 〈그림 2-3〉과 같이 자유당과 민주당의 합병 이후 오자와 그룹은 2009년 상

49 아사히신문의 내용을 토대로 필자가 작성.

반기까지 약 50명 규모의 세력을 형성하였다. 이후 2009년 선거를 통해 소속의원의 수가 150명으로 급증하면서 앞서 〈그림 2-1〉에서 설명하였듯 당 전체 의원의 약 40%를 차지하는 당내 최대 그룹이 되었고, 친오자와계인 하토야마 그룹을 더하면 50%를 넘어서게 되어 당내의 그룹 간의 불균형이 극심해졌다. 2010년에 들어선 간 정권의 철저한 탈오자와 노선의 운영에도 불구하고 2011년 대표선 당시 여전히 100명 이상의 소속의원들을 유지하며 노다 정권 초기까지 그 세력을 유지하였다. 하지만 정치자금 문제로 형사기소되면서 오자와에게 당원자격정지 처분이 내려지는 한편 노다 총리의 본격적인 소비세 증세 움직임으로 오자와 그룹은 점차 분열되기 시작하였다. 100여 명을 유지하던 오자와 그룹은 소비세 증세 법안 통과 직전인 2012년 6월에는 60여 명으로 그 세가 확연히 축소되어 결국 2012년 7월에 오자와와 행동을 함께한 탈당 의원들은 49명에 불과하였다.

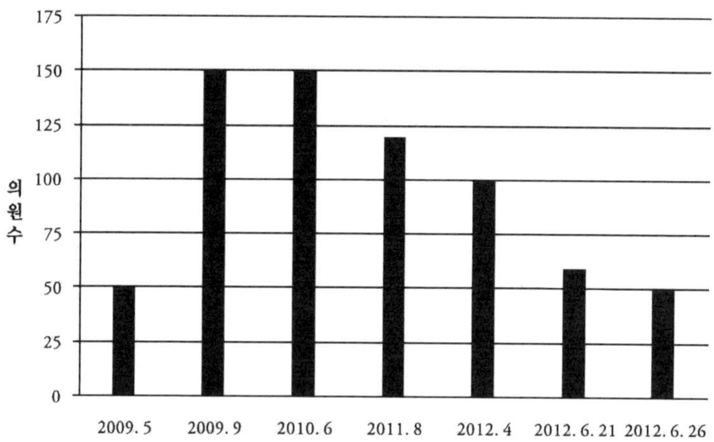

그림 2-3. 오자와 그룹의 규모 변화50

2011년 후반기에 들어 노다 총리의 소비세 증세 법안 추진 움직임이 본격화되자 오자와는 분산되어 있던 그룹 내 공부회들을 통합하여 소비세 증세 반대를 내건 '새로운 정치연구회(新しい政策研究会)'를 발족시키며 100여 명의 그룹 의원들의 결속을 유지하였다. 하지만 2011년 12월 노다 총리의 소비세 증세에 대한 반발로 인한 우치야마를 비롯한 9명 의원의 집단탈당을 비롯하여[51] 정치자금 문제와 간 정권에 대한 반기 등으로 앞서 탈당한 이시카와 도모히로(石川知裕)와 마츠키 시즈히로(松木謙公) 등 2012년 4월까지 탈당한 그룹 의원의 수가 11명(별첨 1)에 달하였다. 이와 같이 그룹의 결속력이 점차 약해지는 가운데 소비세 증세 문제를 둘러싸고 소비세 법안 반대는 물론 이를 위해서는 탈당까지도 불사하겠다는 급진파, 소비세 증세에는 반대하지만 탈당은 주저하는 신중파, 그리고 소비세 증세에 찬성하여 그룹을 이탈한 찬성파로 그룹이 3분열되었다. 급진파는 대부분 2012년 6월 21일에 열린 그룹 회합에 참석하는 것은 물론 증세 법안 투표에서 반대표를 던지고 오자와와 함께 탈당한 의원들이다(별첨 2). 신중파 의원들은 21일 회합에 대부분 참석하였으나 26일 회합에는 불참, 증세 반대표를 던졌으나 탈당에는 가담하지 않았다(별첨 3).[52] 급진파 의원 중에는 증세투표 이후 신중파로 전환하여 탈당에 불참한 의원들도 있다. 한편 증세 찬성파는 그룹의 중진인 오쿠무라 덴조(奥村展三)와 나카츠카 잇코(中塚一宏)를 비롯하여 오자와 걸즈로 분류되는 대다수의 초선 여성의원들로 증

---

50 아사히신문의 내용을 토대로 필자가 작성.

51 『朝日新聞』, 2011년 12월 28일.

52 이후에 생활당이나 미래당에 입당하였으나 오자와가 탈당할 당시인 7월 3일 탈당한 생활당 창당 멤버에는 속하지 않은 의원들도 포함.

세에 찬성하며 그룹에서 이탈하였다(별첨 4).

2012년 국회회기 내에 소비세 증세 법안 통과를 목표로 내세운 노다 총리는 당의 분열의 막기 위해 고시이시 간사장을 내세워 오자와와의 협상을 계속 시도하지만, 강경한 오자와의 증세반대 노선으로 인해 당내의 협력을 모색하기 어렵게 되자 야당인 자민당과 공명당과의 합의를 통해 소비세 증세 법안을 추진하기 시작하였다. 야당과의 대연립 추진은 민주당 내의 최대 그룹인 오자와 그룹의 협력 없이도 중의원에서 반수 이상을 확보하여 소비세 증세 법안의 통과가 가능해지기 때문에 최대 그룹의 리더로서 오자와가 내세우던 '수의 힘'이 더는 통하지 않게 되므로 오자와의 입지가 좁아지게 되었다. 한편 당의 증세 노선에 반대하는 의원에 대해 제명이라는 강경한 처분을 내세우던 노다 정권은 30명 정도로 예측했던 오자와 그룹의 반기 세력이 50명으로 집계되자 당의 강경처분으로 인해 탈당 동조자가 늘어나 54명을 넘으면 중의원에서 과반수를 잃을 처지에 놓이게 되므로 급히 대책을 마련, 소비세 증세 법안 반기세력의 처벌수위를 완화할 의향을 내비치며,[53] 소비세 증세에는 반대하지만 탈당을 꺼리는 당내 신중파들을 회유하였다. 야당과의 대연립이 가시화되자 오자와 그룹이 행사하던 '수'를 통한 영향력이 유명무실하게 되었고, 오자와 그룹 내에서도 분열이 일어나 결국 법안투표 직전인 6월 21일 그룹 회합에 참석한 의원은 불과 60여 명이었다.[54] 6월 21일 회합에 참석하여 탈당계를 작성한 의원 중에서도 26일 법안투표 후 탈당계 제출을 철회하는 등 오자와 그룹이

---

53 『朝日新聞』, 2012년 6월 26일.

54 『朝日新聞』, 2012년 6월 22일.

민주당을 탈당하고 신당을 창당하는 사이에 그룹에서 이탈하여 잔류를 선택한 의원이 늘어나 결국 신당에는 약 50여 명의 의원이 참가하였다.[55]

노다 정권하에서 오자와 그룹은 정조회장에게 집중된 정책결정권한으로 인해 직접적인 정책결정과정에 관여할 수는 없었으나 당내 최대세력으로서 소비세 증세 반대세력을 집결하여 그 수를 통해 영향력을 행사하였다. 하지만 이러한 당내에서의 영향력도 노다 총리가 당내 타협을 포기하고 마에하라 정조회장이 소비세 인상의 찬반을 둘러싼 당내 절차를 일방적으로 중지시키며 민주, 자민, 공명, 삼당의 수정법안을 중의원에 제출하며[56] 여·야당의 대연립을 통해 소비세 증세 법안을 추진해 나가자 당내 반대파의 표 없이도 법안 통과가 가능해짐으로써 오자와의 '수의 힘'도 유명무실해졌다. 결국 소비세 증세 법안은 오자와 그룹과 그에 동조하는 다른 민주당 의원 57명의 반대에도 자민당과 공명당의 협력을 통해 중의원에서 통과되었다.[57] 더욱이 법안 통과에 있어 야당의 협력을 얻기 위해 노다 총리는 자민당에서 요구하는 민주당의 연금제도와 의료제도 등 복지 관련 정책을 철회, 폐지함으로써 민주당의 간판 정책이었던 사회정책을 포기하였고, 외교 노선에서도 주변 아시아 국가, 특히 중국과 한국과의 관계가 악화되자 미일관계 중시 노선으로 돌아가게 되었다. 결과적으로 2009년 민주당이 자민당에 대해 차별적으로 내세웠던 정책축은 모두 사라졌다.[58]

---

55 『朝日新聞』, 2012년 7월 4일.

56 『朝日新聞』, 2012년 6월 20일.

57 『朝日新聞』, 2012년 6월 1일.

58 박철희, 「일본 민주당의 정책대립축 이행과 정당 간 경쟁의 불안정성」, 『국제지역연

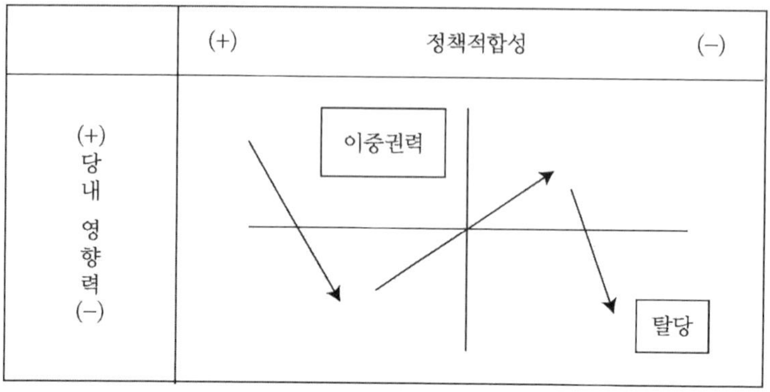

그림 2-4. 오자와의 민주당 내 포지션 변화

하토야마 정권에서 정책 노선은 물론 당 운영까지 장악하였던 오자와는 간 정권이 들어서며 당 운영에서 배제되었고 정책 노선 또한 수정되었으나 이는 기존의 정책에서 현실적인 대처를 위한 방향전환으로 민주당 고유의 정책 노선을 여전히 지니고 있고 당 운영에서는 밀려났지만 여전히 당내에서 오자와 그룹의 영향력을 무시할 수 없었기 때문에 오자와는 당내 최대 세력을 이끄는 리더로서 다음 대표선을 기약하며 민주당에 남아있었다. 노다 정권은 비록 정책적인 면, 특히 소비세 증세 문제에서 오자와와 노선을 달리했지만, 노다 총리의 당 융합정책의 일환으로 인사에서 오자와를 배려하였다. 그래서 노다 정권 초기 오자와 그룹은 당내에서 노다 정권의 견제세력으로 자리를 잡고 있었다. 하지만 노다 정권의 소비세 증세 법안 추진으로 그 갈등이 점차 극대화되기 시작하면서 오자와 그룹 의원들의 탈당과 증세라인 찬성파의 반기, 그리고 노다의 야당과의 협의 추진으로 인해 오자와

구』 20권 1호(2011), pp. 31-59.

그룹은 당내 최대 그룹으로서의 영향력을 행사하지 못하고 지난 두 정권에서 지켜오던 결속력 또한 사라지며 그 세가 점차 기울었다. 오자와로서는 노다의 민주당에서 자신이 추구했던 정책 노선을 더 이상 찾아볼 수 없게 되었으며, 그 정책에 관여할 만한 당내에서의 영향력도 상실했기 때문에 결국 탈당을 선택, 신당을 창당할 수밖에 없었다.

III. 오자와 그룹의 탈당

1. 소비세 증세 국면에서 본 여·야의 초당파적 협력과 오자와 그룹의 분열

민주당 내부의 갈등 이외에 당시 일본 정치적인 상황 또한 오자와의 탈당 및 신당 창당에 기여하였다. 2010년 참의원 선거의 승리로 자민당이 참의원에서 제1당이 되었으므로 소비세 인상 법안의 통과를 최우선시하고 있는 노다 정권에 있어서 자민당과의 협력은 불가결한 것이었다.[59] 자민당의 다니가키 사다카즈(谷垣禎一) 대표 역시 2010년 참의원 선거에서 소비세 인상 10%를 주장했던 데 대해 찬성하는 입장이었다. 이러한 상황 속에서 당내 증세 반대 세력을 대표하는 오자와와의 회담이 계속 결렬되자 노다 총리는 당내의 강한 반발에도 소비세 개혁에 중심을 둔 개조내각을 발족하고 참의원에서뿐만 아니라 중의원에

59 『朝日新聞』, 2012년 6월 1일.

서도 야당과의 초당파적인 협력을 통한 법안 통과를 모색하기 시작하였다. 이에 자민당과 그의 연립파트너인 공명당의 대표는 일체 개혁 관련 법안 수정협의에서 오자와를 배제할 것과 민주당이 2009년 중의원 선거에서 제시한 복지정책을 철폐할 것을 조건으로 협력을 약속하였다.[60] 오자와는 소비세 증세를 위한 노다 정권의 복지 노선 철회에 대해 "민주당의 간판으로 지금 선거에 임하면 가두연설에서조차 욕을 들을 것이다."[61]라며 강하게 비판하였다. 결과적으로 노다의 민주당이 소비세 증세 법안 통과를 위해 당의 간판 정책들을 포기함으로써 자민당의 대안정당으로서 민주당의 차별성을 더는 보여주지 못하게 되었다.

결국 노다 총리가 소비세 증세 법안 추진에서 여당 내에서의 의사타진보다 야당과의 초당파적 협력을 선택함으로써 오자와는 민주당의 복지정책 노선의 포기와 더불어 당내뿐만 아니라 국회 내에서도 여당의 최대 그룹으로서의 영향력도 행사할 수 없었다. 이렇게 민주당 내부와 야당의 압박으로 민주당에서의 영향력을 상실하고 그로 인해 정책 면에 있어서도 더 이상 자신이 원하는 방향으로의 전환이 어려워지자 오자와는 민주당을 탈당하여 자신을 대표로 한 신당을 창당하였다.

2. 오자와 그룹 탈당의 원인 분석

1996년 창당 이후 2009년 중의원 선거까지 민주당은 야당 세력들과 신인들을 흡수합병하며 당의 규모를 키워 감에 따라 당내에 다양한

---

60 『朝日新聞』, 2012년 6월 6일.

61 『朝日新聞』, 2012년 6월 15일.

이데올로기적 스펙트럼이 존재하는 포괄정당으로 성장하였고, 민주당 내에는 이러한 의원들 개개인의 정치적 배경과 이념적 성향에 따라 당내 그룹이 형성되었다. 하지만 이러한 이념적 차이에서 발생하는 당내 갈등은 오자와의 탈당을 설명하지 못한다. 첫째, 민주당이 보수적 성향이 있는 포괄정당으로 성장한 만큼 당내에는 보수계 의원이 다수를 차지하고 있었다. 따라서 보수 성향의 오자와에게는 이념에서 비롯되는 당내 갈등이 탈당을 생각할 정도로 큰 문제가 아니었다. 둘째, 이념적 성향을 둘러싼 당내 갈등은 민주당에 있어서 새로운 문제가 아니고, 오자와는 이러한 갈등을 잘 다루며 2006년부터 3년간 '정권교체'를 목표로 당을 운영해 왔기 때문에 이러한 이념적 갈등이 2012년에 와서 당의 분열을 초래할 만한 큰 문제는 아니었다. 셋째, 당내 그룹 간에 이념적 차이로 갈등이 발생하더라도 100여 명의 소속 의원을 가진 오자와 그룹의 리더로서 오자와는 당 운영에 충분한 영향력을 발휘할 수 있었다. 따라서 이념적 다양성에서 비롯되는 당내 갈등은 오자와의 탈당과 민주당의 분열을 충분히 설명해 주지 못한다.

야마모토 겐타로에 의하면 개개인의 정치인들은 합리적이기 때문에 각자의 이성에 근거하여 자신들의 이익을 추구하기 위해 정치적인 선택을 내린다. 이러한 정치인들의 이익 — 관직과 정책 — 추구로 인해 정당 간의 이동이 일어나게 되는데, 야마모토는 그의 연구 중 관직을 내각에서의 관직에 한정하였으므로 그가 말하는 관직추구는 정치인들이 내각에서의 직책을 추구하는 행동을 의미한다. 따라서 관직의 추구에 따른 정당 간의 이동은 주로 야당에서 여당으로, 여당에서 다른 여당으로 이동하는 것을 말한다.[62] 이를 고려했을 때 집권당인 민주당에서 탈당하여 신당을 창당하는 오자와의 선택은 관직 추구의 행위로서 볼 수 없다. 한편 정책추구는 정치인이 개개인이 선호하는 정책 노선을 추구하는 행위를 말한다. 만약 오자와가 정책추구라는 요소로 인해 탈당한 것이라면 2009년 이후 민주당 세 정권 내에 2006년부터 하토야마 정권까지의 오자와의 정책 노선이 간을 거쳐 노다 정권에 들어서는 자민당 정책 노선 쪽으로 전환, 그가 추구하던 자민당과의 차별적인 정책은 찾을 수 없게 되었다. 따라서 민주당 내에서 자신이 구상했던 정책들을 더 이상 실행할 수 없게 되었기에 탈당을 감행했다고 오자와의 탈당을 정책추구의 행위로 분석하는 것이 가능하다. 하지만 당내 최대 세력을 지닌 오자와가 노다 정권 이후의 새로운 정권에서의 정책 노선 수정을 기대하며 현 정권의 비토 세력으로 남을 수도 있었다는 사실로 미루어 보아 정책추구는 오자와의 탈당에 대한 부분적인 설명에 머무르는 것이다.

1994년 호소카와 연립정부하에 선거제도, 정치자금법 등을 비롯한 선거법의 개정이 이루어졌다. 고선규의 연구는 개정된 정치자금법이 일본 정치에 어떠한 영향을 미쳤는가에 대한 것으로 일본의 정당은 매년 1월 1일부터 15일간 정치자금 신청서를 제출해야 하고, 그 신청서를 기준으로 정치자금이 1년에 4번 — 4월, 7월, 10월, 12월 — 제공된다. 따라서 7월에 탈당해 신당을 창당한 오자와로서는 내년 4월까지 지급되는 정치자금 없이 당을 운영해야 한다.[63] 한편 이갑윤의 연구에서는 듀베르제의 법칙을 사용해 일본의 정당시스템이 소선거구제하에서 양당제 시스템으로 가고 있다고 설명하였다.[64] 1구에서 1인을 선출하는 소

---

62 山本健太郎, 『政党間移動と政党システム』(東京: 木鐸社, 2010).

63 고선규, 「일본 정치조성금제도와 정당정치의 변화」, 『일본학보』 82호(2010), pp. 189-202.

64 이갑윤, 「일본 선거제도의 과정과 정단제의 변화」, 『동아연구』 48(2005), pp. 172-201.

선거구제는 당선 가능성이 큰 주요 정당의 후보들에게 유리한 제도이기에 군소정당들은 점차 주요 정당에 흡수되는 경향을 보인다. 반면 비례대표제는 군소정당에 혜택을 주는 제도로서 군소정당들은 비례대표제를 통해 의석 확보가 가능하기에 오자와의 신당에 있어 소선거구제보다 비례대표제가 유리하다. 하지만 아사히신문의 여론조사에 따르면 15%의 사람들이 오자와의 신당에 투표하고 나머지 78%는 오자와당을 뽑지 않을 것이라고 답하였다.[65] 이러한 반응으로 미루어 보면, 비례대표제에서도 오자와가 캐스팅 보트의 역할을 할 수 있을 만큼 의석을 획득하기는 어려운 것으로 보인다. 이러한 제도적인 환경을 고려했을 때 오자와는 탈당하는 것보다 여당인 민주당에 잔류하는 쪽이 더 합리적이기에 제도적인 설정은 오자와의 탈당을 설명하지 못한다.

당내에서 당의 주요 직책과 당 운영방식 등을 둘러싸고 그룹 간에 경쟁과 갈등이 빈번하게 일어난다. 그중에서 당 대표선은 그러한 당내 갈등이 잘 드러나는 것이다.[66] 어느 그룹의 리더가 당 대표가 되느냐에 따라 그 특정 그룹이 당의 주요 직책을 맡을 기회 또한 많이 얻는다. 그러므로 이러한 정치인의 권력추구는 주로 간사장 등과 같은 주요 당역을 둘러싸고 일어난다. 더욱이 당시 그룹은 그룹 리더가 정당공천, 정치자금 등의 선거와 관련된 혜택을 그룹원에게 제공함으로써 그룹원의 지지와 충성을 얻음으로써 형성·유지되는 것이기에 그룹 리더들에서 있어서 당의 주요 직책을 맡거나 정치자금을 관리하는 것은 자신의 그룹을 유지하는 데 중요하다.

---

65 『朝日新聞』, 2012년 6월 28일.

66 板垣英憲, 『民主党派閥抗争史 ― 民主党の行』(東京: 共栄書房, 2008).

하토야마 정권하에서 간사장으로서 당을 장악했던 오자와는 간 정부의 발족과 함께 시작된 철저한 반오자와 노선으로 당 운영에 미치는 영향력이 약해졌고, 당내에서 정치자금 문제와 오자와의 리더십 스타일에 대한 비판의 목소리도 또한 높아지고 있었다. 하지만 그는 여전히 당내 최대 그룹의 리더로서의 영향력을 지니고 있었다. 노다 정권 초기에는 노다의 당을 화합하려는 노력으로 당에 대한 영향력이 어느 정도 회복되었으나 여전히 정치자금 문제가 걸려 있어서 오자와의 행동을 제한하고 있었다. 게다가 소비세 인상 법안 문제가 진행됨에 따라 오자와는 노다 정권의 소비세 인상 추진에 반대를 표명하며 최대 규모의 그룹으로서 힘을 행사하려 하였으나, 노다 정부가 당 의원들을 설득하고 통합하는 대신 야당인 자민당과의 초당파적인 협력을 통해 법안 통과를 추진함으로써 민주당 내에서 오자와의 입지와 당 운영 및 정책 조정에서의 영향력이 줄어들었다.

권력 추구와 관련하여 오자와의 탈당을 보면 당내의 반오자와 세력에 의해 오자와는 간 정부 때 당의 권력에서 철저히 배제되었고, 노다 정권에 들어와서는 최대 그룹의 리더로서 그의 영향력 또한 반오자와 세력의 결집으로 인해 당의 실권을 잡는 데 실패하였다. 따라서 오자와의 탈당은 이러한 당내에서의 입지 약화와 영향력의 감소로 인해 그룹의 유지에 어려움을 겪게 된 오자와가 신당 창당을 통해 다시 한 번 당의 운영과 자금을 장악하려는 시도로 설명할 수 있다. 하지만 이 권력투쟁의 요소는 오자와가 철저하게 배제되었던 간 정부 내에서는 탈당을 생각지 않다가 왜 어느 정도의 영향력 행사가 가능한 노다 정부에 와서 탈당하게 되었는지에 대해 충분한 설명이 되지 못한다. 따라서 하토야마 정권 내에서 권력과 정책 두 가지를 다 쥐었던 오자와가 간 정부에서 권력에서 밀려났지만, 당의 정책에 있어서는 여전히 타협이 가능했기에 민주당에 남아있었고, 노다 정권 초기에도 당의 정책은 타협이 불가능할 정도로 자민당과 유사하게 수정되었지만, 노다의 화합정책으로 당 운영에 영향력을 가지고 있었다. 하지만 시간이 갈수록 노다의 강경한 소비세 법안 추진과 초당파적인 협력으로 인해 당내의 권력다툼에서 그 입지와 영향력이 줄어들었으므로 오자와는 노다 정권하에서 정책과 권력 두 가지 모두를 추구할 수 없게 되자 마침내 탈당을 선택하였다.

3. 오자와 그룹 의원들의 선택: 탈당과 잔류

앞서 설명했듯이 노다 총리가 소비세 증세를 계속 추진해 나감에 따라 당의 분열이 가속화되었고, 동시에 오자와 그룹 내에서도 분열이 일어나기 시작하였다. 하지만 계속해서 축소되는 그룹의 규모에도 2012년 6월 탈당 직전에 오자와 그룹에는 여전히 50여 명의 중의원이 남아 있었다. 6월 21일의 그룹 회합에 참여한 48명의 의원은 2009년도 150여 명으로 집계되었던 오자와 그룹 의원 중에서도 오자와에 대한 충성도가 상대적으로 높고, 기본적으로 소비세 증세에 반대하는 입장을 지닌 의원들이다(별첨 5). 하지만 21일 이후 이 50명의 중의원 내에서도 오자와와 함께 민주당을 나와 신당에 참여한 탈당조와 증세반대 입장임에도 탈당에 참여하지 않은 잔류조로 나뉘었다.[67] 결국 오자와의

[67] 앞서 언급하였듯이 탈당조와 잔류조의 구분은 소비세 증세 법안 통과 후 오자와와 함께 탈당하여 7월 11일 신당 창당에 참여했는가의 여부를 기준으로 하였다.

신당에 참여한 중의원은 오자와를 포함해 38명에 불과하였다.[68]

오자와 그룹 의원들은 대개 각각의 선거사정과 오자와와의 친분 정도에 따라 탈당과 민주당에의 잔류를 선택하였다. 특히 초선의원들의 경우, 구로다 유우[黒田雄, 지바(千葉) 2], 오카모토 에이코[岡本英子, 가나가와(神奈川) 3], 기무라 다케츠카[木村剛司, 도쿄(東京) 14] 등과 같이 탈당에 동조한 초선의원들 대개가 국회의원 비서출신이거나 지방의회의 의원을 경험한 의원들로 정치, 선거의 경험이 있는 의원들이었다. 또한 이시하라 요자부로[石原洋三郎, 후쿠시마(福島) 1]의 경우에는 조부가 후쿠시마현 지사, 부친이 중의원을 지낸 3세 의원으로 본인 역시 시의원을 지내 지역 내 지지기반이 있는 의원이었다. 한편 잔류조의 경우 의사 출신인 이시모리 히사츠구[石森久嗣, 도치기(栃木) 1]를 비롯해 정치경험이 없는 의원들이었다. 따라서 오자와 그룹의 초선의원들의 대부분이 개인적인 정치·선거 경험에 따라 당을 선택하는 경향을 보였다.

한편 정치적 지지기반과 선거경험 외에도 오자와와의 개인적인 친분이 오자와 그룹 의원들의 탈당에 영향을 미치고 있는 것 또한 볼 수 있다. 가와시마 다로[川島智太郎, 비례도쿄(比例東京)], 히다카 다케시[樋高剛, 가나가와(神奈川) 1], 요코야마 호쿠토[横山北斗, 아오모리(青森) 1] 등 오자와의 비서 출신 의원들도 모두 그와 함께 탈당을 선택하였다. 또한 아이하라 시노[相原しの, 비례미나미간토(比例南関東)], 오오타니 게이[大谷啓, 오사카(大阪) 15], 오오야마 마사히로[大山昌宏, 비례도카이(比例東海)] 등 오자와의 정치학원 출신 의원들 또한 같은 선택을 하였다. 따라서 정

68 즈케란 조빈(瑞慶覧長敏)은 오자와와 함께 탈당했으나 신당에 참가하지 않고 무소속으로 남았다.

치·선거 경험 외에도 오자와와의 개인적인 친분이 있는 경우 오자와와 행동을 함께하는 경향을 보였다.

오자와에 대한 충성도가 높은 다선의 의원들 대부분이 탈당조에 속하지만, 오자와의 측근에 속하는 의원이면서도 개인의 선거구 사정으로 인해 민주당에 잔류하는 경우도 있었다. 시나 다케시[階猛, 이와테(岩手) 1]와 기카와다 도오루[黄川田徹, 이와테(岩手) 2]의 경우는 자신들의 지역구가 2011년 3·11 대지진의 피해지역이다. 이들은 오자와에 대한 충성도가 높았음에도 불구하고 피해지역의 복구를 최우선으로 두어 신당 참여를 거부, 여당인 민주당에 남는 것을 선택하였다. 하지만 자신의 지역구가 지진 피해지역에 속하더라도 시나와 기카와다와 같이 안정적인 선거기반을 갖추지 못한 초선의원들은[69] 오자와와 함께 탈당을 선택, 비슷한 선거구의 사정임에도 상반된 모습을 보였다.

IV. 결론

민주당의 내부 갈등의 설명으로 이념적 간극, 관직/정책 추구, 제도적 환경, 권력투쟁 가운데 정책추구와 권력투쟁 두 가지 요소의 조합이 오자와의 민주당 탈당에 대한 적절한 설명을 제공한다. 두 가지 중 한 가지 요소를 당내에서 더 이상 추구할 수 없더라도 다른 한 가지가 남아 있거나 타협 가능한 경우 오자와는 탈당보다는 최대 세력을

69 후쿠시마 1구의 이시하라 요자부로(石原洋三郎)와 2구의 오오타 가즈미(太田和美)가 이에 해당한다.

지닌 그룹의 리더로서 집권하고 있는 민주당정권의 비토 세력으로 남아 있으면서 다음 기회를 도모하였다.

따라서 간 정권에서는 반오자와 세력으로 인해 권력에서 밀려났지만 수정된 민주당의 정책이 여전히 자신이 주장하였던 정치적 아이디어를 가지고 있었기 때문에 오자와는 탈당보다는 민주당의 최대 세력으로 남아 있는 것을 택하였다. 노다 정권의 초기에도 노다의 당내 화합을 위한 노력으로 오자와의 당내 영향력이 어느 정도 회복되었지만 정책에서 오자와가 추구했던 노선들을 포기하고 자민당의 정책과 유사하게 되었을 때 오자와는 민주당에서 정책추구를 하지 못했지만 당내 영향력을 과시하며 소비세 인상의 반대를 표명하였다. 하지만 오자와를 비롯해 당내의 격렬한 반발이 있었음에도 노다는 소비세 인상 법안을 중의원에서 통과시키려고 하였다. 이 과정에서 오자와가 당내 최대의 비토 세력으로 소비세 인상에 반대하며 그 수적인 영향력을 행사하자 노다는 당내의 반대 세력들을 설득하는 대신 야당인 자민당과 공명당과의 초당적인 협력을 통해 방법을 모색하였다. 결국 노다가 야당의 요구조건을 2009년 민주당의 대표적인 정책공약이었던 사회복지국가 노선의 정책들을 포기함으로써 소비세 인상 법안은 중의원을 통과하였다. 결과적으로 노다 정권이 야당과 협력함으로 인해 정책적으로도 기존의 민주당 노선을 완전히 잃은 것뿐만 아니라, 여당의 최대 그룹으로서의 영향력 또한 행사할 수 없었던 오자와는 탈당이라는 선택을 하게 되었다.

결국 오자와의 탈당은 민주당 내부의 친오자와 세력과 반오자와 세력 간의 갈등에서 비롯된 정책 노선의 변화와 권력 투쟁의 결과로 설명할 수 있다. 이러한 민주당의 오자와를 중심으로 한 당내 갈등이 오자와 그룹의 탈당으로 이어지게 됨으로써 일본의 정치는 민주당의 분열과 함께 여러 야당이 난립하는 새로운 정계 재편의 시기를 맞이하게 되었다.

별첨 자료

별첨 1. 2012년 6월 이전 민주당을 탈당한 오자와 그룹 의원 11명

이름	선거구	당선횟수
이시카와 도모히로(石川知裕)	홋카이도(北海道) 11	3
마츠키 시즈히로(松木公)	홋카이도(北海道) 12	3
사이토 야스노리(斎藤恭紀)	미야기(宮城) 2	1
우치야마 아키라(内山晃)	지바(千葉) 7	3
주고 아츠시(中後淳)	비례미나미간토(比例南関東)	1
이시다 미츠지(石田三示)	비례미나미간토(比例南関東)	1
와타나베 고이치로(渡辺浩一郎)	비례도쿄(比例東京)	2
미와 노부아키(三輪信昭)	비례도카이(比例東海)	1
고바야시 마사에(小林正枝)	비례도카이(比例東海)	1
와타나베 요시히코(渡辺義彦)	비례긴키(比例近畿)	1
도요다 준타로(豊田潤多郎)	비례긴키(比例近畿)	2
기우치 다카타네(木内孝胤)	도쿄(東京) 9	1
히라야마 다이로(平山泰朗)	도쿄(東京) 13	1

별첨 2. 오자와와 함께 민주당 탈당, 신당에 참가한 탈당조

이름	선거구	당선횟수
요코야마 호쿠토(横山北斗)	아오모리(青森) 1	2
하타 고우지(畑浩治)	이와테(岩手) 2	1
오자와 이치로(小沢一郎)	이와테(岩手) 4	14
교노 기미코(京野公子)	아키타(秋田) 3	1
이시하라 요자부로 (石原洋三郎)	후쿠시마(福島) 1	1
오오타 가즈미(太田和美)	후쿠시마(福島) 2	2
나카노 와타리노리코(中野渡詔子)	비례도호쿠(比例東北)	1
다카마츠 가즈오(高松和夫)	비례도호쿠(比例東北)	1
기쿠치 조에몬(菊池長右エ門)	비례도호쿠(比例東北)	1
야마오카 겐지(山岡賢次)	도치기(栃木) 4	5
고미야마 야스코(小宮山泰子)	사이타마(埼玉) 7	3

마츠자키 데츠히사(松崎哲久)	사이타마(埼玉) 10	2
미야케 유키코(三宅雪子)	비례기타간토(比例北関東)	1
이시이 아키라(石井章)	비례기타간토(比例北関東)	1
구로다 유우(黒田雄)	지바(千葉) 2	1
오카지마 가즈마사(岡島一正)	지바(千葉) 3	2
오카모토 에이코(岡本英子)	가나가와(神奈川) 3	1
히다카 다케시(樋高剛)	가나가와 (神奈川) 18	3
가네코 겐이치(金子健一)	비례미나미간토(比例南関東)	1
미즈노 도모히코(水野智彦)	비례미나미간토(比例南関東)	1
아이하라 시노(相原しの)	비례미나미간토(比例南関東)	1
아오키 아이(青木愛)	도쿄(東京) 12	2
기무라 다케츠카(木村剛司)	도쿄(東京) 14	1
아즈마 쇼조(東祥三)	도쿄(東京) 15	5
가와시마 다로(川島智太郎)	비례도쿄(比例東京)	1
가토 가쿠(加藤学)	나가노(長野) 5	1
마키 요시오(牧義夫)	아이치(愛知) 4	4
스즈키 가츠마시(鈴木克昌)	아이치(愛知) 14	3
가사하라 다미코(笠原多見子)	비례도카이(比例東海)	1
오오야마 마사히로(大山昌宏)	비례도카이(比例東海)	1
하기하라 히토시(萩原仁)	오사카(大阪) 2	1
무라카미 후미요시(村上史好)	오사카(大阪) 6	1
오오타니 게이(大谷啓)	오사카(大阪) 15	1
구마가이 사다토시(熊谷貞俊)	비례긴키(比例近畿)	1
스게가와 히로시(菅川洋)	비례주고쿠(比例中国)	1
고가 다카아키(古賀敬章)	후쿠오카(福岡) 4	2
후쿠시마 겐이치로(福嶋健一郎)	구마모토(熊本) 2	1
다마키 데니-(玉城デニー)	오키나와(沖縄) 3	1

별첨 3. 소비세 증세 반대표 던졌지만 민주당에 잔류한 의원 명단

이름	선거구	당선횟수
시나 다케시(階猛)	이와테(岩手) 1	2
기카와다 도오루(黄川田徹)	이와테(岩手) 3	4
이시모리 히사츠구(石森久嗣)	도치기(栃木) 1	1
야나기 다카즈미(柳田和己)	비례기타간토(比例北関東)	1
다치바나 히데노리(橘秀徳)	가나가와(神奈川) 13	1
하시모토 벤(橋本勉)	비례도카이(比例東海)	1
즈지 메구미(辻恵)	오사카(大阪) 17	2
나카가와 오사무(中川治)	오사카(大阪) 18	2
야마다 마사히코(山田正彦)	나가사키(長崎) 3	5

별첨 4. 소비세 증세 법안에 찬성한 오자와 그룹 의원 명단

이름	선거구	당선횟수
구도 히토미(工藤仁美)	비례홋카이도(比例北海道)	1
야마자키 마야(山崎摩耶)	비례홋카이도(比例北海道)	1
와지마 미키(和嶋未希)	비례도호쿠(比例東北)	1
오이즈미 히로코(大泉博子)	이바라키(茨城) 6	1
다마키 도모코(玉木朝子)	비례기타간토(比例北関東)	1
나카바야시 미에코(中林美恵子)	가나가와(神奈川) 1	1
나카츠카 잇코(中塚一宏)	가나가와(神奈川) 12	3
에바타 다카코(江端貴子)	도쿄(東京) 10	1
구시부치 마리(櫛渕万里)	도쿄(東京) 23	1
하야카와 구미코(早川久美子)	비례도쿄(比例東京)	1
다나카 미에코(田中美絵子)	비례호쿠리쿠신에츠(比例北陸信越)	1
이소가이 가요코(磯谷香代子)	비례도카이(比例東海)	3
오쿠무라 덴조(奥村展三)	시가켄(滋賀) 4	3
이도 마사에(井戸正枝)	효고(兵庫) 1	1
오하라 마이(小原舞)	비례긴키(比例近畿)	1
무로이 히데코(室井秀子)	비례긴키(比例近畿)	1
나가에 다카코(永江孝子)	비례시고쿠(比例四国)	1

별첨 5. 6월 21일 그룹 회합에 참여한 오자와 그룹 의원 명단

이름	선거구	당선횟수
요코야마 호쿠토(横山北斗)	아오모리(青森) 1	2
시나 다케시(階猛)	이와테(岩手) 1	2
하타 고우지(畑浩治)	이와테(岩手) 2	1
기카와다 도오루(黄川田徹)	이와테(岩手) 3	4
오자와 이치로(小沢一郎)	이와테(岩手) 4	14
교노 기미코(京野公子)	아키타(秋田) 3	1
이시하라 요자부로(石原洋三郎)	후쿠시마(福島) 1	1
오오타 가즈미(太田和美)	후쿠시마(福島) 2	2
나카노 와타리노리코(中野渡詔子)	비례도호쿠(比例東北)	1
다카마츠 가즈오(高松和夫)	비례도호쿠(比例東北)	1
기쿠치 조에몬(菊池長右エ門)	비례도호쿠(比例東北)	1
이시모리 히사츠구(石森久嗣)	도치기(栃木) 1	1
야마오카 겐지(山岡賢次)	도치기(栃木) 4	5
고미야마 야스코(小宮山泰子)	사이타마(埼玉) 7	3
마츠자키 데츠히사(松崎哲久)	사이타마(埼玉) 10	2
미야케 유키코(三宅雪子)	비례기타간토(比例北関東)	1
야나기 다카즈미(柳田和己)	비례기타간토(比例北関東)	1
이시이 아키라(石井章)	비례기타간토(比例北関東)	1
구로다 유우(黒田雄)	지바(千葉) 2	1
오카지마 가즈마사(岡島一正)	지바(千葉) 3	2
오카모토 에이코(岡本英子)	가나가와(神奈川) 3	1
다치바나 히데노리(橘秀徳)	가나가와(神奈川) 13	1
히다카 다케시(樋高剛)	가나가와 (神奈川) 18	3
가네코 겐이치(金子健一)	비례미나미간토(比例南関東)	1
미즈노 도모히코(水野智彦)	비례미나미간토(比例南関東)	1
아이하라 시노(相原しの)	비례미나미간토(比例南関東)	1
아오키 아이(青木愛)	도쿄(東京) 12	2
기무라 다케츠카(木村剛司)	도쿄(東京) 14	1
아즈마 쇼조(東祥三)	도쿄(東京) 15	5
가와시마 다로(川島智太郎)	비례도쿄(比例東京)	1
가토 가쿠(加藤学)	나가노(長野) 5	1

마키 요시오(牧義夫)	아이치(愛知) 4	4
스즈키 가츠마시(鈴木克昌)	아이치(愛知) 14	3
하시모토 벤(橋本勉)	비례도카이(比例東海)	1
가사하라 다미코(笠原多見子)	비례도카이(比例東海)	1
오오야마 마사히로(大山昌宏)	비례도카이(比例東海)	1
하기하라 히토시(萩原仁)	오사카(大阪) 2	1
무라카미 후미요시(村上史好)	오사카(大阪) 6	1
오오타니 게이(大谷啓)	오사카(大阪) 15	1
즈지 메구미(辻恵)	오사카(大阪) 17	2
나카가와 오사무(中川治)	오사카(大阪) 18	2
구마가이 사다토시(熊谷貞俊)	비례긴키(比例近畿)	1
스게가와 히로시(菅川洋)	비례주고쿠(比例中国)	1
고가 다카아키(古賀敬章)	후쿠오카(福岡) 4	2
야마다 마사히코(山田正彦)	나가사키(長崎) 3	5
후쿠시마 겐이치로(福嶋健一郎)	구마모토(熊本) 2	1
다마키 데니-(玉城デニー)	오키나와(沖縄) 3	1
즈케란 조빈(瑞慶覧長敏)	오키나와(沖縄) 4	1

참고문헌

고선규. 2010.「일본 정치조성금제도와 정당정치의 변화」,『일본학보』82호, pp. 189-202.

김준섭. 2009.「정권교체에 따른 일본의 안보정책의 변화와 전망: 민주당 주요 정치인들의 안보정책구상을 중심으로」,『동서연구』21: 2, pp. 109-139.

김철수. 2008.「일본 민주당의 등장과 발전: 의원구성, 정책, 지지기반을 중심으로」, 서강대학교 대학원 박사학위 논문.

박영준. 2011.「일본 민주당의 대미 정책 — 대등한 동맹관계 구축의 모색과 좌절」,『일본연구논총』48, pp. 172-201.

박철희. 2006.「일본 야당세력의 재편과 정당경쟁체제」,『한국정치학회보』제40권 5호, pp. 279-299.

______. 2011.「일본 민주당의 정책대립축 이행과 정당 간 경쟁의 불안정성」,『국제지역연구』20권 1호, pp. 31-59.

연현식. 2010.「일본 민주당의 동아시아 외교, 안보전략과 한국의 대응」,『신아세아』17: 4, pp. 32-54.

이갑윤. 2005.「일본 선거제도의 과정과 정단제의 변화」,『동아연구』48, pp. 172-201.

이지영. 2011.「일본 민주당의 생활정치이념과 복지정책」,『세계지역연구논총』29: 3, pp. 7-34.

이진원·고선규. 2011.「2010년 민주당대표선거 분석」,『일본문화학보』48, pp. 281-299.

板垣英憲. 2008.『민주당파벌항쟁사 — 民主党の行』, 東京: 共栄書房.

山本健太郎. 2010.『政党間移動と政党システム』, 東京: 木鐸社.

Christensen, Raymond V. 1996. "The New Japanese Election System," *Pacific Affairs*, Vol. 69, No. 1, Spring, pp. 49-70.

Hall, Taylor. 1996. "Political Science and the Three New Institutionalisms," *Political Studies*, XLIV, pp. 936-957.

Kabashima, Ikuo and Gill Steel. 2010. *Changing Politics in Japan*, Ithaca: Cornell University Press.

Kato, Junko. 1998. "When the Party Breaks Up: Exit and Voice among Japanese Legislators," *American Political Science Review*, 92: 4, pp. 857-870.

Democratic Party of Japan (www.dpj.or.jp) (accessde: December 3, 2012)

Kan declaration (http://www.kantei.go.jp/foreign/kan/statement/201008/10danwa_e.html) (accessed: January 26, 2013)

The 2005 General Election (http://www.asahi.com/senkyo2005/) (accessed: November 17, 2012)

The 2009 General Election (http://www.asahi.com/senkyo2009/) (accessed: November 17, 2012)

제3장

민주당 지지율의 변동 요인과 그 유형

'매니페스트'와 '정치적 신뢰'를 중심으로

김경주

I. 서론

20세기 이후 급격히 발달한 정보통신 기술은 기존의 정치참여로부터 소외되었던 일반대중의 정치적 의사를 기반으로 대중민주주의 사회를 발전시켰다. 대중민주주의란 무엇인가를 논하는 그 정의 문제와 시비론에 앞서 다양한 정치적 결정에 관여하는 '대중의 의견'을 어떻게 파악하고 또한 수렴해야 할 것인가에 대한 논의는 정치학을 비롯한 사회과학 분야의 주요 연구과제 중 하나로 인식되고 있는 상황이다. 그러나 한편으로 여론이라는 것의 실체에 대한 비판적 시각은 18세기 서구사회에 대두한 '일정한 자산과 교양을 겸비한 사람들에 의한 시민사회'의 탄생과 함께 지속해서 제기되어 왔다. 여론(Public Opinion)을 둘러싼 주관성과 객관성의 문제, 개인과 사회의 연관성 또한 일시적 감정과 지속적이고도 이성적인 판단 사이를 오가며 여론의 실체를 둘러싼 공방은 21세기에 들어선 오늘날에도 여전히 논란거리이다. 여론을 분석하는 연구의 시각 역시 학문적 배경에 따라 다르게 나타나는데, 정치학에서는 주로 여론조사 결과를 통해 대중의 정치의식을 파악하거나 혹은 정치참여 행위로서의 투표행동과의 관련성에 주목하는 반면 언론학에서는 여론의 형성과정에 주목하면서 언론을 통해 전달되고 소통되는 정보의 영향력을 주요 분석대상으로 삼는다.[1] 나아가 여론에 영향을 미치는 정보의 담화구조에 보다 중점을 둔 비판적 담화분석을 비롯한 언어학적 접근도 활성화되어 있으며, 경기 동향과 같은 사회정

[1] 정보의 언어텍스트를 주요 대상으로 하는 내용분석과 효과연구의 주요 이론인 Agenda setting theory, flaming theory, priming effect 등이 그 예이다.

세를 통해 여론의 변화 배경을 해석하려는 사회경제학적인 접근법도 유효하다.

이처럼 여론의 실체와 그 의미를 해석하려는 다양한 접근법이 공존하는 가운데 본 연구는 일본의 언론기관에서 실시한 여론조사 결과를 토대로 2009년에 출범한 민주당정권에 대한 일본 국민의 평가가 어떻게 변화하였으며, 또한 왜 변화하였는가를 민주당의 선거공약인 '매니페스토'의 내용과 그 실천 여부에 근거하여 계량적으로 분석 검토한 것이다. 물론 특정 정권에 대한 여론의 지지가 단순히 해당 정권의 선거공약과 그 실천 여부를 통해서만 해석 가능한 것은 아니다. 앞서 서술한 바와 같이 여론을 분석하는 관점이 다양하게 성립되는 현실은 역으로 정치권력을 둘러싼 정당 간의 경쟁과 정권운영 환경, 사회경제적 여건 및 국제정세, 이를 발신하는 언론의 보도 프레임 등 다양한 요소가 여론 행방에 영향을 미치는 요인으로 작용하고 있음을 대변하는 것이기도 하다.

그러나 이처럼 다양한 요소가 여론을 움직이는 변수로 작용하는 가운데 본 연구에서 민주당의 매니페스토를 통해 여론의 지지율 추이를 분석하는 의의는 무엇보다 민주당정권의 붕괴 요인으로서 매니페스토 전략의 실패가 있었는지를 개관적으로 검증하는 데 있다. 2012년 8월에 발표된 자민당(참의원)의 보고서에는 민주당정권의 문제점으로 국가운영능력의 부족과 잦은 불상사, 그리고 매니페스토 전략의 실패를 지적하고 있는데, 민주당의 정부 여당으로서의 능력 부족과 '정치와 돈' 문제를 비롯한 각종 불상사가 민주당의 지지율 하락의 요인으로서 작용하였음은 일본 언론을 통해서도 여러 차례 지적된 바 있다.[2] 그러나 매니페스토에 대해서는 그 정치적 의의와 방법론 등을 둘러싼 평가가 여전히 엇갈리고 있으며, 중장기적인 일본 정치사의 흐름 속에서 긍정적으로 발전시켜야 한다는 의견과 정치의 필수요건이라 할 수 있는 현실상황에서의 유연성을 스스로 포기한 미숙한 전략이라는 부정적 견해가 맞서고 있다. 이 때문에 민주당 집권기에도 2009년의 중의원 선거에서 제시된 매니페스토의 개별적 안건에 대한 찬반론만이 주된 논의의 대상이었으며, 결과적으로 매니페스토의 내용과 그 실천 여부가 민주당에 대한 지지율 변화에 어떻게 작용하였는지에 대한 체계적인 분석과 검증은 이루어지지 않고 있다.

이에 본 연구에서는 먼저, 2009년의 정권교체 시점에 민주당이 표방한 매니페스토의 내용을 재검토함으로써 당시의 민주당이 대중에게 제시한 정책적 방향성의 특징을 도출하도록 한다. 이어서 일본 언론의 정기 여론조사 결과를 중심으로 민주당정권에 대한 지지율의 추이를 데이터화하고, 그 수치적 변동에 매니페스토에 대한 'Political trust(정치적 신뢰)'의 개념을 적용함으로써 민주당정권에 대한 지지율의 추이와 매니페스토의 관련성을 실증적으로 검토해 보고자 한다.

단, 본 연구는 민주당정권이 출범한 2009년 9월부터 2011년 2월까지 약 1년 6개월을 주된 분석기간으로 설정하였는데, 그 이유는 2011년 3월 11일에 발생한 대지진이 일본 사회에 이른바 '비상시국'을 초래하여 후쿠시마 원전 사고처리를 비롯한 향후 에너지정책의 방향성 모색 등 민주당정권 출범 시의 정당으로서의 정책이념이라 할 수 있는 매니페스토의 대상범위를 넘어선 새로운 정치적 대처 과제를 발생시킨 것으로 판단되기 때문이다. 이러한 비상시국의 대처 방안과 그 실행력은

---

2 「民主党政権の検証 ― 迷走の3年を総括」, 平成24年12月参議院自由民主党.

매니페스토에 대한 평가와는 또 다른 변수로서 여론의 행방에 영향을 미치는 요인으로 판단되어, 본 연구의 분석범위를 벗어난 것으로 간주하였다. 단, 여론조사 데이터에 입각한 양적 분석은 민주당정권의 출범에서 동일본대지진이 발생하기까지의 18개월로 한정하되 여론의 변동 요인에 대한 질적 분석과 관련해서는 그 이후의 관련 정책의 추이를 참조하면서 검토하기로 한다.

II. 민주당과 매니페스토

일본의 전후 정치에서 사상 처음으로 '민의에 의한 정권교체'를 이룩하고 관료정치로부터의 탈피와 재정건전화, 사회보장제도의 재검토 등 일본의 고질적 정치과제에 대한 새로운 해법을 주장하며 국민의 큰 기대를 모았던 민주당정권은 집권한 지 불과 3년 3개월 만인 지난 2012년 12월에 집권여당으로서의 짧은 역사에 종지부를 찍었다. 그 과정에서 하토야마, 간, 그리고 노다 총리에 의한 세 차례의 내각 구성이 이루어졌으나 모두가 단기간에 급속하고도 지속적인 지지율 하락을 면치 못하였고, 결과적으로 안정적인 정권운영의 토대를 확보하지 못하였던 것은 주지하는 바와 같다. 이러한 경향, 다시 말해 내각지지율의 극단적 침체와 이에 따른 단기 내각의 붕괴는 자민당정권 말기인 2006년의 아베 정권 이후부터 약 6년에 걸쳐 되풀이되었던 현상이며, 민주당정권의 출범 이후에도 뚜렷한 변화 없이 지속되었다는 점에서는 반드시 민주당 특유의 현상이라고는 볼 수 없다.[3] 그러나 "민주정치는 인민주권의 정치이며 주권자인 인민의 의사가 여론으로 표명되는 것을 전제로 한다.”[4]라고 지적한 마나베의 말처럼 2006년에 출범한 아베 정권 이후의 자민당에 대한 지지율 하락이 결과적으로 자민당정권의 장기 집권체제 붕괴를 예고한 것이었다면, 민주당정권에 대한 지지율의 변동 요인을 객관적으로 분석하는 작업은 불과 3년여 만에 군소야당으로 전락한 민주당의 한계를 이해하는 데도 의미 있는 작업이라 할 것이다.

특히 민주당의 경우 기존의 정부 여당인 자민당과 자신을 스스로 차별화하고 이른바 일본판 새 정치의 구체적인 모습을 제시하는 과정에서 대두한 매니페스토 선거를 가장 적극 활용한 정당이라 할 수 있다. 일본의 정치에서 매니페스토의 필요성이 공론화되기 시작한 것은 1996년에 민간임조가 「총선거를 위한 긴급 어필」에서 선거공약의 구체화를 요구하면서부터이다. 그 후 2002년에는 일본의 경제동우회 정치위원회가 「총리의 리더십 확립과 정책 중심의 선거 실현」을 제언하였는데 이 제언서에 따르면 매니페스토란 ‘상세한 수치목표/달성시기/재원적 근거’가 수반된 정책공약을 말하며 영국의 정권공약집이 그 예로 나와 있다. 이듬해인 2003년 7월에는 21세기임조가 「정권공약(매니페스토)에 관한 긴급제안」을 발표하면서 정치개혁의 전제조건으로서의 선거개혁의 필요성을 주장했는데, 그 핵심 역시 매니페스토 선거의 실

---

3 이와 관련하여 일본 사회에서의 여론의 정치적 영향력은 1990년대부터 점차 증대하고 있다는 지적이 있다[逢坂巌 · 星浩, 『テレビ政治 国会報道からTVタックルまで』(東京: 朝日新聞社逢坂, 2006)]. 과거 10여 년을 되돌아보아도 평균 54%의 높은 지지율을 바탕으로 5년에 걸친 장기집권을 실현한 자민당의 고이즈미 내각을 제외하면, 여론조사의 지지율 저하에 따른 대내외적인 사퇴압박 속에서 단기정권을 꾸려야 했던 아베 내각과 후쿠다 내각, 그 뒤를 이은 아소 내각 모두 서로가 그 양상은 달랐다고 하더라도 일본의 정치과정에서의 여론조사 결과와 이에 대한 언론 해석의 작용력을 여실히 드러낸 과정으로 볼 수 있을 것이다.

4 真鍋一史. 1985. 『世論の研究: 内容分析と質問紙調査による接近』(慶応通信, 1985).

현이었다. 21세기임조가 말하는 매니페스토란 다음과 같이 요약된다.

> 우리가 생각하는 매니페스토란 정당이 정권임기 중에 추진하고자 하는 정권운영을 위한 정책 패키지를 말하며, ① 검증과 평가가 가능한 구체적인 목표(수치목표, 달성시기, 재원적 근거 등), ② 실행체제와 제도방안, ③ 정책실현의 공정표(로드맵)를 가능한 한 명확하게 제시한 '국민과 정권담당자 간의 계약'에 다름 아니다.[5]

또한 이와 같은 제안을 하는 이유는 단순히 영국 등의 모범적 사례를 답습하는 데 있는 것이 아니라 일본 정치에서 정치주도를 구체적으로 작동시키기 위한 유력한 도구로서 국민과의 약속을 보다 명시적으로 명문화한 매니페스토의 존재가 불가결하기 때문임을 강조하고 있다. 다시 말해 90년대 중반까지 이어진 기존의 중선거구제와 집권여당으로서 자민당의 압도적 우위 상황에서는 유권자의 선택이 각 후보자 간의 정당 및 정책적 차이에 기인하는 구조가 아니었으며 선거에서 제시되는 공약 역시 지역구에 대한 이익 공여가 주를 이루고 있었다. 따라서 21세기임조의 제언은 소선거구제로의 전환이 이루어지고 이론적으로나마 정권교체가 가능한 상황에서 각 정당의 정책적 차이를 보다 명시화함으로써 유권자의 선택이 바로 정당에 대한 선택으로 이어지는 구도를 마련해야 한다는 취지로 해석된다. 이는 기존의 정치공약과 달리 유권자의 검증 및 판단 근거를 명시한 매니페스토를 통해 선택을 받은 정권은 그 '정치적 주도권의 정당성' 역시 보다 강화되어야

---

5 「政権公約に関する緊急提言 — 新政治改革宣言·政党の立て直しと政治主導体制の確立」, 21世紀臨調政策提言集.

마땅하다는 논리이기도 하다.

이러한 각계의 제언에 부응하여 자민당과 민주당을 비롯한 주요 정당들이 매니페스토를 작성하기 시작하였고, 국정 차원에서는 2003년의 중의원선거에서 처음으로 각 정당이 매니페스토를 제시함으로써 소선거구제 본연의 목적인 정권선택의 선거시스템이 명실상부하게 작동하게 되었다. 그러나 당시 매니페스토 선거의 한계에 대해 이와구치는 일본의 정치 현실에 비추어 볼 때 연립정권의 존재와 중·참의원이란 양원제의 문제가 걸림돌로 작용할 수 있음을 지적하고 있다.[6] 즉 양당제가 정착된 미국 또는 영국의 경우와는 달리 다당제하에서 끊임없이 연립정당과의 정책적 타협을 통해 내각 및 정권을 유지해 온 일본에서는 매니페스토에 대한 정당 간의 불일치 문제가 야기될 수밖에 없으며, 결과적으로 매니페스토가 실천에 이르지 못할 경우 그 책임 소재가 불투명해지는 구조적 문제를 안고 있다는 것이다. 또한 참의원의 존재 역시 매니페스토 선거에 근거한 정치적 주도권의 정당성 문제와는 또 다른 차원에서 정권의 정책실행력 한계를 내포하고 있을 뿐 아니라 3년마다 정기적으로 치러지는 참의원선거의 성격을 매니페스토에 입각한 중의원선거와 같은 맥락에서 해석할 수 없다는 지적이다. 바꾸어 말하면 선거를 통해 그 정책적 타당성과 실천력에 대한 정당한 사전 신임을 받고, 차기 정권 출범 시에는 그 실천 여부에 대한 사후 평가를 받음으로써 완성되는 매니페스토 정치가 서로 다른 성격의 탄생 배경을 지닌 일본의 양원제하에서는 애초부터 제 기능을 하기에 구조적 한계

6 川口英俊, 「二〇〇三年衆議院総選挙におけるマニフェストを巡る諸問題について」, 日本法政学会, 『法政論叢』 42: 1(2005年 11月 15日), pp. 133-144.

가 있다는 것이다.

이러한 구조적 제약과 기존 공약과의 차별화 실패 등의 내용적 부실함이 지속해서 문제시되었음에도 지방선거에서는 매니페스토를 통해 정책의 정당성을 호소하는 후보자가 유권자의 호응에 힘입어 잇달아 선거에 승리하는 현상이 나타나면서 주요 정당들 역시 매니페스토 작성에 보다 적극 임하는 추세가 정착되었다.[7] 이러한 흐름은 민주당이 정권교체를 달성한 2009년의 중의원선거로까지 이어지면서 같은 해의 7월 27일에는 민주당의 정권공약인「하토야마 정권의 정권구상」과「민주당의 5가지 약속」이 발표되었다. 이 중「민주당의 5가지 약속」에 대해서는 '매니페스토 정책각론'을 새로이 첨부하여, 55개 항목에 달하는 정책과제와 정책목표, 구체적 방안, 소요 예산액을 제시하였다. 이는 매니페스토의 기본 조건인 정책과제 실행 여부와 그 정도에 대한 사전 및 사후 검증이 가능하도록 작성되어 있다는 점에서 긍정적으로 평가되나, 실행 기한이 설정되지 않았다는 점과 무엇보다 소요 예산의 확보 방안이 불투명하다는 점에서는 역설적으로 언론의 주목을 끌기

---

7 일반적으로는 우정선거로 널리 알려진 2005년 9월의 중의원 선거 역시 매니페스토 선거였으나 선거의 쟁점이 우정민영화를 둘러싼 찬반론(개혁세력과 저항세력)에 치우치면서 정책적 패키지로서의 제 기능을 발휘하지는 못하였다. 그 당시 일본 유권자들의 매니페스토 인식에 대해 하야시[林紀行,「有権者の投票行動に与えるマニフェストの影響 長選挙、衆議院議員選挙、宮城県知事選挙分析を通じて」,『実践女子大学人間社会学部紀要 2』(2006)]는 일반적인 사전조사에서는 설문응답지의 약 60%가 매니페스토를 중시한다고 대답한 반면 구체적인 소선거구에서의 투표행위 시에 무엇을 가장 중시하겠느냐는 질문에는 불과 약 6%의 유권자만이 매니페스토를 가장 중시한다고 응답하였다고 보고하고 있다. 이는 2005년 당시에 일본 유권자들에게 매니페스토의 중요성에 대한 인식이 어느 정도 확산되어 있었다고는 하나 그러한 인식이 투표행동의 기준으로까지 작용하지는 못하는 현실을 반영한 결과라 할 것이다.

에 충분한 내용이었다.

민주당의 정권정책 매니페스토(Manifesto)

<table>
<tr><td rowspan="6">하토야마
정권의
정책구상</td><td>5원칙</td><td>5책</td></tr>
<tr><td>1) 관료주도에서 정치주도로</td><td>1) 정무 3역 중심의 정치</td></tr>
<tr><td>2) 내각하의 정책결정 일원화</td><td>2) 각료위원회 활용과
사무차관회의 폐지</td></tr>
<tr><td>3) 관저주도의 국익 추구</td><td>3) 관저 기능 강화와 국가전략국
설치</td></tr>
<tr><td>4) 종적 사회에서 횡적 사회로</td><td>4) 새로운 간부인사제도 확립</td></tr>
<tr><td>5) 중앙집권에서 지역주권으로</td><td>5) 아마쿠다리 금지와
행정쇄신회의 설치</td></tr>
<tr><td rowspan="5">민주당의
5가지
약속</td><td colspan="2">1) 무다(낭비)의 삭제</td></tr>
<tr><td colspan="2">2) 육아/교육</td></tr>
<tr><td colspan="2">3) 연금/의료</td></tr>
<tr><td colspan="2">4) 지역주권</td></tr>
<tr><td colspan="2">5) 고용/경제</td></tr>
</table>

민주당의 매니페스토 발표 다음날인 7월 28일 자 조간에서 아사히신문은 「민주당의 공약, 역사적 전환에 설득력을」이란 표제의 사설을 통해 기존의 공약을 구체화하려는 노력은 인정되나 9조 엔에 달하는 예산을 절세를 통해 확보하려는 계획의 실현성에 의문을 제기하고 있다. 요미우리신문 역시 「민주당정권공약 현실 노선화가 아직은 불충분」이란 사설에서 4년에 걸친 공정표에서 총 16.8조 엔에 달하는 소요 예산이 책정된 가운데 그 재원을 어디서 조달할지가 불투명하다고 지적하고 있다. 이러한 문제의식은 마이니치신문과 니혼게이자이신문 등에도 공통으로 나타나는데, 선거를 한 달 남짓 앞두고 정권교체가 현실화되던 상황에서 공표된 민주당의 매니페스토는 발표와 동시에 그

실현 가능성에 대한 검증과 비판이 언론을 통해 동시적으로 제기되었음을 알 수 있다.

III. 정치적 신뢰

정치학의 중심 개념 중의 하나인 '정치적 신뢰(Political trust)'란 역으로 '정치 불신'이란 일본어를 통해서도 자주 거론되듯이 현실정치에 있어서는 중요하고도 민감한 사안이다.[8] 일본 사회의 정치적 신뢰도가 여론에 미친 영향에 대한 연구는 도시화의 진전에 따른 무당파층의 확산이 관찰되기 시작한 1970년대에 비롯되었다. 그 후 '사가와큐빈(佐川急便)'과 '리쿠르트 사건' 등 정치자금과 관련된 부정부패 사건이 잇따른 1990년대에 일본 사회의 정치 불신이 크게 고조되면서 절정을 맞이하게 되었는데, 그 이후의 실증적 연구는 거의 이루어지지 않았다는 지적이다.[9] 따라서 2009년에 출범한 민주당정권에 대한 정치적 신뢰에 대한 실증적 연구도 현 단계에서는 전무한 상황이라 하겠으며, 이러한 경위를 고려하여 본 연구에서는 민주당정권에 대한 각종 여론조사에 나타난 '내각지지율'의 결과를 '민주당에 대한 정치적 신뢰'의 문제로 재해석하고, 일본 국민의 민주당에 대한 정치적 신뢰의 획득과 상실에

---

8 또한 대의제 민주주의에서의 정치적 행동 주체인 정당과 정치가 또는 정치제도에 대한 신뢰는 유권자의 정치 행동의 전제로 작용한다는 지적도 이어지고 있다[S. J. Pharr, "Public trust and Democracy in Japan," in J. S. Nye Jr., P. D. Zelikow, and D. C. King (eds.), *Why People Don't Trust Government*(Cambridge: Harvard University Press, 1997) 등].

9 善教, 「日本における政治的信頼の変動とその要因1992-2008 ― 定量/定性的アプローチによる「政治」と政治的信頼のインカ関係の分析」, 『政策科学』 17-1(2010).

유권자와의 약속이자 계약으로서의 매니페스토가 어떻게 관련되어 있는지 살펴보기로 한다. 이를 위해 먼저 '정치적 신뢰란 무엇인가'에 대한 개념을 규정하고, 계량적 분석틀을 구축하기 위한 신뢰의 척도를 검토, 설정한다. 이어서 이러한 정치적 신뢰 척도가 실제 여론조사의 설문 항목에 어떻게 반영되고 있는지에 대해 검토하고, 민주당의 매니페스토에 대한 정치적 신뢰의 측정 결과를 추출하기로 한다.

1. 정치적 신뢰란 무엇인가

'당신은 ○○를 신뢰하십니까?'라는 질문에 대해 그 '○○'이 개인이건 혹은 정당이건 간에 뚜렷한 판단 기준에 입각하여 대답하기란 쉽지 않다는 사실은 누구나 한 번쯤은 경험해 보았을 것이다. 바꾸어 말하면 이는 '신뢰(trust)'란 개념이 그만큼 다의적이고 또한 그 개념에 다양한 유권자의 판단 기준이 개재한다는 사실을 의미하는 것이기도 하다. 이와 관련하여 하딘(Hardin)은 여론조사에서 흔히 사용되는 정치적 신뢰를 묻는 설문의 의미적 애매성을 지적하면서 실증연구의 측정 척도를 설정하는 데 있어서의 새로운 기준을 제시하였다. 하딘에 의하면 'Political trust'란 정치적 대리인인 정치가와 정당의 'Motivation(의도 및 목적의 적절성)'에 대한 긍정적 평가와 'Competence(목표달성능력)'에 대한 긍정적 평가라는 두 가지 요소로 성립되는 것이며, 이 양자의 구별이 반드시 필요함을 강조하고 있다.[10]

---

[10] R. Hardin, "The Public Trust," in S. J. Pharr and R. D. Putnam(eds.), *Disaffected Democracies: What's Troubling the Traditional Countries?*(New Jersey: Princeton University Press, 2000).

즉 대의제 민주주의의 정치적 대리인이라 할 수 있는 정당 및 내각에 대한 신뢰는 그들의 '행동 동기와 목적이 적절한지의 여부(Motivation = 정치적 방향성 또는 정책)'와 그러한 본래의 동기와 목적을 '실현시킬 수 있는 능력이 있는지(Competence = 정치적 성과 또는 실행력)'라는 두 가지 척도의 합성작용 결과로서 획득된다는 것이다. 이러한 두 가지 척도에 근거하여 니시자와(西澤)는 보다 엄밀한 신뢰도 측정법의 구축을 시도하였으며,[11] 젠교(善教)[12]는 시계열적인 데이터에 입각한 정치적 신뢰의 변동 요인에 대해 분석하는 등 일본 여론조사에 나타난 정당 및 내각 지지율의 변동 요인에 대한 분석에서 하딘의 정치적 신뢰의 개념은 널리 활용되고 있다. 본 논문에서는 이처럼 엄밀한 의미에서의 정치적 신뢰의 개념이 더욱 다양하게 검토되어야 할 필요성을 인정하면서도, 본 연구의 목적이 여론조사에 나타난 수치적 변동의 해석기준 설정이라는 점을 고려하여, 위의 선행연구 사례에 따라 하딘에 의한 'Motivation'과 'Competence'라는 두 가지 요소를 적용하여 여론조사에 나타난 일본 민주당의 지지율 변동 요인에 대해 분석하기로 한다.

2. 여론조사와 정치적 신뢰

일본의 신문사에 의한 여론조사 체제가 정비된 것은 패전 직후인 1945~1946년경이다. GHQ의 지도하에서 '민의의 척도'를 파악한다는

---

11 西澤由隆,「政治的信頼の測定に関する一考察」,『早稲田大学政治経済学雑誌』第370号(2008).

12 善教(2010).

의도에서 비롯된 각 신문사의 여론조사는 1946년에 아사히신문이 실시한 '지지정당 조사'와 '요시다 내각 정치동향 조사'에서 비롯되었으며, 그 후 1951년에는 '지방선거에 대한 관심 조사' 등으로 일제히 확대되었다.[13] 전후 직후에 일반적으로 실시되었던 조사원에 의한 호별 방문조사 방식이 그 회수율의 저조함으로 차차 경원시되면서 우송 회송식 등이 원용되었으나 1990년대 후반부터는 대형 신문사뿐만 아니라 각 방송국에서도 본격적인 RDD(Random Digit Dialing) 방식을 도입하기에 이른다. 이와 같은 여론조사 방법의 발달과 그에 따른 경비 부담의 감소, 시간적 단축 등을 이유로 오늘날에는 전국지 규모의 신문사와 통신사, TV 방송국 등의 대형 언론뿐 아니라 각종 여론조사기관과 내각부 등의 정부기관에 의한 각종 여론조사 결과가 매월, 매주, 매일같이 실시, 발표되고 있는 실정이다. 특히 아사히신문과 요미우리신문 등의 전국지는 거의 한 달에 1회 수준으로 수천 명 규모의 유권자를 대상으로 한 정기적 전국 여론조사를 하고 있으며, 그 설문 항목 및 조사 결과도 상세히 보도하고 있다.

그러나 개별 신문사의 여론조사 설문 항목이 매번 동일한 것은 아니다. 당연히 여론조사의 실시 시기에 국민의 관심이 가장 높을 것으로 판단되는 시사 문제와 관련된 설문이 설정되는 것인데, 그중에서도 정치의식조사로서의 '정당 및 내각지지율'에 대한 설문은 신문사별로 항시 일정한 내용과 형식이 설정되고 있다.

---

13 峰久和哲, 「新聞の世論調査の変遷」, 『マス·コミュニケーション研究』 77号, 日本マス·コミュニケーション学界(2010).

표 3-2. 아사히신문 여론조사의 설문과 선택지

◆ ○○내각을 지지합니까. 지지하지 않습니까. 지지한다/지지하지 않는다 ◇ 그 이유는 무엇입니까. (선택지 중에서 하나를 고르십시오.) 총리가 ○○/민주당 중심의 내각/정책면/실행력 ◆ 지금 어느 정당을 지지하고 있습니까. (각 정당명이 열거되고, 그중에서 택일)

〈표 3-2〉는 아사히신문의 설문 항목을 인용한 것이며 모든 '전국 정례여론조사'에서 공통으로 설정된 설문 항목이다.[14] 위의 설문을 기준으로 살펴보면, 여기서 말하는 '지지합니까'라는 설문을 어떤 의미로 해석해야 하는가에 대한 개념상의 규정문제가 다시금 부상하게 되나, 본 연구에서는 이를 '신뢰합니까'라는 의미로 대체 해석이 가능한 것으로 판단한다. 그 이유로는 앞서 검토했듯이 '정치적 신뢰'가 'Motivation = 정치적 방향성/정책' 및 'Competence = 정치적 성과/실행력'이라는 두 가지 요소에 의해 성립하는 것으로 해석할 경우 지지의 이유로서 거론된 4개 항목 [① 총리가 ○○, ② 민주당 중심의 내각, ③ 정책 측면, ④ 실행력]은 모두 [① 정치가 개인에 대한 평가, ② 정당에 대한 평가, ③ 정책에 대한 평가, ④ 실행력에 대한 평가]로 간주할 수 있는 것들이며, 특히 ③ 또는 ④에 대한 판단의 결과로서 선택된 응답으로 볼 수 있기 때문이다.[15] 본 연구에서는 이와 같은 관점에서 아사히신문의 '전국 정

14 참고로 동일하게 내각과 정당에 대한 지지를 묻는 설문은 요미우리신문에도 설정되어 있으나 그 이유를 묻는 설문은 아사히만큼 명확하지는 않으며, 기타 구체적인 정책 내용과 선거에 대한 태도 등을 묻는 설문으로 이어지는 형식을 취하고 있다.

15 보다 엄밀한 의미에서는 「①·②」와 「③·④」의 평가를 동일한 차원에서 다룰 수는

례여론조사'의 결과를 중심으로 민주당 내각에 대한 신뢰가 어떠한 이유로 획득되고 또한 상실되어 갔는지에 대해 보다 구체적인 민주당의 정책 및 정권 운영과 관련해서 검토해 보기로 한다.[16]

IV. 일본 내각지지율의 변동 경향

55년 체제가 정비된 이후의 자민당정권에 대한 선행연구에서는 내각지지율의 주요 변동 요인으로서 '시간의 경과' 및 '정당지지율', 그리고 생활상 등의 '경제 동향'이라는 세 가지 요소가 깊게 관련되어 있음이 지적되어 왔다.[17] 〈그림 3-1〉에서 나타나는 바와 같이, 내각 출범 시에는 공통으로 높은 수치를 기록하던 내각지지율이 시간의 경과와 함께 서서히 저하하는 현상이 여러 번 관찰되며, 1989~2004년까지 기간에 예외적 사례는 가이후 내각과 오부치 내각뿐이다.[18]

없으며「①·②」의 판단 기준으로서「③·④」에 대한 신뢰도가 설정되어 있다는 해석이 타당할 것이다.

16 아사히신문, 요미우리신문, NHK 3사의 여론조사 결과에 근거하여 2009년 9월부터 2011년 4월까지의 내각지지율 추이를 정리한 결과, 민주당 내각에 대한 같은 기간의 평균 지지율은 아사히 39.92%, 요미우리 45.92%, NHK 44%로 수치적인 차이는 어느 정도 인정되나 그 변동에는 3사 모두 공통적인 경향을 포착하고 있음을 알 수 있다.

17 三宅一郎·河野勝·西澤由隆,『55年体制下の政治と経済—時世論調査データの分析』(東京: 木鐸社, 2001); 猪口(2003); 前田幸男,「時事世論調査に見る政党支持率の推移(1989-2004)」,『中央調査報』No. 564(2004).

18 이와 관련하여 前田(2004)는 가이후 내각은 지명도 향상이, 오부치 내각은 경제 상황의 호전이 관여하고 있을 가능성이 높다고 지적하고 있다.

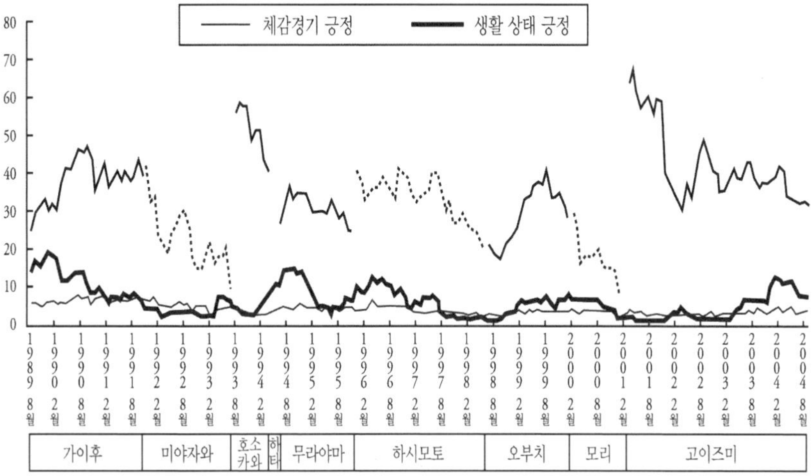

그림 3-1. 자민당정권의 내각지지율(1989~2004)[19]

또한 정당지지율과 관련해서는 자민당정권은 1990년대까지는 정당지지율과 내각지지율이 반드시 일정한 상관관계에 있는 것은 아니라는 사실도 지적되었으나, 1998년에 출범한 오부치 내각부터는 정당지지율과 내각지지율 간의 정의 상관이 인정되기 시작하였다. 정당과 내각에 대한 지지 및 반(反)지지가 밀접하게 관련되는 현상이 오부치 내각의 출범과 때를 같이하여 더욱 선명해진 이유로는 이 시기를 즈음하여 민주당이 대두함으로써 정당 간의 대립이 상대적으로 첨예화되면서 국민의 정당지지에 대한 선택의 폭을 넓히고, 결과적으로 내각에 대한 평가에 정당에 대한 지지 여부가 반영되기 시작한 것으로 해석할 수 있다.

---

19 前田(2004)에서 발췌.

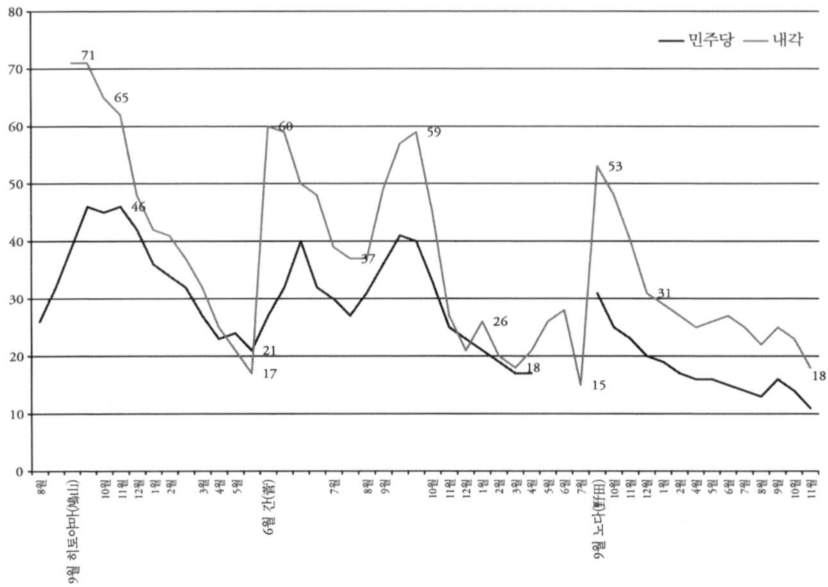

그림 3-2. 민주당의 정당지지율과 내각지지율의 추이

한편으로 이러한 일본의 정당 및 내각지지율의 연동이라는 일반적 경향은 10년 후에 정권교체를 이룩한 민주당에 있어서도 동일하게 관찰된다. 〈그림 3-2〉는 2009년 8월부터 2012년 11월에 걸쳐 실시된 아사히신문의 정례 여론조사 결과를 나타낸 것인데 전체적인 경향으로 '시간의 경과에 따른 지지율 저하' 및 '정당지지율과의 강한 상관성(0.8858)'이라는 두 가지 경향이 기존의 자민당정권 시절과 동일하게 인정된다.

또한 지지율 변화의 전체적인 경향을 살펴보면 2009년 9월에 70%가 넘는 지지율로 출범한 민주당의 하토야마 내각은 1개월 후인 10월의 정례여론조사에서는 5% 전후의 지지율 하락을 보이게 되는데 그럼에도 불구하고 '여전히 높은 수준' 또는 '순조로운 출범' 등의 기사가 언론 각사를 통해 보도되고 있다. 그러나 그 직후에 '정치와 돈/후텐마 기지 이전' 문제 등의 불상사가 언론에 주요 의제(agenda)로 설정되기 시작하면서 하토야마 내각에 대한 지지율은 급격히 저하되고 민주당에 대한 지지율 또한 이와 연동하듯이 지속적인 하강세를 보이기 시작한다. 그 결과 정권 출범 후 불과 8개월 만에 민주당의 정당지지율은 21%, 하토야마 내각에 대한 지지율은 17%로까지 하락하였고 총리의 사임으로 이어지게 되었음은 주지하는 바와 같다. 결국 여론의 지지율 추이에서 보자면 하토야마 내각은 민주당의 세 개 내각 중에서 가장 높은 지지율의 등락폭을 기록했다는 점에서는 여론의 기대와 실망의 격차 역시 가장 뚜렷하게 나타난 내각이었다고 할 것이다.

하토야마 내각의 퇴진 다음 달인 2010년 6월에는 새로이 간 내각이 출범하였는데, 간 내각 역시 출범 당시에는 60%의 높은 지지율을 획득하였으며 이와 연동하듯이 민주당에 대한 지지율도 40%로 회복되고 있다. 그 후의 소비세 발언 문제와 참의원 선거에서의 패배 등을 계기로 다시 정당 및 내각지지율은 함께 하강세를 나타냈으나 같은 해 9월에 실시된 민주당의 대표선거에서 재신임을 받으면서 제2차 간 내각이 출범함에 따라 다시금 지지율은 상승세로 돌아서게 된다. 그러나 그 지지율 역시 또다시 급격히 하강하면서 2011년 2월에는 18%를 기록하는데, 특이한 점은 한 달 후인 3월 이후 약 석 달 동안에 걸쳐 여론조사의 지지율이 26%로까지 재차 상승한다는 점이다. 이는 3월 11일에 발생한 동일본대지진이란 국가적 재앙에 대한 불안감이 일시적으로 내각지지율을 끌어올렸을 가능성과 간 총리의 원전사고처리에 대한 불만과 탈원전을 내건 정치 슬로건에 대한 찬동이 서로 상쇄되었을 가능성 등 여러 요인이 복합적으로 작용한 결과로 보인다. 그러나 이마

저도 6월에는 15%로 하락하여 결과적으로는 간 총리의 사임선언으로 이어졌다.

참고로 2011년 9월에 출범한 노다 내각의 지지율에서 가장 특이한 점은 정권출범 이후 불과 3개월 만에 지지율 31%, 즉 3분의 1 미만으로 급격히 하락했다는 점이다. 그 근거는 확실치 않으나 일본 언론에서는 지지율이 30%를 하회하게 될 때 이를 '위험 수위(정국 불안정 기준치)'로 간주하는 경향이 뚜렷한데, 30%대의 지지율 수준으로 하강하기까지 걸린 기간이 간 내각은 5개월, 하토야마 내각은 6개월이 소요되고 있어, 노다 내각의 3개월이란 기간은 자민당 말기의 아소 내각과 거의 비슷한 속도라는 것이 일본 언론들의 지적이다.[20] 또한 아사히신문의 여론조사 결과에 근거하여 산출한 민주당정권(내각)에 대한 평균 지지율은 36.8%였다[하토야마 44.3% → 간 37.1% → 노다 29.9%]. 이를 기존 자민당정권의 역대 내각과 비교해 보면, 가장 지지율이 높았던 '[호소카와 68% → 고이즈미 50% → 가이후 및 하타 47%]'에는 크게 못 미치나 '[무라야마 내각 37% → 오부치 내각 37%]'와 거의 흡사한 수준이라 할 수 있다.[21] 그러나 민주당의 경우 정권이 거듭될수록 내각지지율의 하강세가 뚜렷하게 나타난다는 점에서 선행연구에서 지적되었던 '시간적 경과와 관련한 하락 경향'이 단일 정권 내에서 그쳤던 자민당정권과 다른 점을 보인다. 또한 '정치 수반의 교체를 통해 내각 및 정당지지율의 향상을 도모한다'는 정치적 전략이 민주당의 경우 정권출범 초

20 아사히신문(2011년 12월 23일)은 급속한 지지율 하락의 원인이 소비세를 비롯한 사회보장제도에 대한 불신보다 총리 자신에 대한 신뢰성의 결여에 있다고 분석하고 있다.

21 자민당정권의 지지율에 대해서는 아사히신문 2006년 9월 20일 조간 13면 기사 참조.

기부터 일정한 한계에 부딪혀 있었음을 알 수 있다. 그렇다면 민주당의 무엇이 지속적인 지지율 하락과 관련이 있는지를 구체적으로 살펴보기로 한다.

V. 민주당 내각에 대한 지지와 반(反)지지

〈그림 3-3〉은 '민주당 내각을 지지한다'고 응답한 여론조사 응답자에게 그 이유를 물은 결과이며 표에 나타난 수치는 전체 응답에 차지하는 비율(%)이다.

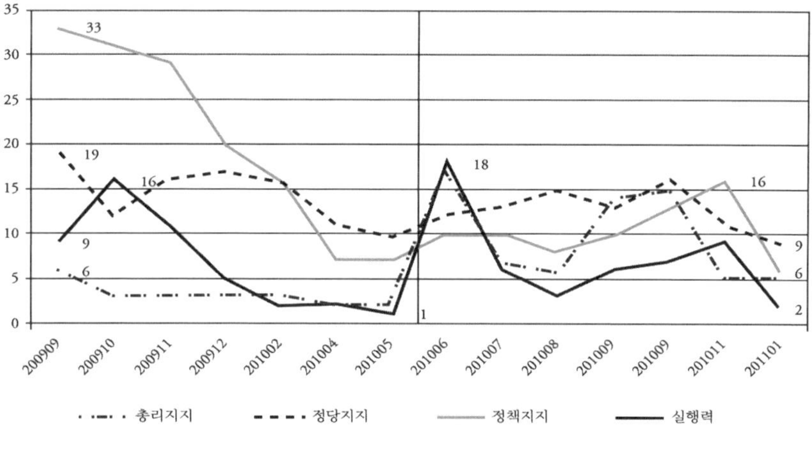

그림 3-3. 민주당 내각을 지지하는 이유

구체적인 내용을 살펴보면, 지지의 이유로는 '[정책 → 정당 → 실행력 → 총리]'의 순서로 높게 집계되었으며, 지지율과 지지 이유 간의 상관계수(r)에서는 정치적 신뢰를 나타내는 척도인 '정책' 및 '실행력'

에서 모두 높은 결과를 얻었다. 단, '실행력'을 지지 이유의 주된 원인으로 꼽는 경우가 가장 높은 시기는 모두 정권 초기(2009년 10월, 2010년 6월)에 해당된다는 사실로 미루어, 이 경우의 실행력이란 구체적인 성과에 입각한 'Competence'에 대한 평가가 아니라 오히려 갓 출범한 새로운 내각에 대한 '기대치'로 해석하는 것이 타당할 것이다. 또한 '정책 지지'가 가장 높은 수치를 나타내는 것도 정권 초기인 2009년 9월이며 '정당 지지'를 10% 이상이나 크게 상회하고 있다.

당시 민주당이 주창한 매니페스토에는 구체적인 개혁 분야로 '[① 낭비의 배제, ② 육아·교육 지원, ③ 연금·의료제도 개혁, ④ 지역주권의 확립, ⑤ 고용·경제 대책, ⑥ 소비자·인권, ⑦ 외교]' 등의 7대 과제가 거론되어 있으며, 이들 각 분야의 개혁을 달성하기 위한 방법으로 '정치주도'에 의한 55개 항목의 개별적 정책 목표가 제시되고 있다. 또한 정권출범 직후에는 '관료주도에서 정치주도로'란 정권운영 방침하에서 정무3역회의, 각료위원회, 행정쇄신회의, 국가전략실(국) 등의 새로운 체제가 정비되었다는 점도 이미 살펴본 바와 같다. 따라서 이 시기에 민주당 내각에 대한 지지 이유로 정책면을 꼽는 수치가 늘어난 것도 이러한 신체제 정비에 따른 보다 구체적인 정책 실시에 대한 민주당의 의지에 일본 국민의 기대감이 고양되었던 것으로 해석된다.

참고로 산케이신문이 9월의 민주당정권 출범 직후에 실시한 '민주당정권에 가장 기대하는 정책'에 대한 설문과 응답에서는 '[① 재정 낭비의 재검토 30.6%, ② 의료/연금 등의 사회보장 22.6%, ③ 경기대책 20.8%, ④ 육아/교육 문제 12.7%]'의 순으로 높게 집계되었으며 '[외교(3.6%)와 정치개혁(3.1%), 지방분권(1.2%)]' 등의 기타 항목을 크게 웃돌고 있다. 이러한 경향은 신문 각 사의 여론조사에서도 공통으로 관찰되는

데 "행정의 낭비를 억제함으로써 새로운 재원을 확보하고, 생활지원 정책의 실행을 통해 국민 생활을 윤택하게 한다."라는 민주당의 생활 중시 정책에 대한 국민의 기대가 연동하고 있음을 짐작하게 한다.

그러나 각 분야에서의 개별 정책에 대한 시비에 있어서는 그 평가가 명확하지 않다. 보도 각사의 여론조사에 의하면 행정 낭비와 관련된 '지교시와케(정책사업 분류작업)'에 대해 '평가한다'는 응답은 70% 이상(아사히, 산케이, 마이니치, 닛테레)에 달하고 있는 반면 가일층의 재원을 필요로 하는 정책에 대해서는 찬반이 나누어지고 있어 그 경향을 일정한 방향으로 수렴하기가 쉽지 않은 상황이다. 민주당의 간판 정책인 '고도모데아테(어린이 수당)'에 대해서는 어느 정도 높은 지지를 얻고 있으나(아사히 60%, 요미우리 60%, 산케이 32% 등) 해당 가정에는 소득제한을 설정해야 한다는 의견도 강한 상황이지만, '고속도로의 원칙적 무료화'에 대해서는 60% 이상이 일관된 반대 의사를 표명하였다.

이처럼 정책의 개별적 사안에 대한 지지가 내각지지율보다 상대적으로 저조한 배경으로는 2010년도의 개산(예산 개요) 요구가 사상 최대인 90조 엔을 넘는 수준으로까지 불어났다는 사실과 2009년도의 세수 전망이 크게 하락하는 등 '매니페스토의 실행'을 위해서는 적자 국채의 발행과 증세를 수반하지 않을 수 없을 것이라는 응답자의 우려가 반영된 것으로 추측된다. 이와 관련하여 보도 각사도 매니페스토의 실행과 관련한 여론조사를 하고 있는데 그 결과 70% 이상이 '반드시 그 실천을 고수하지 않아도 된다'고 답하고 있다(아사히 77%, 마이니치 74% 등). 이는 민주당의 개혁, 즉 낭비를 줄이고 생활을 윤택하게 하겠다는 motivation에 대해서는 높은 기대를 갖는 반면에 그 실행 방법과 과정에 대해서는 신중해야 한다는 여론이 전개되고 있는 것으로 해석된다.

카너먼과 트버스키는 '손해와 이득'이라는 두 개의 가치가 대립할 경우 손실의 프레이밍은 '손실에 대한 가능성을 현실보다 높게 전망하는 경향(Prospect Theory)'이 있음을 지적하고 있는데[22] 민주당의 개별 정책 실행에 대한 여론조사에 나타난 신중론은 이러한 손실에 대한 우려가 반영된 결과로 볼 수 있을 것이다.

한편 내각 지지의 이유로 거론된 '정당 지지'에 있어서도 신뢰가 아닌 기대로서의 위태로움이 관찰되었다. 이는 2009년 8월의 총선거에서 민주당의 압승이 매니페스토에 대한 평가와 기대에 의한 것이라기보다는 자민당에 대한 실망 혹은 비판이 크게 작용한 결과라는 해석과도 연계된다. 총선 직후에 각 신문사가 실시한 여론조사에 의하면 '민주당이 승리한 원인'을 물은 질문에서 '민주당의 정책에 대한 지지'라고 답한 응답자는 '[아사히 38%, 닛케이 33%, 산케이 29%, 요미우리 10%]' 등이었던 반면 '자민당정권 또는 아소 정권에 대한 실망' 등 자민당에 대한 실망이 정권교체에 대한 희망으로 이어졌음을 시사하는 응답은 '[요미우리 84%, 아사히 81%, 산케이 53%]'로 집계되어 상대적으로 높은 수치를 기록하였다.

나아가 총리에 대한 지지와 내각 지지와의 관련성에는 자민당정권에서 총리 개인에 대한 신뢰가 내각지지율 및 득표결과의 커다란 이유로 작용하며,[23] 특히 고이즈미와 아베 내각은 정권 초기의 지지 이유 중에서 총리 개인의 속성인 '리더십/인상' 등이 가장 크게 관여하고 있음이 지적되고 있다.[24] 그러나 민주당의 경우는 간 내각에 이르러서야

---

22 D. Kahneman and A. Tversky, "Choices, values, and frames," *American Psychologist*, 39(1984), pp. 341-335.

23 浦島郁夫・今井亮佑,「2000年総選挙: 党首評価と投票行動」,『選挙研究』16(2001).

겨우 지지 이유로 '총리 개인'을 꼽는 비율이 높아지고는 있을 뿐 자민당 시절의 장기 안정 정권과는 달리 총리 개인에 대한 지지와 내각에 대한 지지 간의 관련성은 상대적으로 낮은 수치에 머물러 있는 것이 특징이다(하토야마 내각 3.14%, 간 내각 9.86%).

그 배경으로는 1990년대 말에 이루어진 민주당의 출발 자체가 정치적 이데올로기를 넘어선 야당세력의 연합이었다는 점과 그 후에 오자와 이치로가 이끄는 자유당 세력과 다시 합침으로써 '트로이카체제'로 대변되던 권력분산형 조직운영을 들 수 있다. 과연 민주당의 권력분산과 집중이 정권운영에 순기능적인 역할을 했는지에 대해서는 회의적인 시각이 우세하나 적어도 총리 개인에 대한 기대치가 자민당보다 상대적으로 낮게 측정되고 있음은 주목할 만하다. 이와 관련하여 이이오는 유권자의 투표행위에 직접적인 영향을 미치는 요인으로서 정책에 대한 찬반, 정당에 대한 지지, 그리고 총리 개인에 대한 신뢰 또는 호감을 꼽고 있는데,[25] 이는 바꾸어 말하면 민주당의 경우 당 내부의 권력구조 자체에서 총리 개인에 대한 지지 요소에 한계를 내포했던 것으로 해석될 수 있기 때문이다. 아울러 정치자금 문제로 언론과 여론의 비판에 시달려야 했던 오자와가 이른바 실세로서의 권력을 유지하고 있었던 점도 민주당의 새 총리와 내각 탄생에 따른 지지율 상승에도 어느 정도 악영향을 미쳤을 것으로 추측된다.

24 중앙조사보(2008).

25 飯尾准, 『日本の統治構造 官僚内閣制から儀位内閣制へ』(東京: 中公新書, 2007).

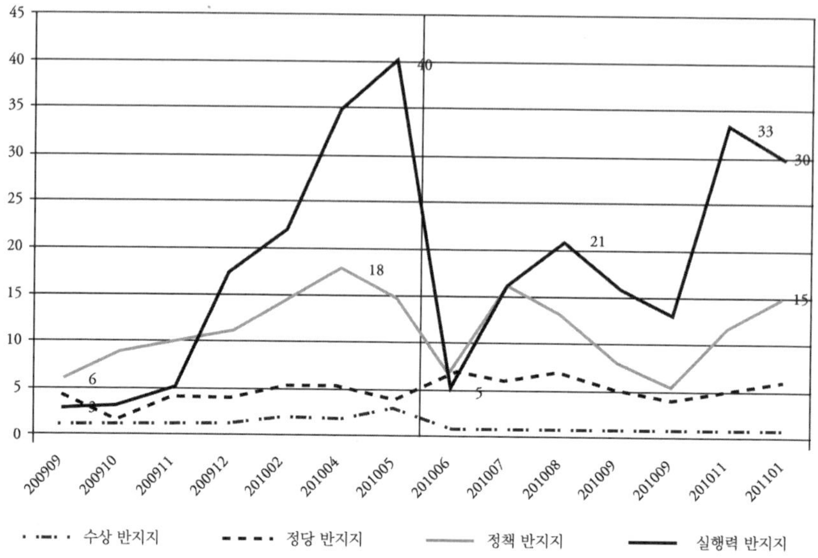

그림 3-4. 민주당 내각을 지지하지 않는 이유

〈그림 3-4〉는 '민주당 내각을 지지하지 않는다'는 응답자에게 그 이유를 물은 결과를 그래프로 정리한 것이며 수치는 전체 응답에 차지하는 비율(%)이다. 평균치는 '[실행력 → 정책 → 정당 → 총리]'의 순으로 높게 나타났으며 그중에서도 실행력에 대한 편향, 즉 민주당정권의 실행력 부족에 대한 실망과 비판이 반지지의 주된 이유로 작용하고 있음이 지적된다. 반지지의 이유와 내각 지지율과의 상관관계에서는 지지 이유와 동일하게 '정책' 및 '실행력'이 매우 높은 수치를 나타냈는데, 특히 '실행력'에 대해서는 1에 가까운 결과가 나온 점이 주목된다. 이러한 실행력에 대한 실망이 구체적인 수치로 여론조사 결과에 반영되기 시작한 시점은 정권출범 후 2개월이 경과한 2009년 11월경부터이다. 당시의 정치적 상황으로는 '일본우정의 임원 인사'에 전 오쿠라성(현 재무

성) 사무차관을 선임한 문제를 꼽을 수 있는데 이로 인해 관료정치로부터의 탈피와 정치주도라는 민주당의 기본적인 매니페스토 방침에 모순된다는 비판이 일고 있었다. 또한 '오키나와 미군기지 이전 문제'에 대한 각료 간의 의견 차이 등 정책과 실행의 불일치와 관련한 민주당에 대한 비판 재료가 나오기 시작하였다는 사실도 그 배경으로 들 수 있다. 정권 출범 후 한 달에 맞추어 제시된 2010년도의 개산 요구액이 95조 엔을 넘어섰다는 사실도, 행정 낭비를 억제하기 위한 행정쇄신회의의 '지교시와케 작업' 등이 높은 지지를 얻었음에도 결과적으로는 지지율의 하락을 초래한 것으로 해석된다.

이처럼 매니페스토에 위배되는 민주당의 행보는 10월 시점과 비교하여 5~8% 전후의 지지율 저하를 유발하였다. 특히 무당파층의 민주당 내각에 대한 지지율은 9월의 55%에서 11월에는 39%로 그 감소 경향이 현저하다는 점이 지적되었다.[26] 또한 이 시기의 특징적인 경향으로는 보도기관에 의한 여론조사 결과에 대한 해석에 차이가 나타나기 시작한다는 점이다. 상술한 아사히신문이 62%의 내각지지율을 '여전히 높은 평가'로 해석하는 한편 요미우리신문[27]은 63%의 지지율에 대해 '내각지지율 하락'이란 표제어로 보도하고 있다는 점 등이 그 예로, 민주당 내각에 대한 언론사 차원의 프레임에도 차이가 나타나기 시작하였음을 의미한다.

이처럼 '실행력'에 대해 서서히 높아진 불안과 불만이 최대치(약 40%)를 기록하는 것은 2010년 4~5월이다. 이 시기의 구체적인 정치상황

26 『朝日新聞』, 11월 15일.

27 『読売新聞』, 11월 10일.

으로는 2009년 말부터 부상한 하토야마 총리의 위장헌금 문제로 하토야마 본인의 불기소(전 비서는 기소)가 확정되었으나, 2010년 1월에는 오자와 전 민주당 대표의 비서였던 이시카와 중의원 의원이 체포되는 등 '정치와 돈의 문제'가 쟁점화된 사실이 지적된다. 또한 '후텐마 기지의 헤노코 이설 문제'를 둘러싼 하토야마 총리의 오키나와현 지사에 대한 사죄 및 사실상의 방침 철회로 볼 수 있는 각의 결정 등도 정치적 혼란으로 이어졌다. 다시 말해 내각을 지지하지 않는 이유로 '실행력 부족'을 꼽는 비율이 증가한 것은 단순한 기대에 대한 실망의 차원을 넘어선 구체적인 사안의 결과가 축적된 것으로 볼 수 있으며, 내각에 대한 'Competence'에 대한 평가가 부정적으로 작용한 결과라고 할 수 있을 것이다.

VI. 지지율 변동의 요인 분석

지금까지 살펴본 수치적 데이터에 근거하여 민주당 내각에 대한 지지율의 변동 요인을 통계적으로 검증하기 위하여 먼저 아사히신문의 여론조사(2009년 9월~2011년 1월, 총 26회)에 설정된 개별 설문을 정책 주제별로 분류한 후에 민주당의 정책 방향 및 실행력과 관련된 9개 항목에 대한 지지와 반지지의 평균치를 산출하였다.

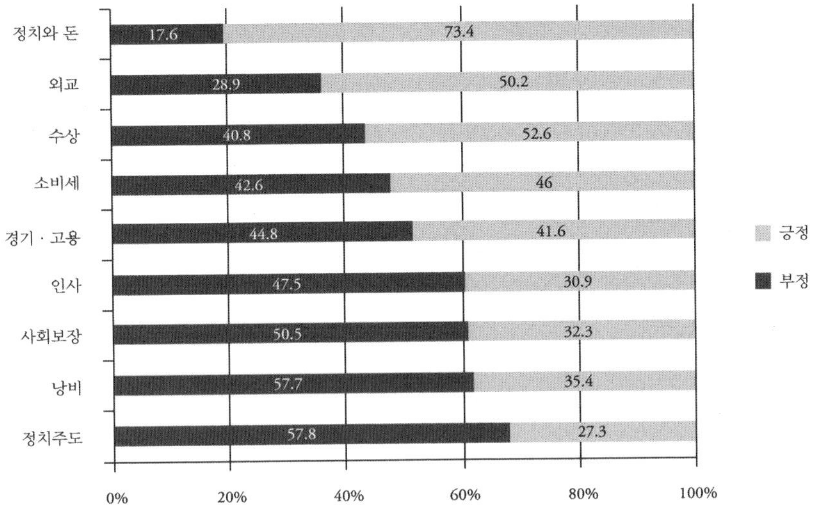

그림 3–5. 민주당 내각의 정책 방향과 실행력에 대한 평가 내역

〈그림 3-5〉에 제시한 바와 같이 민주당이 매니페스토에서 주창한 중심적 정책과제인 '정치주도/낭비삭감/사회보장'은 모두가 50%를 넘는 높은 지지를 얻고 있음을 알 수 있다. 반면에 '외교/정치와 돈' 등의 문제처럼 구체적인 대처(실행력)가 요구되는 제반 문제에서는 모두 반지지가 지지를 압도적으로 상회하는 결과가 나타났다.[28] 이는 민주당 내각에 대한 지지율 향상의 요인으로서 '민주당 정책에 대한 지지'가 크게 관여하고 있지만, 반지지(지지율의 저하)의 주요 요인에 있어서는 현실적으로 발생한 사태와 정치적 과제를 처리하는 '대처능력에 대한 부정적 평가'가 크게 작용하고 있음을 추론케 한다. 본 연구에서는 이

28 〈그림 3-5〉에서 분류한 항목 중 '외교'란 분류는 '후텐마 미군기지 이전 문제' 및 센카쿠제도에서 발생한 '중국 어선 충돌 문제'를 포함한다. 엄밀한 의미에서는 후텐마 미군기지 이전 문제를 외교 문제로 보기는 어려운 측면이 있으나 여론조사의 설문 항목에서는 이 두 문제가 모두 외교 문제로 규합되어 있어 그에 따르기로 한다.

러한 '정책'과 '실행력(대처능력)' 중에서 어느 쪽이 민주당 내각에 대한 지지율 변동에 보다 많은 영향을 미치고 있는지를 검증하기 위해 〈그림 3-5〉에서 분류한 정치 항목을 대상으로 중회귀분석에 의한 통계처리를 하였다. 종속변수는 아사히신문의 여론조사(2009년 9월~2011년 1월, N=26)에 설정된 '내각을 지지하지 않는 이유'이며, 설명변수는 정책 및 실행력과 관련하여 구체화되었던 9개의 정치과제 항목이다. 단, 각 항목이 반드시 회마다 설문 사항으로 조사되고 있는 것은 아니라는 사실을 고려하여 더미변수로 재스케일화함으로써 (반지지가 지지를 상회할 경우를 1, 그 이외를 0) 종속변수의 결손치를 배제하고 설명변수의 결손치를 보충 처리하였다.

표 3-3. 민주당 내각 지지율 변동의 영향 요인

	β	t 치	p 치
소비세	29. 33402	2. 216216	0. 041526
정치와 돈	23. 03993	2. 835096	0. 011944
외교	21. 39473	2. 432054	0. 027129
총리	16. 4433	2. 005751	0. 062097
조정 후 R^2			. 724
N26			

결과는 〈표 3-3〉과 같다. 분석의 결과, 통계적으로 유의한 결과($P<0.05$)를 얻은 것은 '소비세/정치와 돈/외교'의 세 가지 변수였다. 더미변수를 재스케일화하고 있으므로 추정치에 실질적인 의미는 없으나 t 치가 거의 동일한 수준인 것으로 미루어 보아 동일 정도의 영향력이 인정된다고 하겠다. 다시 말해 지금까지 민주당 내각에 대한 여론조사의 설문대상이 되어 온 정책 및 실행력과 관련된 정치과제 중에서 내각지

지율의 변동(저하)에 유의한 작용을 미친 것은 '소비세 문제/정치와 돈/외교(후텐마 관련) 문제'의 세 가지임이 검증된 것으로 볼 수 있다.

특히 소비세와 관련해서는 그 지지와 반지지가 가장 근접하고 있는 정책과제임에도 불구하고 내각지지율의 변동에 가장 강한 영향을 미치는 변수의 하나로 작용하고 있다는 사실이 주목된다. 민주당정권의 하토야마 내각에서는 사실상 봉인되었던 소비세 논의가 구체적으로 거론되기 시작한 것은 2010년 6월에 출범한 간 내각 때부터이다. 소비세에 대한 여론조사 결과는 당초에는 비교적 높은 지지를 획득하고 있었다. 구체적인 논의가 이루어진 것은 아니었으나 민주당정권이 탄생할 당시의 여론조사에서도 '증세를 포함한 재정 재건'이라는 정치적 방향성에 대해서는 약 50%의 응답자들이 일정 정도의 이해를 표명하고 있다(2009년 9월 시점). 또한 간 총리에 의해 '소비세를 포함한 재정 재건 논의의 필요성'이 명확하게 제시된 2010년 6월 시점에서도 약 46~49%의 응답자가 '평가한다'고 응답하였다.

그러나 이러한 평가가 급격히 저하되기 시작하는 것은 7월부터이며, 참의원 의원선거를 앞두고 아사히신문에서 실시한 두 차례의 여론조사에서는 지지율이 각각 39%와 35%에 그치는 결과가 나왔다. 이처럼 소비세 도입 논의에 대한 지지가 하락한 가장 큰 이유로는 역시 간 총리의 '대처의 애매성'에 주목할 필요가 있을 것이다. 당초 자민당의 안을 참고로 '소비세율 10%를 하나의 목표로 삼고자 한다'는 등의 명확한 발언을 하던 간 총리는 '그 기준이 애매하다, 근시안적 발언이다'는 등 언론으로부터의 비판과 함께 야당인 자민당과 공명당으로부터도 '소비세 도입의 목적이 재정 재건에서 사회보장으로 변질되었다', '재정 재건을 위한 여야당 협의를 제의하는 것 자체가 이미 민주당의 공약 위반'이라는 등의 비판이 이어지자 총리 자신도 소비세 도입의 시기와 목적, 세율에 대한 명확한 전망을 제시하지 못한 채 참의원 선거의 투표일을 맞이하게 된다. 결과는 민주당의 대패였으며 '중참 네지레(중대 참소) 국회'가 다시금 재현된 것은 기억에 새로우나 이 당시 민주당 내각에 대한 지지율도 6월의 60%에서 39%로 급락하고 있었던 것이다. 정치과제로서의 표면적 쟁점은 '소비세 도입 논의'였으나 실제적인 지지율 변동에는 이 문제를 둘러싼 '대처능력'이라는 정권운영의 측면이 더욱 크게 작용한 것으로 해석된다.

VII. 결론

지난 2013년 2월에 열린 민주당 당대회에서 승인된 「총선 총괄서(당개혁창생본부 제1차 보고)」에는 다음과 같이 적혀 있다.

> 2009년의 매니페스토는 입법화에 대한 전망 및 근거가 불충분하여 실현성이 결여되어 있었다. 매니페스토에 없던 정책을 새롭게 제시할 필요는 있었으나 (그 과정에서) 국민에게 자세히 설명하고 이해를 구하는 노력이 부족했다.

민주당정권 출범 당시에 여론조사에 나타났던 '매니페스토에 대한 신축성 있는 운용론'에도 불구하고 민주당은 그 정책 실행에 대한 강한 의욕을 표명해 왔다. 10월에 실시된 민주당정권 출범 후에 처음으로 실시된 중참대표 질문의 자리에서 하토야마 총리가 '정치적 책임을 걸고 반드시 실행하겠다'는 답변을 예로 들지 않더라도 이미 거의 모든 항목이 정책 실현을 위해 발 빠르게 착수되면서 2011년도 예산인 9.5조 엔의 재원 확보를 위해 가동 중인 지교시와케(정책사업 분류 작업) 작업 등이 강조되는 등 매니페스토의 실행에 강한 의지로 정권운영에 임하였다. 그러나 그 후 불과 3년여 만에 종식을 맞이한 역대 민주당정권의 퇴진 배경에는 언론과 여론의 강한 비판의 요인으로서 '매니페스토에 대한 실행력의 결여'가 작용하였음을 지적하지 않을 수 없다. 본 연구에서 고찰한 것은 민주당에 대한 여론이 매니페스토의 정책적 방향성에 대한 기대로 출발하여 그 실행력의 결여에 대한 비판이 내각지지율의 저하로 귀결되었다는 사실을 구체화시키는 것이다.

첫째로, 민주당에 대한 실행력 결여에 대한 불만이 오늘날의 지지율 저하의 커다란 요인으로서 작용하여도 민주당의 정책 방향성에 대한 뿌리 깊은 지지가 인정된다는 사실이 밝혀졌다. 이는 재정재건과 사회보장의 충실화, 이를 위한 재원 확보를 위해 낭비삭감과 지교시와케 작업 등을 정치주도로 실행하겠다는 당초 정책적 방향성이 실현되고 있다고는 평가하기 어려운 상황이라 할지라도, 고이즈미 내각 이후의 자민당과는 명백히 구별되는 이러한 민주당의 정책 방향성은 민주당 내각에 대한 가장 강력한 지지 요인으로 일관성 있게 작용하였음을 확인하였다. 민주당에 대한 반지지의 확산이 그대로 자민당에 대한 지지로 연계되지 않고 있는 오늘날 정치적 상황의 배경에는 이러한 정책적 방향성의 차이가 관여하고 있다는 점이 지적되어야 할 것이다.

둘째로, 그러나 이러한 정책적 방향성과 정당에 대한 안정적인 지지에도 '소비세 문제'와 '후텐마 기지 이전 문제', '정치와 돈의 문제' 등과 같이 정치적 과제에 대한 대처능력으로서의 실행력의 결여는 민주당 내각에 대한 지지 하락의 가장 큰 요인으로 작용하고 있음이 밝혀졌다. 특히 소비세 문제는 단순히 세율 인상의 문제가 아니라, 민주당 매니페스토의 근간이라 할 수 있는 모든 정책실현의 전제가 되는 소요예산 확보의 실패를 인정하는 사안으로 해석되어야 마땅하다. 다시 말해 민주당의 정책적 방향성이 개인주의적 가치를 중시하는 사회복지의 충실화에 무게를 둔 것이었다면 이를 위한 소요예산은 아무런 증세 없이 정치주도적인 방법으로 기존의 예산집행을 개선함으로써 확보한다는 것이 매니페스토의 골자이기 때문이다. 구체적으로는 사회보장 충실화에 중점을 둔 각종 매니페스토 정책을 실현하기 위해 총 16.8조 엔의 예산이 소요되는데, 공공사업과 인건비, 보조금 삭감 등의 예산절약으로 9조 엔, 매장금이라 칭해지던 특별회계 잉여금 등의 재정확보를 통해 5조 엔, 그리고 배우자공제 등을 재검토하는 세제 개혁을 통해 약 3조 엔을 마련한다고 되어 있다. 이러한 민주당의 매니페스토를 한마디로 요약하면 '[증세 없는 복지]'라고 할 수 있는데 소비세 인상 문제는 그 실현 가능성의 한계를 민주당 스스로 인정한 것으로 받아들여질 가능성이 높다.

그러나 주의해야 할 것은 일본의 여론이 민주당에 대한 반지지로 돌아선 계기는 소비세 도입 자체에 있는 것이 아니라 소비세를 둘러싼 민주당정권의 일관성이 결여된 대처와 유권자에 대한 충분한 설명의 결여 등이 직접적인 계기로 작용하고 있다는 점이다. 이는 민주당 매니페스토의 정책적 방향성에는 찬동하되 그 방법으로서 제시된 증세 없는 예산확보와 그 한계, 또한 그 방법론의 변화를 도모하는 과정에서 가시화된 민주당 지도부의 말 바꾸기와 설명책임 회피 등의 대처방식이 내각 및 민주당에 대한 지지율 하락 시기와 연동하고 있다는 점에서도 명백히 나타나고 있다.

끝으로 본 연구는 일본의 언론기관에서 실시한 여론조사 결과를 민주당의 선거공약인 '매니페스토'의 내용과 그 실현 여부에 근거하여 계량적으로 분석 검토하는 것으로, 그 목적은 민주당정권의 붕괴 요인으로서 매니페스토 전략의 실패가 있었는지를 개관적으로 검증하는 데 있었다. 이 점에 대해서는 이미 서술한 바와 같이 매니페스토를 통해 제시한 정책적 방향성이 아닌, 그 실현을 위한 방법론의 변화(소비세 인상) 과정에서의 대처의 미흡함이 가장 큰 부정적 요인으로 작용하였음이 밝혀졌으며, 오늘날 일본 사회에서 매니페스토를 바라보는 시각은 다소 위축되어 있음을 지적하고자 한다. 민주당정권의 실패를 매니페스토 정치의 실패로 규정하고, 정권 비판을 회피하기 위한 검증불가의 선거공약으로 충분하다는 일본 정계 일각의 발언이 들리는 가운데, 여론의 매니페스토 정치를 통해 현실정치를 평가할 수 있는 의미에 대해서는 다시 한 번 냉정한 평가가 요구된다.

참고문헌

細貝亮. 2010.「メディアが内閣支持に与える影響力とその時間的変化 — 新聞社説の内容分析を媒介にして」, 日本マス·コミュニケーション学会.『マス・コミュニケーション研究』77.

飯尾准. 2007.『日本の統治構造 官僚内閣制から儀位内閣制へ』, 東京: 中公新書.

猪口孝. 1983.『現代日本政治経済にの構図』, 東京: 東洋経済新報社.

川口英俊. 2005.「二〇〇三年衆議院総選挙におけるマニフェストを巡る諸問題について」, 日本法政学会,『法政論叢』42: 1, 2005年 11月 15日, pp. 133-144.

金慶珠. 2009.「民主党改革と世論」,『日本民主党内閣の改革政策と変化する日本の生活世界』, 現代日本政治学会, ソウル: ソウル大学校日本研究所.

三宅一郎・河野勝・西澤由隆. 2001.『55年体制下の政治と経済—時世論調査データの分析』, 東京: 木鐸社.

前田幸男. 2004.「時事世論調査に見る政党支持率の推移(1989-2004)」,『中央調査報』No. 564.

峰久和哲. 2010.「新聞の世論調査の変遷」, 日本マス·コミュニケーション学界,『マス·コミュニケーション研究』77号.

西澤由隆. 2008.「政治的信頼の測定に関する一考察」,『早稲田大学政治経済学雑誌』第370号.

大獄秀雄. 2003.『日本型ポピュリズム』, 東京: 中公新書.

大石裕. 2005.『ジャーナリズムとメディア言説』, 東京: 勁草書房.

逢坂巌・星浩. 2006.『テレビ政治 国会報道からTVタックルまで』, 東京: 朝日新聞社.

佐藤卓己. 1998.『現代メディア史』, 東京: 岩波書店.

_______. 2008.『輿論と世論-日本的民意の系譜学』, 東京: 新潮社.

菅原琢. 2009.『世論の曲解-なぜ自民党は大敗したのか』, 東京: 光文社.

芹沢功. 1990.「世論動向の中の政治不信 —「ロッキード」と「リクルート」の両事件の場合」, 日本選挙学会編.『世論と政治不信』, 東京: 北樹出版.

善教将大. 2010.「日本における政治的信頼の変動とその要因1992-2008 — 定量/定性的アプローチによる「政治」と政治的信頼のインカ関係の分析」,『政策科学』17-1.

浦島郁夫 · 今井亮佑. 2001.「2000年総選挙: 党首評価と投票行動」,『選挙研究』16.

林紀行. 2006.「有権者の投票行動に与えるマニフェストの影響: 仙台市長選挙、衆議院議員選挙、宮城県知事選挙分析を通じて」,『実践女子大学人間社会学部紀要2』, pp. 107-125.

安野智子. 2006.『重層的な世論形成過程』, 東京: 東京大学出版会.

真鍋一史. 1985.『世論の研究: 内容分析と質問紙調査による接近』, 慶応通信.

Hardin, R. 2000. "The Public Trust," in S. J. Pharr and R. D. Putnam(eds.), Di*saffected Democracies: What's Troubling the Traditional Countries?* New Jersey: Princeton University Press.

Kahneman, D. and A. Tversky. 1984. "Choices, values, and frames," *American Psychologist*, 39, pp. 341-335.

Pharr, S. J. 1997. "Public trust and Democracy in Japan," in Nye, J. S. Jr., P. D. Zelikow, and D. C. King(eds.), *Why People Don't Trust Government*, Cambridge: Harvard University Press, 1997(鳩本恵美訳. 2002.「日本における信頼とデモクラシー」,『何故政府は信頼されないのか』, 東京: 英知出版.

제2부

민주당정권하에서의 대외관계

제4장

일본 민주당정권의 대미 정책[1]

‘대등한 동맹관계 구축’의 모색과 좌절

박영준

Ⅰ. 문제의 제기

탈냉전 이후의 국제질서 속에서 일본의 국가안보 및 외교정책이 어떠한 방향으로 변화될 것인가에 관해서는 일본 내 정치인과 지식인 사이에 다양한 담론과 논쟁이 전개되어 왔다. 그 논쟁들은 크게 보아 두 가지 축으로 나뉘어 전개된 것으로 보인다.[2] 그 한 축에서는 전후 일본이 요시다 독트린의 이름하에 추구해 온 경제성장 우선, 즉 통상국가 노선을 지속할 것인가 혹은 일본의 경제적 능력에 상응하여 그동안 금기시되어 온 군사적 역할 확대를 모색하여 보통국가로 나아갈 것인가의 논쟁이 전개되었다. 그리고 다른 한 축에서는 전후 일본의 안보를 담당했던 미일동맹을 계속 유지할 것인가, 아니면 미일동맹에서 탈피하여 보다 독자적인 외교 노선을 모색할 것인가의 논점을 둘러싼 논쟁이 벌어졌다. 이 같은 두 개의 대립축에 따라 일본의 국가안보전략과 대외정책론은 크게 네 가지 유형으로 나누어 전개된 것으로 보인다.

기존 일본의 대표적인 국가전략으로 간주되어 온 요시다 독트린 혹은 통상국가론은 미일동맹 강화와 경제건설 우선을 중시하는 것으

---

[1] 본 논문은 『일본연구논총』 33호(2011)에 게재된 바 있다.

[2] 탈냉전기를 전후하여 일본 내 국가전략 논쟁의 양상을 나름대로의 시각으로 포착하려 한 연구로는 Mike M. Mochizuki, "Japan's Search for Strategy," *International Security*, Vol. 8, No. 3, Winter(1983-1984); 윤정석, 『일본의 국가전략: 21세기를 맞으며』(서울: 오름, 1998), 제3장; 송주명, 「일본의 새로운 아시아주의: 그 사회경제적 기반과 성격」, 『국제지역연구』 11권 1호, 봄(2002); Richard J. Samuels, *Securing Japan: Tokyo's Grand Strategy and the Future of East Asia*(Ithaca, N. Y.: Cornell University Press, 2007); 이명찬, 「일본의 외교안보정책에 나타난 네 가지 노선」, 『국제지역연구』 제16권 제1호, 봄(2007); 박영준, 『제3의 일본』(서울: 한울, 2008), ch. 1, 2 등을 참조. 이 가운데 본 논문은 Richard J. Samuels, 이명찬의 논의에 기대어 국가전략 논쟁을 유형화하려 한다.

로, 탈냉전기 이후에는 후나바시 요이치의 지구민생대국론(地球民生大國論), 소에야 요시히데의 미들파워론 등으로 이어졌다.[3] 미일동맹 강화와 더불어 일본의 경제적 능력에 상응하는 군사적 역할의 확대를 요청하는 논의는 오자와 이치로(小沢一郎)에 의해 주창된 보통국가론이다. 이 논의는 학계의 기타오카 신이치(北岡伸一) 등에 의해 옹호되었고, 자민당의 고이즈미 등이 그것을 실제 정책으로 이어받았다.[4] 미일동맹에서의 탈피를 주장하면서, 경제건설 우선의 전략을 주장하는 평화국가론은 구 사회당 및 공산당, 학계에서는 사카모토 요시카즈(坂本義和), 이가라시 다카시 등 진보계열의 인사들에 의해 옹호되었다.[5] 미일동맹에서의 상대적인 탈피를 주장하면서 일본 독자의 군사력 강화, 나아가 비핵 3원칙을 벗어난 핵무장의 가능성까지를 주장하는 신국가주의는 이시하라 신타로 등에 의해 대변되고 있다.

그런데 이 같은 네 가지 유형의 일본 국가전략론 가운데 21세기의 일본이 어떠한 방향으로 움직일 것인가에 관해서는 연구자들 간에 상이한 전망이 대두하고 있다. 혹자는 일본이 여전히 요시다 독트린에서 보인 자유주의적 성향 혹은 통상국가론적 외교 및 안보 정책을 지속해서 취할 것이라고 분석한다.[6] 이러한 자유주의적 전망에 따를 경우 향

---

3 船橋洋一, 『日本の對外構想:冷戰後のビジョンを書く』(岩波新書, 1993); 添谷芳秀, 『日本の「ミドルパワー」外交』(東京: ちくま新書, 2005).

4 北岡伸一, 『普通の國へ』(東京: 中央公論新社, 2000).

5 坂本義和, 『核時代の國際政治』(東京: 岩波書店, 1967); 坂本義和, 『平和: その現実と認識』(東京: 毎日新聞社, 1976); 坂本義和, 『相對化の時代』(東京: 岩波新書, 1997); 五十嵐武士, 「平和國家と日本型外交」, 『日米關係と東アジア: 歷史的文脈と未來の構想』(東京: 東京大學出版會, 1999) 등을 참조.

6 Thomas U. Berger, "The Pragmatic Liberalism of an Adaptive State," Thomas U. Berger, Mike M. Mochizuki and Jitsuo Tsuchiyama(eds.), *Japan in International Politics: The Foreign*

후 일본은 미국과의 동맹관계를 현상유지의 입장에서 운영해 가면서 여타 아시아 국가들과의 관계를 강화해 갈 것으로 분석된다.

반면 크리스토퍼 휴즈(Christopher Hughes) 등은 요시다 독트린이 형해화되고 있음을 지적하면서, 일본이 군사적으로는 원거리 투사 가능한 능력들을 보유하면서 군사능력이나 군사독트린, 방위산업 등의 측면에서 점차 보통국가화 혹은 재군사화(Remilitarization)의 도정으로 전환되고 있다고 평가하고 있다.[7] 이러한 보통국가화의 관점에서는 향후 미일동맹이 보다 강화될 것으로 전망된다.

한편 케네스 파일(Kenneth Pyle)이나 리차드 사무엘스(Richard Samuels)는 21세기 일본이 전후 상당 기간 국가전략으로 기능해 온 요시다 독트린에서 벗어나 새로운 국가전략을 모색하는 도정에 있다고 보았다.

Policy of an Adaptive State(Boulder: Lynne Rienner, 2007), pp. 261-279. 마이크 모치즈키도 같은 책에 실린 논문에서 1980년대 이후 일본 내 내셔널리즘이 강화되고 있지만, 일본 내셔널리스트들은 일본을 대국(great power)보다는 소에야 요시히데가 주장하는 미들파워 혹은 보통국가로 만들고 싶어한다고 분석하고 있다. Mike Mochizuki, "Japan's Changing International Role," Thomas U. Berger, Mike M. Mochizuki and Jitsuo Tsuchiyama(eds.), *Japan in International Politics: The Foreign Policy of an Adaptive State*(Boulder: Lynne Rienner, 2007), p. 10. 소에야 요시히데(添谷芳秀) 교수도 일본이 보통국가화의 도정에 있다고 보는 통설은 커다란 오류이며, 일본의 외교와 안보정책은 기본적으로 자유주의적·국제주의적 성향을 견지해 왔다고 주장한다. 그는 일본 민주당이 기본적으로 자유주의적 성향을 갖고 있으며, 2009년 8월의 총선거에서 민주당이 승리한 것은 자유주의 성향의 외교안보정책에 대한 일본 국민의 지지를 반영한다고 주장하였다. Yoshihide Soeya, "Japan's Security Policy toward Northeast Asia and Korea: From Yukio Hatoyama to Naoto Kan," 한국전략문제연구소(KRIS) 주최 국제심포지엄 발표논문(2010년 7월 12일).

[7] Christopher W. Hughes, *Japan's Remilitarization*(London: The International Institute for Strategic Studies, 2009), p. 51; Christopher W. Hughes, *Japan's Re-emergence as a 'Normal' Military Power*(Oxford: Oxford University Press, 2004).

리차드 사무엘스는 현재 일본의 전략가들 사이에서 요시다 독트린을 대체하는 국가전략에 관한 논의가 진행 중이며, 특히 오자와 이치로(小沢一郎) 등이 대변하는 보통국가론자들과 고사카 마사타카(高坂正堯), 소에야 요시히데(添谷芳秀) 등이 대변하는 미들파워 국제주의자들의 전략론이 대안으로 부상하고 있다고 보았다. 그 결과 양 전략이 점차 수렴되면서, 미국과의 동맹을 포기하지 않으면서도, 중국과의 경제적 상호의존도 심화하는 새로운 국가전략이 표면화될 것으로 전망하였다.[8] 케네스 파일은 일본이 한때 자유주의자들이 희망한 '국제적 시빌리언 파워'의 길을 가지 않으리라고 보았다. 그는 일본이 지역질서와 세계질서에서 능동적으로 자신의 역할을 찾으면서, 아울러 미일동맹으로부터도 최대한 자율성을 추구하는 외교전략을 추구할 것으로 전망하였다.[9] 이같이 21세기 이후 일본 외교정책의 성격과 방향에 대한 논쟁이 가열되는 가운데 2009년 8월 중의원 총선거에서 종전의 자민당 장기집권이 저지되고 민주당이 대승리를 거두면서 새로운 집권당으로 등장하였다. 이후 민주당은 하토야마 유키오(鳩山由紀夫, 재임기간: 2009. 9~2010. 6)에 이어 간 나오토(菅直人)가 총리에 취임하면서 자민당과 차별성을 갖는 외교정책을 실시하려고 하였다. 특히 민주당은 '대등한 동맹관계의 구축'을 표방하면서 자민당과 구별되는 동맹정책을 추진하려 했지만, 결국 간 나오토 총리에 이르러 이 시도는 좌절되고 말았다.

그렇다면 우리는 앞에서 제시한 네 가지의 일본 국가 노선 유형을 염두에 두면서 민주당이 구상했던 국가전략과 외교정책이 자민당의

8 Samuels(2007), p. 37, p. 131, preface 등 참조.

9 Kenneth B. Pyle, *Japan Rising: The Resurgence of Japanese Power and Purpose*(New York: A Century Foundation Book, 2007), p. 2, p. 242, p. 374.

그것과 비교하여 어떠한 성격을 갖고 있었던 것일까를 묻지 않을 수 없다. 그리고 만일 민주당의 '대등한 동맹관계 구축' 시도가 좌절되었다면, 그 요인은 무엇인가에 대해서도 묻지 않을 수 없다. 스테픈 왈트(Stephen Walt)는 왜 기존 동맹이 해체되거나 유지되는가에 관한 문제를 제기하면서 ① 동맹 상대국의 패권적 지도력 유지 여부, ② 동맹국 간의 신뢰도 저하 여부, ③ 동맹국 간 위협인식 혹은 이념적 정체성의 변화 여부, ④ 정치 엘리트들의 국내 정치적 손익 계산 여부, ⑤ 동맹의 제도화 수준 등을 변수들로 제기한 바 있다.[10] 그렇다면 하토야마 정부에서 간 나오토 정부로 이어지면서 일본 민주당의 대미동맹 정책이 변화한 것은 어떤 요인이 크게 작용했던 것일까.

요컨대 민주당의 등장과 새로운 외교정책 및 대미정책의 추진은 일본의 국가전략과 관련되어 논의되어 온 기존 이론들의 적실성, 나아가 동맹의 변화요인을 평가하는 좋은 자료가 될 수 있다. 이 같은 문제의식에서 본 연구는 일본 민주당 외교정책구상이 배태되고 전개되는 과정과 집권 이후 '대등한 동맹관계 구축'의 목표가 좌절되는 과정에 대한 분석을 통해 일본 외교 자체의 구조적 성격을 탐색하고자 한다.

---

10 Stephen M. Walt, "Why Alliances Endure or Collapse," *Survival*, Vol. 39, No. 1, Spring (1997). 물론 스테픈 왈트의 이론은 동맹의 해체 혹은 유지를 전제로 하는 것이지만, 그가 제기한 변수들은 동맹의 변화들을 살펴보는 데에도 적용될 수 있다고 생각된다.

II. 민주당의 외교구상과 입법 성향[11]

1. 민주당 지도부의 외교구상

민주당의 결성은 1990년대 중반 이후 10여 년간에 걸쳐 이루어졌다. 1993년 하토야마 유키오(鳩山由紀夫), 간 나오토(菅直人), 오카다 가츠야(岡田克也) 등이 자민당을 이탈하였다. 이들은 1994년에 구 사회당 출신을 영입하여 1996년에 민주당을 창당하였다. 새롭게 결성된 민주당은 1998년에 민정당 세력과 통합하였고, 2003년에는 오자와 이치로(小沢一郎)가 주도하던 자유당과 통합하여 현재의 민주당 모습을 갖추게 되었다.[12] 당 결성의 내력에서 드러나듯 민주당에는 원래 자민당에 속하였던 하토야마, 간 나오토, 오자와 그룹 및 구 사회당 또는 사민당에 속하였던 그룹 등이 혼합적으로 구성되어 있다.[13] 〈표 4-1〉은 2009년 8월의 총선거 이전과 이후 민주당 내의 그룹별 의원 분포 변화를 보여주고 있다.

---

11 제II장 부분은 박영준, 「2009-2010년 일본의 외교/안보: 민주당 외교의 이상과 현실」, 최관·서승원 엮음, 『저팬리뷰 2011』(서울: 도서출판 문, 2011)의 관련 부분 참조.

12 鳩山由紀夫, 「わが政権構想: 猛獣小沢をどう使う」, 『文芸春秋』 7月号(2009) 등 참조.

13 이로 인해 민주당 내에 오자와와 같은 지역중시 보수주의, 구 사회당계열의 사민주의, 그리고 신자유주의의 사상적 경향이 혼재되어 있다는 지적에 대해서는 宇野重規, 「友愛のうるさ、異論を接着」, 『朝日新聞』, 2009년 11월 22일 칼럼 참조.

표 4-1. 민주당의 계파 구성 변화[14]

	2009년 8월 총선 이전	2010년 6월 시점	주요 인물
오자와 그룹	50명 전후	150명	오자와 이치로
하토야마 그룹	30명 전후	70명	하토야마 유키오
구 민사당 그룹	20명 전후	40명	
구 사회당 그룹	20명 전후	30명	요코미치 다카히로
간 나오토 그룹	20명 전후	50명	간 나오토
마에하라 그룹	20명 전후	40명	마에하라 세이지
하타 그룹	10명 전후	15명	하타 츠토무
노다 그룹		30명	

그렇다면 민주당 내 각 계파를 대표하는 정치가들은 외교정책, 특히 미일관계 분야에서 어떠한 정책구상을 피력하고 있는 것일까. 일본의 새로운 외교전략을 모색하는 가운데 미국과의 거리두기를 모색하고 있는 정치인으로서는 오자와 이치로나 하토야마 유키오를 들 수 있다. 최대 계파의 대표이자 보통국가론을 주창했던 당사자이기도 한 오자와 이치로는 2006년 4월부터 2009년 5월까지 당 대표를 지내면서 행한 연설과 단행본 발간 등을 통해서도 외교안보 문제에 관한 그의 지론을 일관되게 표명한 바 있다. 그는 2008년 10월 1일 의회에서 행한 대표질문에서 외교안보의 3원칙으로서 ① 미일동맹의 유지발전과 대등한 파트너십 확립, ② 한국, 중국 등 아시아·태평양 국가들과의 우호 및 신뢰관계 구축, ③ 유엔 중심주의와 유엔 평화유지 활동에의 적극 참가 등을 표명한 바 있다.[15] 이 가운데 ④ 대등한 파트너십으로서

14 『중앙일보』, 2009년 7월 22일 및 『朝日新聞』, 2010년 6월 5일 참조.

15 『朝日新聞』, 2008년 10월 2일.

의 미일동맹 유지는 실은 그간의 자민당하에서 행해져 온 미일동맹 운영방식에 대한 강렬한 비판을 내포하고 있다. 그는 2006년에 발간한 저서에서 일본 외교의 최대 문제는 대미관계로서, 일본은 원칙과 정견을 갖지 못한 채 아메리카를 추수(追隨)하는 외교, 사고정지(思考停止)라고 할 수밖에 없는 외교를 해 왔다고 비판한다.[16] 그는 2009년 2월 24일 나라 현에서 가진 기자간담회에서 일본이 자민당 집권하에서 결정된 미군 재편 문제와 관련해서도 미국이 말하는 대로 따를 것이 아니라 일본으로서도 분명한 세계전략을 갖고 역할을 분담해야 할 것이라고 주장하였다.[17] 또한 주일 미 대사와 가진 회견에서도 아프가니스탄 전쟁은 미국이 국제사회와의 합의 없이 단독으로 개시한 전쟁이며, 일본은 자신의 평화 및 안전과 관계없는 지역에 미국을 지원하여 자위대를 파견하고 공동작전을 할 수 없다고 분명히 단언한 바 있다.[18]

민주당 내 제2의 계파 수장이면서 2009년 9월부터 2010년 6월까지 총리를 역임한 하토야마 유키오는 오자와와 달리 평화국가론적인 성향의 대외정책구상을 갖고 있다.[19] 그러나 미일관계와 관련하여 그도

---

16 小沢一郎, 『小沢主義』(東京: 集英社, 2006), p. 146.

17 『朝日新聞』, 2009년 2월 28일.

18 당시의 시퍼 주일 미 대사와 가진 회견 내용(2007년 8월 8일). 이러한 관점에서 그는 민주당이 아프간 전쟁에 대한 급유지원 명목으로 해상자위대 함선을 인도양에 파견하는 법적 근거가 되어 온 테러대책특별조치법 연장에 반대한다고 하였다. 『朝日新聞』, 2007년 8월 9일.

19 그는 자민당 초선의원 시절 유토피아 정치연구회를 결성하였으며, 1993년 호소카와 내각 발족 시에는 소일본주의(小日本主義)의 비전을 제시했던 다케무라 마사요시(武村正義) 관방장관 밑에서 부장관을 지낸 경력이 있다. 다케무라 마사요시가 1993년에 저술한 책 『작지만 반짝반짝 빛나는 일본』은 동시대 오자와 이치로가 저술한 『일본개조계획』과 대비되어 평가되었다. 전자가 요시다 독트린 이후 평화주의의 지속을 대변한 책으로 평가받았다면, 후자는 보통국가론의 모토하에서 안보정책의 강

오자와와 마찬가지로 “거리두기”의 지향성을 갖고 있다. 그는 일련의 저서와 연설을 통해 미일동맹이 일본의 방위와 아시아 및 세계의 평화 번영에 크게 기여해 왔다고 평가하고, 향후에도 일본 외교안보정책의 기축은 미일동맹에 있다고 하였다.[20] 그러나 하토야마도 일본이 이라크 전쟁을 일방적으로 지지하거나 국제형사재판소를 비준하지 않는 등 미국을 추종하는 사고정지(思考停止)의 모습을 보여 왔다고 비판하고, 일본이 미군재편과 관련하여 보다 주체성을 회복하지 않으면 안 된다고 주장한 바 있다.[21]

민주당 내에서 중도 진보의 입장을 대변하는 구사회당 계열의 요코미치 다카히로(横路孝弘)나 무파벌의 오카다 가츠야(岡田克也)도 미일관계에 관한 한 “거리두기”의 입장을 보이고 있는 것으로 보인다. 2009년 9월 이후 민주당 정부의 외상을 역임하였고, 2011년 4월 현재 당 간사장을 맡은 오카다 가츠야는 여타 정치인과 마찬가지로 미일동맹 중시 및 동아시아 공동체 구축을 민주당 외교안보정책의 기축으로 간주하고 있다. 그러나 그는 일본의 새로운 대외전략을 위해 일본이 미국

화를 요청하고 있는 것으로 해석되었다. 이숙종, 「일본의 탈냉전기 안보여론: 반군사주의와 국제공헌·대미협력론의 조화」, 진창수 편, 『전환기의 일본 안보정책』(세종연구소, 1999), p. 93; 北岡(2000), pp. 10-11.

20 2005년 간행된 저서 鳩山由紀夫, 『新憲法試案』(東京: PHP, 2005), p. 18 및 2010년 1월 29일, 중참양원에서 행한 시정연설 참조. 2010년 시정연설의 전문은 『朝日新聞』, 2010년 1월 30일 참조.

21 鳩山(2005), pp. 250-251. 하토야마도 1996년에 잡지 기고문을 통해 미일동맹을 대등한 파트너십으로 전환해야 하고, 이를 위해 미군의 상시 주둔 체제를 전환해야 한다고 주장하기도 하였다. 『朝日新聞』, 2009년 11월 7일 기사에서 재인용. 하토야마는 2010년 6월 2일, 총리 사임의사를 밝힌 연설에서 일본의 평화는 일본인들에 의해 건설되어야 하며, 대미 안보의존은 향후 반세기 혹은 1세기 이상 지속되어서는 안 된다고도 강조하였다. Soeya(2010).

에 대해 할 말은 해야 한다는 자세를 보였다. 예컨대 그는 일본이 동북아 지역 내 비핵지대 구상을 실현하는 데 주도적 역할을 해야 한다고 주장하고 있는데,[22] 그 실현을 위해서는 미국이 중국 및 러시아와 더불어 핵 선제 불사용을 선언할 것을 요구하고 있는 것이다.[23]

민주당 내에는 미일동맹 강화를 주장하는 정치인들도 존재한다. 2005년 9월부터 2006년 4월까지 당 대표를 역임하였고, 2010년 9월 이후 2011년 3월까지 간 나오토 내각의 외상으로 기용된 마에하라 세이지(前原誠司)는 대중국 경계론에 입각한 안보체제의 강화를 일관되게 역설해 왔다. 교토대학에서 당대의 대표적인 현실주의 국제정치학자였던 고사카 마사타카(高坂正堯) 문하에서 수학한 마에하라는 수차례에 걸쳐 중국의 해공군력 증강이 일본의 안보에 위협이 된다고 직설적으로 명언해 왔다.[24] 이에 대응하기 위한 차원에서 일본이 대내적으로는 헌법개정을 통해 자위권을 명기하고, 대외적으로는 자위대의 평화유지활동 및 다국적군에의 적극적 참가와 더불어 미일동맹 강화를 추진해야 한다고 주장해 왔다.

미일동맹에 관한 현상유지의 입장을 취하고 있는 정치인은 당내 제3의 계파 수장으로서 2010년 6월에 총리로 선출된 간 나오토(菅直人)

---

22 이 구상은 그가 민주당 내에서 조직된 핵군축 의원추진연맹 회장으로 재직하면서 2008년 8월 최초로 성안된 것이다. 자세한 것은 그가 민주당 간사장 재직 시인 2009년 5월 22일 행한 기자회견 내용 참조. 『朝日新聞』, 2009년 5월 23일.

23 岡田克也, 「アジアの中の日本としての安全保障政策を構築しなければならない」, 『世界』 7月号(2009) 참조. 이 구상은 일본의 전통적 리버럴들이 논해 오던 구상을 계승한 것으로 생각된다. 坂本(1997), p. 179.

24 2005년 12월, 마에하라 당 대표의 미국 방문 및 중국 외교학원 방문 시 연설은 『朝日新聞』, 2005년 12월 10일 및 12월 13일 자 기사 참조.

의 경우를 들 수 있다. 간 나오토 총리는 2010년 6월 11일 중원 본회의에서 행한 소신표명 연설에서 자신이 학창시절 현실주의 국제정치학자로 알려진 나가이 요노스케(永井陽之助) 교수의 연구회에 참가했었다는 사실을 상기시키면서,[25] 자신의 정부가 세계평화의 이상을 구하면서도 현실주의를 기조로 한 외교를 추진하겠다는 원칙을 밝혔다.[26] 구체적으로 그는 미일동맹이 일본의 방위뿐만 아니라 아시아·태평양 지역의 안정과 번영을 지탱하는 국제적 공유재산이라고 평가하면서, 미일동맹을 외교의 기축으로 하면서 동시에 아시아 국가들과의 제휴를 강화하는 외교정책을 추진할 것을 밝혔다.

이상에서 살펴본 것처럼 민주당 주요 정치가들 간에는 미일관계와 관련하여 일정한 '거리두기'를 추구하는 정치세력이 있는 반면 현상유지 혹은 동맹강화를 주장하는, 일견 상호대립적인 정책론이 병존하고 있음이 확인된다. 이 같은 미일관계에 관한 '변화지향'과 '지속지향'의 상반되는 속성의 병존은 정치적 배경이 상이한 여러 정치세력이 공존하는 민주당의 성립과정을 자연스럽게 반영하고 있는 것이라고 볼 수 있다. 그렇다면 민주당의 대외정책, 특히 대미정책은 당 대표 혹은 총리에 어떤 성향의 정치인이 선출되는가에 따라 변화의 진폭이 발생할 수 있는 소지가 있다고 할 수 있다.

---

25 나가이 요노스케는 1980년대에 쓰인 일련의 글에서 국제정치가 웨스트팔리언적 국제질서에서 칸티안적 국제질서로 이행하고 있다고 분석하였다고 알려진다. 그러면서 향후 국가 간 질서에서는 군사력보다는 경제력이나 기술력이 더욱 큰 영향을 주게 될 것으로 전망하면서, 일본도 경무장과 비핵국가를 견지하면서 기술개발에 힘쓰다가 이를 유사시 군사적으로 활용하는 능력을 키우는 것이 국가전략으로서 바람직하다고 제언하였다. Pyle(2007), pp. 259-260.

26 『朝日新聞』, 2010년 6월 12일.

그렇다면 이 같은 민주당 주요 정치인들의 외교 및 미일관계 구상은 자민당의 그것과 비교하여 어떠한 차별성 혹은 공통성을 가진 것일까.

표 4-2. 2009년 8월 중의원 총선거 시 민주당과 자민당의 외교안보공약 비교[27]

	민주당 정책집: Index 2009	자민당 매니페스토
미일동맹 관련	• 신시대 미일동맹 확립 • 대등한 상호신뢰관계 확립 • 주체적 외교전략 구축 • 미일 지위협정 개정 제기 • 미군재편 관련 개혁 추진	• 미일동맹이 일본 외교 기축 • 주일미군 재편 예상대로 진행 • 인도양 해상보급활동 계속 • 탄도미사일 방위 시 집단적 자위권 적용 신축적 해석
아시아 정책 관련	• 중국, 한국 등 아시아 국가들과 신뢰관계 구축 • 동아시아 공동체 구축 목표로 금융, 에너지, 환경, 재해구원 분야에서 아시아·태평양 협력체제 구축	
영토 문제	• 영토주권 갖는 북방영토, 죽도 문제 조기해결 위해 집요하고 강력한 대화 지속	• 불법 점거된 북방영토와 죽도 문제 평화적 해결 위해 의연 자세 대처 • 센카쿠에 영토 문제는 존재하지 않음
기타 안보 관련	• 핵군축 및 비확산 체제 강화 • 정보수집 및 분석체제 일원화 위기관리청 신설 등 • 위기관리체제강화 우주 관련 부서 내각부에 일원화	• 총리 관저에 국가안보회의 설치 • 자위대 국제평화협력활동 • 항구법 설치

27 민주당 공약은 『민주당 정책집: Index 2009』(2009. 7. 23), 자민당 공약은 『讀賣新聞』 2009년 8월 1일 기사 참고. 민주당의 2009년 공약은 2006년 발표되었던 정책마그너카르타와 큰 차이는 없는 것으로 보인다. 民主党, 「政權政策の基本方針: 政策マグナカルタ」(2006. 12).

민주당 내 정치가들의 외교안보구상은 2009년 8월의 총선거를 앞두고 발표한 정책공약인 『민주당 정책집: Index 2009』에서도 병존하는 형태로 제시되었다. 민주당의 총선 공약을 자민당의 그것과 비교하면, 민주당 정치가들의 구상이 갖는 성격이 더욱 분명하게 드러날 수 있을 것이다.

〈표 4-2〉는 2009년 7월 23일 발표된 민주당 정책집과 7월 31일 공표된 자민당의 중의원선거 공약 매니페스토를, 미일관계 관련 부분을 중심으로 비교한 것이다. 여기서 미일관계 관련 부분만을 보면 민주당의 주요 정치가들은 자민당과 마찬가지로 미일동맹이 일본의 안전보장과 지역 내 평화유지에 기여해 왔음을 인정하고 향후에도 미일동맹이 일본 외교의 기축이라는 점에 동의한다. 그러나 민주당 주요 정치가들은 자민당의 입장과 달리, 미국이 수행하는 전쟁에의 자위대 참가나 미군기지 재편 과정에서 일본의 독자적인 판단과 자주성이 부족했다고 비판하고, "더욱 대등한 파트너십"의 슬로건하에 일본의 주체성이 보다 발휘되어야 한다고 강조한다.[28] 이러한 관점에서 이미 2006년에 합의된 미군기지 재편에 대해서도 개혁이 필요하고, 미일 지위협정도 개정되어야 한다고 주장하였다. 민주당 내에도 미일동맹과 관련된 현상유지나 강화의 입장이 존재하고 있음에도 불구하고, 선거과정에서는 자민당과의 차별성을 강조하기 위해 오자와 이치로, 하토야마 유키오, 오카다 가츠야 등이 대변하는 '거리두기'적 성향, 변화 지향적 성향의 공약이 대폭 반영된 것으로 보인다.

---

28 '미국과 대등한 동맹관계를 구축'한다는 민주당의 대미정책방향은 2006년 12월에 발간된 정책마그너카르트타에서도 명시된 바 있다. 民主党(2006).

2. 집권 이전 민주당의 외교관련 입법(立法) 성향

미국과의 '거리두기'를 모색하는 민주당 주요 정치인들의 외교구상의 경향성은 집권 이전의 시기에 민주당이 외교 및 안보 관련 법안들에 대해 취한 입장에서 이미 나타났다. 〈표 4-3〉은 2001년 이후 2009년에 이르는 기간에 민주당이 주요 외교안보 현안에 관련된 입법 과정에서 어떠한 입장을 보여 왔는가를 자민당과 비교하여 나타낸 것이다.

표 4-3. 주요 외교안보 법률안에 대한 자민당과 민주당 입장 비교, 2001-2009[29]

	자민당	민주당
2001. 테러대책특별조치법 제정 (아프간 전쟁 지원)	찬성	반대
2003. 이라크 부흥지원특별조치법	연장 찬성	반대
2003. 10. 테러대책특별조치법 2년 연장	연장 찬성	반대
2005. 10. 테러대책특별조치법 1년 연장	연장 찬성	반대
2006. 10. 테러대책특별조치법 1년 연장	연장 찬성	반대
2007. 6. 이라크부흥지원특조법 2년 연장	연장 찬성	반대
2007. 4. 해양기본법, 해양구축물안전수역설정법	초당파 공동입법	초당파 공동입법
2008. 1. 보급지원특조법		반대
2008. 4. 주일미군 주둔경비 일본 측 부담연장 특별협정		반대
2008. 12. 보급지원특별조치법 1년 연장		반대

[29] 이 표의 작성은 『朝日新聞』, 2009년 7월 24일 기사와 박영준, 「일본 민주당의 외교안보정책구상과 대한반도 정책전망」, 제주평화연구원 세미나 자료, www.jpi.or.kr(2009년 9월 15일) 참조.

〈표 4-3〉은 민주당이 결당 이래 미국이 수행한 대테러전쟁 관련 지원 법안이나 해외파병 활동 등에 대해 자민당과 대립각을 세우면서 비교적 일관되게 반대해 왔음을 보여주고 있다. 테러대책특별조치법은 2001년 미국이 이라크에서 대테러전쟁을 수행하는 과정에서 자민당과 공명당 등이 발의한 것으로, 육해공 자위대를 파견하여 미국을 지원하도록 하는 것이 주요 내용이었다. 그러나 민주당은 자위대의 해외파견에 국회의 사전승인이 필요하고, 해외로의 무기 및 탄약 수송을 인정할 수 없다고 하여 반대한 바 있다.[30] 이라크 부흥지원특별조치법 및 보급지원특별조치법은 각각 이라크에서 대테러전쟁을 수행하는 미국과 영국 등의 연합군에 대해 이라크 영내의 부흥 및 후방지원을 수행하고, 아프간 전쟁을 수행하는 미국 및 나토군에 대해 인도양 상에서의 급유활동 지원을 실행하기 위한 목적으로 자민당 주도에 의해 입안된 법률안이었다. 그러나 민주당은 이 전쟁들이 국제사회와 합의 없이 미국이 단독으로 수행한 전쟁이며, 일본 자신의 평화나 안전과 관계없는 지역에 자위대를 파견할 수 없다고 하여 반대입장을 고수하였다.[31] 주일미군 주둔경비의 일본 측 부담연장 특별협정은 1978년 이래 일본 정부가 주일미군에서 근무하는 일본인 근로자의 급여와 복지비를 부담토록 한 협정인데, 민주당은 일본 측 부담분이 필요 이상으로 과도하고, 나아가 이 협정이 일본의 자주성을 침해하는 소지가 있다고 하여 반대해 왔다.[32]

---

30 『朝日新聞』, 2001년 10월 4일.

31 『讀賣新聞』, 2003년 6월 30일 인터넷판 참조.

32 『朝日新聞』, 2008년 4월 26일.

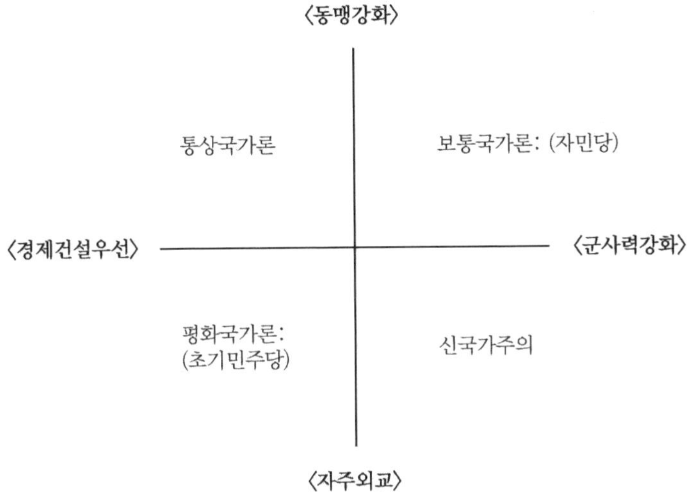

그림 4-1. 일본의 국가전략 논쟁과 주요 정당의 정책 성향

요컨대 민주당은 이라크나 아프가니스탄 등지에서 미국이 수행하는 대테러전쟁을 후방지원하기 위해 종전의 자민당정권이 추진해 온 육해공 자위대의 해외파병을 일관되게 반대해 왔고, 아울러 주일미군의 주둔경비에 대한 일본 측의 분담에 대해서도 일본의 자주성을 더 존중해야 한다는 입장에서 반대 입장을 표명해 온 것이다. 이 점은 민주당 지도부가 미일동맹의 운영과 관련해서 보여 온 '거리두기', 즉 변화 지향의 성향을 반영하고 있다고 할 것이다. 그렇다고 본다면 정권장악 이전의 민주당 지도부는 종전의 자민당에 비해 미일동맹 관계의 자주성을 표방했으나, 그렇다고 서론에서 소개했듯이 신국가주의나 평화국가론이 주장하는 것과 같은 동맹으로부터의 이탈까지는 염두에 두지 않은 정책구상을 하고 있었다고 보인다. 이를 도시하면 〈그림 4-1〉과 같다.

그렇다면 이 같은 민주당의 외교 및 대미관계 정책 구상들은 실제 정권을 장악하고 난 이후 어떻게 실제 외교정책에 적용되고 구현되어 갔는가.

III. 하토야마 정부의 대미 동맹정책: '대등한 파트너십'의 구축 시도

1. 하토야마 총리의 '거리두기' 모색

앞서 소개한 것처럼 스테픈 왈트는 왜 기존 동맹이 해체되는가에 관한 문제를 제기하면서 ① 동맹체약국 간에 위협인식이 변화되거나, ② 동맹국가 상호 간에 신뢰도가 저하되거나, ③ 정권교체 등으로 인해 변화된 국내 엘리트들이 기존 동맹을 비판함으로써 국내적 정치기반이 증진된다고 생각할 경우, 동맹 해소의 길로 이어질 수 있다고 분석한 바 있다.[33] 스테픈 왈트의 설명은, 민주당 지도부가 동맹 해체를 목적으로 한 것은 아니지만 미일 간의 동맹 강화에 집착한 자민당과 차별적인 동맹정책을 보임으로써 보다 자주적인 외교추구를 선호하는 일반 대중의 관심에 호응하려 한 측면을 주목하게 한다.

사실 민주당은 당내의 보수와 진보세력을 막론하고, 종전의 자민당 정책과 차별성을 부각하기 위해 '보다 대등한 미일동맹'의 구축을

33 Walt(1997), pp. 164-168.

주창해 왔다. 그리고 2009년 8월 중의원 총선거에서 승리를 거두고 하토야마 총리가 취임한 이후 민주당은 '대등한 미일동맹 구축'을 실현하기 위한 과제로서 주일미군 재편 구상의 재검토, 불평등한 미일 지위협정의 개정, 주일미군 주둔경비의 일본 측 부담분에 대한 보다 평등한 재협상, 미일 간의 핵밀약 문제의 공개해명 등을 동시적으로 추진하였다. '대등한 동맹관계 구축'을 위한 민주당의 시도는 몇 가지 분야에서는 가시적인 성과를 거두었다. 2009년 10월 민주당 정부는 그동안 해상자위대 함선의 인도양 상 급유활동의 법적 근거가 되어 온 보급지원특별조치법의 연장을 하지 않겠다고 결정함으로써 일단은 가시적 성과를 거두었다.[34]

또한 1960년 미일 안보조약 개정 시 미일 간에 핵밀약이 있었는가의 여부를 검증하기 위한 민주당 정부의 노력도 가시적인 성과를 거두었다. 하토야마 내각의 외상으로 임명된 오카다 가츠야는 2009년 9월 25일, 15인으로 구성된 핵밀약 관련 조사를 위한 전문가 위원회를 구성하였다. 이 위원회는 5개월여에 걸쳐 1960년 미일안보조약 개정 당시 미일 간에 한반도 유사시 일본으로부터의 출격을 인정한 밀약, 그리고 1972년 오키나와 반환 시 유사시는 핵반입에 관한 미일 간 밀약이 있었는지를 집중적으로 조사하였다. 그 결과 2010년 3월 9일, 오카다 외상은 전문가 위원회의 검증보고서 및 외무성 조사결과를 공표하면서 한반도 유사시 미군의 자유 출격과 오키나와에의 핵반입에 관한 2건의 밀약이 있었음을 확인하고, 그러나 이 밀약들은 1970년대 중반 이후 효

---

34 다만 일본 정부는 2009년 11월 10일, 인도양 상의 급유활동을 중지하는 대신 아프가니스탄에 대한 전후 부흥지원을 위해 향후 5년간 50억 달러를 지원하겠다는 결정을 내렸다. 『朝日新聞』, 2009년 11월 11일.

력이 상실되었다는 결과를 덧붙였다.[35] 핵밀약 문제에 대한 해명은 민주당 정부가 추진한 '대등한 동맹관계 구축' 작업의 또 하나의 성과라고 볼 수 있다.

그러나 민주당 지도부는 미일 간에 이미 합의된 기지재편 구상을 재검토하겠다는 야심적인 사안에 대해서는 난관에 봉착하지 않을 수 없었다. 미국과 일본은 2006년 5월에 소위 2+2 회담의 공동합의문을 통해 미군기지재편 관련 구상, 즉 오키나와의 후텐마 기지에 주둔하고 있는 미 해병대 기지를 2014년까지 헤노코 연안 지역으로 이전하겠다는 합의 등을 발표한 바 있었다. 그러나 새롭게 정권을 잡은 일본 민주당 정부는 이 같은 기존합의를 원점에서 재검토하기 시작하였다. 물론 이 같은 기지재편의 재검토는 이미 미일 양국 간에 외교적 경로를 통해 합의된 기존 합의사항의 변경을 의미하는 것이었기 때문에 방위성과 외무성에서는 미일관계의 신뢰성 혹은 외교의 계속성을 이유로 기존 합의사항의 준수를 희망하기도 하였다.[36] 그러나 하토야마 총리는

---

35 오카다 외상은 1967년 비핵 3원칙의 공표 이후에도 일본 정부는 핵무기 탑재의 의혹이 있는 미국 함선의 기항과 통과도 묵인하는 입장을 취해 왔다고 밝혔다. 『朝日新聞』 2010년 3월 4일 및 3월 10일 참조. 한편 2010년 위키리크스에 의한 미국 외교문서 공개를 분석한 아사히신문의 조사결과에 따르면 2009년 11월 당시 미국 정부는 일본 민주당 정부의 핵밀약 여부 조사가 미국의 세계전략에 영향을 줄 수 있다는 점에서 여러 차례 우려를 표명하였던 것으로 전해진다. 『朝日新聞』, 2011년 5월 7일 참조.

36 2009년 9월 17일 기타자와 방위상은 후텐마 비행장의 현외 이전, 혹은 국외 이전이 곤란할 것으로 전망하면서, 미일관계의 신뢰성과 외교의 계속성을 고려할 것을 주장하였다. 오카다 외상도 12월 5일과 12월 18일의 시점에서는 미 해병대가 일본의 억지력으로 기능하고 있다고 하면서, 일본 국외 이전 추진을 반대하고 헤노코 이전을 수용해야 한다고 주장하였다. 『朝日新聞』, 2009년 12월 6일 및 12월 19일 자 기사 참조.

기존의 미일 간 외교적 합의를 중시하는 실무부서의 주저에도 불구하고 연립여당인 사민당 및 국민신당과의 합의사항, 그리고 오키나와 주민의 기지 이전 희망을 보다 존중하여 2009년 12월 3일 후텐마 기지 이외의 새로운 이전 대상지를 검토하라고 내각에 지시하였고, 2010년 1월 29일 중참양원에서 행한 시정방침연설에서는 후텐마 기지의 이전 대상지를 동년 5월 말까지 결정하겠다는 방침을 표명하기에 이르렀다.[37] 이 같은 하토야마 총리에 의한 기존의 미일 간의 합의사항 변경 시도는 미국과 일본 양국 내에서 우려와 불만을 야기하였다. 미국의 전문가들은 일본의 민주당 정부가 미일동맹보다 대중관계를 중심으로 한 아시아 공동체 구상을 중시하는 것이 아니냐는 불만이 야기되었고, 일본 내 전문가들 사이에서도 민주당 정부의 외교정책이 아마추어적이라는 비판이 고조되었다.[38]

그러나 대내외의 우려에도 불구하고 하토야마 정부는 후텐마 기지의 이전에 집착하였다. 2010년 3월 하토야마 총리의 측근으로서 오키나와 기지문제검토위원회를 주관하던 히라노 관방장관은 원래 미일 간의 합의사항이었던 헤노코 연안지역을 대체하여 슈와브 육상(陸上)으로의 이전을 추진하고 있다는 점을 시사하였고,[39] 동년 4월 하토야마 총리는 미 해병대의 헬기부대를 규슈지방 가고시마 현의 도쿠노시마(德之島)로 이전하도록 지시하였다.[40]

---

37 하토야마 총리의 후텐마 기지 이전 문제 관련 입장은 『朝日新聞』, 2009년 12월 4일 및 2010년 1월 30일 자 기사 참조.

38 하토야마 정부의 대미정책에 대한 미국 내 불만에 대해서는 후술. 일본 내 불안감의 표현으로는 久保文明, 「日米龜裂」, 『讀賣新聞』, 2009년 12월 16일 칼럼 참조.

39 『朝日新聞』, 2010년 3월 5일 및 3월 9일 참조.

40 『朝日新聞』, 2010년 4월 6일 및 4월 29일 참조.

주일미군 기지재편과 아울러 민주당 하토야마 정부가 '대등한 미일동맹 관계 구축'의 일환으로 추진한 정책 아젠다가 주일미군 지위협정의 개정 문제와 주일미군의 주둔경비에 관한 일본 측 분담분의 시정이었다. 민주당 지도부는 미일 간의 지위협정이 나토 및 한국, 오스트레일리아 등이 각각 동맹국인 미국과 체결한 지위협정과 비교하여 가장 불평등하다고 인식하고 있었다.[41] 이 때문에 2009년 10월 21일 민주당 출신 기타자와 방위상은 미국의 게이츠 국방장관과 가진 회담에서 미일 간의 지위협정이 일본에 모욕적이라고까지 발언하기도 하였다.[42]

또한 〈표 4-4〉에 나타난 것처럼 2008년 당시 야당이었던 민주당은 주일미군 주둔경비의 일본 측 분담액에 관한 협정의 연장에 대해 반대 입장을 분명히 한 바 있었다. 주일미군 주둔경비의 일본 측 분담액, 소위 배려성예산(配慮性豫算, 일본 표현으로 오모이야리 예산)은 1978년부터 일본 측이 주일미군 기지에 근무하는 일본인 근로자의 기본급과 복지비를 부담해 온 것을 가리키는 것으로서, 2008년도의 협정에서도 향후 3개년간 일본 측이 주일미군 기지에서 근무하는 2만 3천 명분의 일본인 근로자의 경비를 부담하기로 약정한 바 있다. 그런데 민주당은 이 같은 주일미군 주둔경비 분담이 '대등한 동맹관계' 구축이라는 관점에서 일본의 자주성을 침해하는 소지가 있을 뿐 아니라, 팽창되는 일본의 재정적자 해소 관점에서도 필요한 과제라고 인식하였던 것이다. 그리하여 2009년 11월 민주당에서 조직한 행정쇄신회의는 주일미군 주둔경비의 일본 측 분담액을 예산절감 대상으로 제기하였고, 이러한 입장을

41 민주당 지도자들은 다른 국가들이 체결한 지위협정과 비교하여 기소 전의 미국 병사의 신병인도에 응하는 것은 일본뿐이라는 점 등을 문제시하였다.

42 『중앙일보』, 2009년 10월 22일에서 재인용.

바탕으로 2010년 2월부터 개시된 미일 간의 주일미군 주둔경비 내 일본 측 분담분 관련 협의에 경비삭감을 목표로 임하였던 것이다.[43]

그러나 하토야마 총리가 2009년 9월 이후 '대등한 파트너십 구축'의 명분하에 추진한 미일동맹 재정립 시도, 특히 2006년 미일 간에 합의된 주일미군 기지 재편 구상, 오키나와 후텐마 기지 이전의 재검토 사안은 거대한 현실의 벽에 부딪히기 시작하였다.

2. '대등한 파트너십' 구축 시도의 좌절

스테픈 왈트는 동맹 해소의 조짐에도 불구하고 동맹이 계속 유지되는 요인으로서 ① 동맹 상대국의 패권적 지도력, ② 신뢰성 유지, ③ 국내 정치 속에서 엘리트 그룹의 이익, ④ 제도화 수준, ⑤ 이념적 정체성의 공유 등을 들고 있다.[44] 요컨대 이념적으로 동질적인 두 개 이상의 국가가 동맹체결 및 유지를 통해 동맹국 내부에 동맹 유지와 관련된 제도화의 수준이 진전되고, 그를 통해 관련된 정치 및 외교 엘리트들이 이익을 향유하는 구조가 정착될 경우 동맹의 변경이나 해체에는 상당한 저항이 따를 것이고, 이것이 동맹이 계속 유지되는 요인이 될 수 있다는 것이다. 하토야마 민주당 정부가 시도한 것은 동맹의 해체가 아닌 '보다 대등한 동맹관계 구축'을 목적으로 한 것이지만, 이미 확

---

43 행정쇄신회의 내 논의에 대해서는 『朝日新聞』, 2009년 11월 27일, 2010년 2월부터 시작된 미일 간 협의에서 일본 측 입장에 대해서는 『朝日新聞』, 2010년 2월 25일 기사 참조. 2010년 2월부터 개시된 미일 간 협의는 2011년 3월에 기한이 종료되는 기존 협정의 대체협정을 마련하기 위한 목적이 있었다.

44 Walt(1997), pp. 164-168.

립된 기존 합의와 구조의 급격한 변경에 불편과 불이익을 느낀 미국과 일본 내 다른 당사자들이 하토야마 정부의 동맹정책에 대해 불만과 이의를 제기하기 시작하였다.

우선 2005~2006년의 미일 간의 합의를 일단 수용하였던 일본의 오키나와 주민이 아예 주일미군 기지의 현외 이전을 요구하고 나섰다. 하토야마 정책의 '보다 대등한 동맹관계 구축' 시도는 오키나와 현내에서 잠복해 있던 동맹에 대한 불만요인을 분출시키는 계기가 된 것이다. 게다가 하토야마 총리에 의해 미 해병대 헬기부대의 이전대상지로 지목된 가고시마 현의 도쿠노시마(德之島) 주민도 총리의 방침을 용인할 수 없다면서 반발하기 시작하였다.[45] 도쿠노시마 주민의 경우는 동맹정책 변경에 따라 자신들의 마을에 미군 부대가 새롭게 주둔할 경우 발생하는 생활상의 불편과 부담을 용인할 수 없었던 것이다.

국내 주민의 반발에 더해 미국 측에서도 기존의 미일 간의 합의를 도외시하고, 오키나와 주둔 미 해병대의 새로운 이전대상지를 모색하려는 일본 민주당의 시도에 대해서 반발이 제기되었다. 2005~2006년 합의 이행의 실무를 담당하는 국방성과 국무성의 정책결정가 및 전문가 그룹 사이에서는 일본 민주당 정부에 대한 실망감과 반발이 확산되었다. 미국의 대일정책 수립에 깊숙이 관여해 온 마이클 오슬린(Michael Auslin), 빅터 차(Victor Cha) 등의 전문가들도 일본 민주당 정부의 미일동맹 관련 정책에 대한 불신과 불만을 공개적으로 표명하였다.[46] 2005년

45 도쿠노시마 촌장들이 하토야마 총리와 직접 면담을 하고 총리의 요청을 거절하였을 뿐 아니라 향후 대화에도 응하지 않을 것을 전하기도 하였다. 『朝日新聞』, 2010년 5월 8일 참조.

46 Michael Auslin, "Creaky alliance," *International Herald Tribune*(November 12, 2009); Victor D.

미일 간의 기지재편 관련 합의 작성에 미국 국가안보회의(NSC) 아시아 정책 담당자로서 깊이 관여한 마이클 그린(Michael Green)은 하토야마 총리의 동아시아 공동체론이 본질에서 미국을 배제하겠다는 것에 다름 아니라고까지 비판하였다.[47] 이러한 기류 속에서 미 국방성은 10여 년 이상에 걸쳐 이룩된 미일 간의 기존 합의를 번복하려는 일본 민주당의 태도에 대해 불만을 감추지 않았다. 이러한 입장은 일본 정부와의 외교 및 방위 실무자 협의에 참가하는 미국 측 관리들에 의해 본격적으로 표명되었다.[48]

물론 미국 내의 조셉 나이(Joseph Nye) 등 원로급 일본 전문가들은 일본 민주당 정부의 대미정책에 대해 미국이 성급한 반응을 보이기보다도 인내심을 갖고 전략적으로 접근해야 한다고 제언하였다.[49] 뉴욕의 저팬소사이어티(Japan Society) 이사장이기도 한 조지 패커드(George R. Packard)도 독일, 한국, 필리핀에서 그러했던 것처럼 일본에서도 새로운

Cha, "Is Tokyo rewriting the rules?" *International Herald Tribune*(January 8, 2010). 2010년 2월과 3월에 걸쳐 여론조사기관 갤럽이 미국 내 일반인 및 오피니언 리더를 대상으로 가장 중요한 아시아 파트너를 묻는 설문조사를 시행했을 때 응답자의 36%가 일본을 꼽은 데 반하여 56%는 중국을 지목하는 결과가 나타났다. 중국이 일본을 상회한 것은 이러한 조사가 시행된 1985년 이래 처음으로서 하토야마 정부의 미일동맹 관련 정책에 대한 미국 내의 불만이 반영되고 있는 것으로 보인다. 『朝日新聞』, 2010년 6월 2일 참조.

47 마이클 그린은 2010년 9월 7일 하버드대학에서 열린 세미나에서 당시 워싱턴 조야에서 일본이 큰 문제였다고 회고한 바 있다. Michael Green, "Japan's position in the U. S. grand strategy," 하버드대학 US-Japan Program Seminar(September 7, 2010).

48 미국 측 외교 및 방위실무자들의 부정적 견해 표명은 『朝日新聞』, 2010년 5월 16일자 기사 참조. 미 국방성의 반발기류는 Joseph S. Nye Jr., "An alliance larger than one issue," *International Herald Tribune*(January 8, 2010)에 소개되어 있다.

49 Nye(January 2010).

하토야마 정부가 미군의 군사적 존재를 줄이려고 하는 시도에 대해 미국방성이 위압적 자세를 보이기보다 오히려 존중하는 태도를 취해야 할 것이라고 지적하였다.[50] 이 같은 미국 측 원로급 인사들의 신중한 태도는 근본적으로 미일동맹의 동요를 방지하는 기능을 한 것으로 평가될 수 있다.

문제는 "보다 대등한 동맹관계 구축"을 표방한 하토야마 정부가 그로 인해 불이익을 느끼고 반발하는 국내 행위자나 미국의 정책담당자들을 설득하거나 동조시키는 리더십을 발휘하지 못한 것이다.[51] 기본적으로 하토야마 민주당 정부가 표방한 "보다 대등한 동맹관계 구축"이라는 슬로건에 대해서는 일본과 미국의 동맹 관련 행위자들이 이의를 제기하기 어려웠다. 핵밀약 공개나 자위대 함정의 인도양 급유를 중지시킨 결정에 대해 국내외 행위자들이 묵인하거나 동의한 것은 '대등한 동맹관계 구축'의 정책이 사안에 따라서는 가능할 수 있었음을 보여준다. 그러나 후텐마 기지 이전의 재검토는 이미 미일 간의 합의된 외교적 사안을 뒤집는 결과를 낳을 수 있었다. 그 때문에 미국 측 당사자를 설득해야 하고, 새로운 기지 이전에 따라 도쿠노시마 주민과 같은 국내 행위자들을 납득시켜야 하는 이중의 부담을 갖게 되는 것인데, 하토야마 정부는 이러한 내외의 난관을 돌파할 수 있는 정치력을

50 George R. Packard, "The United States-Japan Security Treaty at 50," *Foreign Affairs*, Vol. 89, No. 2(Mar/Apr. 2010) 등을 참조.

51 하토야마 정권은 대미정책을 추진함에 있어 일본 측의 외교안보담당 관리들에게도 이해와 협력을 얻는 데 실패한 것으로 보인다. 예컨대 2009년 11월 27일 핵밀약 문제로 미국 측과 회견을 한 외무성 북미국장 우메모토(梅本和義)는 미국 측 협상상대에게 하토야마 정권이 핵밀약 조사가 가져올 결과를 이해하지 못하고 있다고 불평하기도 하였다.『朝日新聞』2011년 5월 7일 참조.

보여주지 못하였다.

국내외의 반발에 직면한 하토야마 총리는 결국 5월 22일의 시점에서 미국 측의 요구에 따라 후텐마 미 해병대 기지의 이전 대상지는 슈와브 헤노코 연안부로 하고, 다만 미 해병대의 훈련을 오키나와 현외(縣外)에 이전할 수 있다는 내용으로 합의하지 않을 수 없었다. 이 같은 내용은 5월 28일 미일 양국의 외교 및 방위 관련 장관이 참석하는 2+2 안보협의회(Security Consultative Committee)에서 공식적으로 발표되었다.[52] 하토야마 총리는 '대등한 미일동맹 구축' 시도의 일환으로 기존 합의의 변경을 추진하여 후텐마 기지의 이전을 추진했지만, 결국은 2006년 5월에 미일 간에 합의된 원안에 가까운 형태로 입장을 번복하지 않을 수 없었다.

IV. 간 나오토(菅直人) 정부의 대미동맹 정책

1. 미일동맹 강화정책 회귀

자신의 애초 구상을 관철하는 데 실패한 하토야마 총리가 2010년 6월 초 전격 사임하고 후임 간 나오토 총리가 취임하였다. 취임사에서 주일미군의 억지력을 평가하고 기존 미일 간의 합의를 존중하겠다는

---

52 합의문 원문은 Secretary of State Clinton, Secretary of Defense Gates, Minister for Foreign Affairs Okada, Minister of Defense Kitazawa, "Joint Statement of the U. S.-Japan Security Consultative Committee," 일본 방위성 홈페이지에서 검색(2010년 5월 28일).

입장을 분명히 밝혔던 간 나오토 총리는, 취임 직후인 6월 8일 행한 내각 인사에서는 외상 오카다 가츠야(岡田克也), 방위상 기타자와 도시미(北澤俊美) 등을 유임시켰지만, 동년 9월 17일 행한 인사에서는 오카다 외상을 민주당 간사장으로 돌리고 민주당 내 대표적인 미일동맹 강화론자인 마에하라 세이지(前原誠司)를 외상에 임명하였다. 이에 따라 간 나오토 내각에는 미국과의 '거리두기'를 추진하던 세력들이 배제되고, 민주당 내 대표적인 미일동맹 강화 혹은 현상유지론자들이 포진하게 되었다. 간 나오토 총리는 '대등한 미일동맹 관계 구축'을 표방한 민주당의 정책공약 자체를 폐기하지는 않았지만, 내각의 중요 포스트에 동맹강화론자를 배치함으로써 기존 하토야마 정부의 동맹정책을 변화시킬 수 있는 환경을 정비한 것이다.

간 나오토 내각 발족 직후인 9월 7일 동중국해의 센카쿠(중국명 釣魚島) 해상에서는 중국 트롤 어선이 일본 측 해상보안청 순시선에 접촉하는 사고가 발생하였다. 일본 측이 중국 선장을 억류한 데 대해 중국 측이 주중 일본대사에게 항의의사를 전달하고 희토류(稀土類)의 대일 금수를 단행하는 강경조치를 단행하였고, 결국 일본이 중국 선장을 강제송환하지 않을 수 없는 사태가 전개되었다.[53]

이같이 중국의 증대되는 압력 속에서 신임 간 나오토 총리와 마에하라 외상 등은 전임 하토야마 총리가 추진하였던 '보다 대등한 동맹관계 구축'이 아니라 자신들의 지론이기도 한 미일동맹 강화를 추진하는 탄력을 얻게 되었다. 이후 간 나오토 내각의 민주당은 종전의 자민

---

53 Ian Johnson, "China and Japan Bristle Over Disputed Chain of Island," *New York Times* (September 9, 2010); 『朝日新聞』, 2010년 9월 9일 참조.

당 이상으로 미일동맹의 체제와 상호운용성(interoperability)을 강화하는 모습을 보여주기 시작하였다.

2010년 7월 방위성은 자위대와 미군 간에 연료와 식량 등을 상호 제공하기로 규정한 물품역무상호호혜협정(ACSA: Acquisition and Cross-Servicing Agreement, 한국 표현으로는 군수지원협정)의 대상을 확대하여 재해 시 파견되는 국제긴급원조활동에도 적용한다는 방침을 확정하였다.[54] 이러한 방침에 따라 향후에는 2010년 1월 발생한 아이티 대지진 시에 국제적 인도 및 부흥지원 활동에 참가하는 육해공 자위대의 장비가 동일 목적으로 참가한 미군 병사들의 수송과 지원 등에 적극 운용될 가능성이 커졌다.

센카쿠 해상에서 중국 선박의 해상보안청 함선과의 접촉사고가 발생한 이후인 11월 29일 민주당의 외교안전보장조사회는 새롭게 결정될 방위계획대강에 미일동맹을 방위정책으로 기축하여 높이고, 그 실효성을 강화한다는 내용이 포함되어야 한다고 제언하였다.[55] 이러한 제안들을 반영하여 2010년 12월 17일 책정된 일본의 방위계획대강은 2004년도의 방위계획대강에 이어 중국의 군사현대화를 국제사회의 우려 사항으로 평가하고, 금후에도 미일동맹이 정보협력, 주변사태협력, 탄도미사일 방위협력 등을 지속적으로 추진해 나가며, 아울러 국제평화협력활동, 우주 및 사이버 공간 대응, 해상교통안전확보 등과 같은 분야에서도 지역 및 글로벌 협력을 강화해 갈 것을 밝혔다.[56] 특히 미

---

54 『朝日新聞』, 2010년 7월 18일.

55 원문은 『朝雲新聞』, 2010년 12월 2일 자 기사 참조.

56 「방위계획대강 2010」의 원문은 「平成23年度以後に係る防衛計画の大綱について」(2010년 12월 17일) 참조.

국은 동중국해 해상에서 확대되는 중국의 군사적 활동, 그리고 북한의 군사적 동향에 유의하여 일본에 대해 정찰 및 감시 능력 강화를 권고한 것으로 알려졌고, 이러한 미국의 요청에 부응하여 일본 민주당 정부는 새로운 방위계획대강에서 해상자위대의 잠수함 전력을 종전의 16척 태세에서 22척 태세로 증강한다는 방침을 결정하였고, 또한 P-3C 초계기 및 신규 획득될 전투기의 정찰 기능을 강화하기로 하였다.[57]

2010년 12월 3일부터 1주일간 오키나와 및 규슈 지역 해·공역에서는 1986년 이래 연례적으로 실시되어 온 자위대와 미군 간의 연합군사훈련 '포레스트 라이트(Forest Light)'가 실시되었다. 그런데 이번 훈련은 이전과 달리 자위대 병력 3만 4천 명, 함정 40척, 항공기 250기에 더해 미국의 항모 1척, 함정 2척, 항공기 150기 및 1만 명의 병력이 참가하는 최대 규모로 실시되었고, 훈련 내용도 태평양 상의 도서가 가상의 적으로부터 탄도미사일 공격을 받았다는 가정하에 탄도미사일방어(BMD: Ballistic Missile Defense), 기지방어, 근접항공지원, 해양방어 훈련 등이 실시되었다.[58]

간 나오토 총리는 종전에 하토야마 총리 재임기간 중 진행되었던 주일미군 관련 경비의 일본 측 부담분에 관한 협상에서도 일본이 취해오던 입장을 변화시켰다. 원래는 일본 측의 부담분을 줄이려고 했지만, 간 나오토 정부의 외무성과 방위성은 주일미군 주둔경비와 관련하여 기존 미일동맹의 운영방식 내에서 계승되던 총액예산의 유지를 선택

57 『朝日新聞』, 2010년 12월 22일 기사 참조.

58 이 훈련에 대한 일본 측 보도는 『朝日新聞』, 2010년 11월 12일, 중국 측 보도는 *China Military*, 2010년 12월 7일(인터넷판) 및 *Xinhua News Agency*, 2010년 12월 7일(인터넷판) 참조. 중국 언론은 한국이 처음으로 훈련에 참가한 사실을 강조하고 있기도 하다.

하게 된 것이다.[59] 이 결과 2010년 12월 14일 미일 간에 합의된 주일미군 주둔경비에 관련한 협정은 향후 5년간 기존 2만 3,055명의 일본인 근로자 가운데 430명 정도를 감축하지만, 그 인건비와 시설비 등은 종전에 비해 큰 변함없이 매년 1,881억 엔의 규모로 지출하기로 합의하였다.[60] 결국 주일미군 주둔경비 관련 협정에서도 민주당은 애초의 의욕과는 대조적으로 자민당이 종전에 해 오던 방식에 준하여 미국 측의 요구를 수용하지 않을 수 없게 된 것이다.

이상과 같이 2009년 9월 이후 정권을 잡은 일본 민주당은 초기 단계에서 '대등한 미일 파트너십' 구축의 슬로건하에 주일미군 기지재편의 '개혁'을 의욕적으로 추진하였다. 그러나 하토야마 총리는 동맹 정책 변경에 따른 국내외 행위자들의 불만을 정치력으로 돌파하는 데 성공하지 못하였다. 결국 2010년 6월 이후 집권하기 시작한 간 나오토 총리는 대중 관계 악화 속에 자신 및 마에하라 외상의 평소 지론에 입각하여 급격하게 미일동맹 강화의 방향으로 선회하고 있다. 〈그림 4-1〉에 따르면 초기 민주당의 대미 정책은 간 나오토 총리 취임 이후 원래 자민당의 위치 쪽으로 회귀하고 있는 것이다.

---

59 기타자와 방위상과 마에하라 외상 간의 주일미군 주둔경비에 관련한 합의에 관해서는 『朝日新聞』, 2010년 10월 30일 기사 참조.

60 Erin Slavin and Chiyomi Sumida, "Japan agrees to five-year pact to pay for U. S. defense," *Stars and Stripes*(December 14, 2010).

2. 미국 오바마 정부의 대일동맹 정책

일본 민주당 정부의 대미정책이 자민당과 유사한 보통국가론의 방향으로 선회함과 동시에 미국도 새로운 전략문서나 고위 정책자의 발언 등을 통해 미국의 세계전략 가운데 미일동맹이 차지하는 가치를 재인식하는 자세를 보여주었다. 하토야마 총리에 의해 '대등한 동맹관계 구축'이 추진되던 2010년 5월 백악관이 공표한 미국의 국가안보전략서(National Security Strategy)는 미일동맹이 한국, 오스트레일리아, 필리핀, 태국 등과의 동맹과 더불어 아시아 안보 및 번영의 기초라는 점을 확인하였다.[61] 그런데 이 문서에서는 지역적 및 글로벌 이슈에 대응하는 데 일본과 마찬가지로 한국이 점점 중요한 리더가 되고 있다고 표현함으로써, 미국에 있어 전통적으로 아시아 지역 내 동맹관계의 핵심축(linchpin)이었던 미일동맹의 위상을 한미동맹과 동등하게 두는 인식을 보여주었다.

그런데 하토야마 총리가 물러나고 미일동맹의 전략적 가치를 중시하는 간 나오토 정권이 등장하면서 미국 내에서 미일동맹의 전략적 중요성을 다시금 중시하는 논의가 제기되기 시작하였다. 2010년 7월 15일 일본 언론과 인터뷰를 한 미쉘 프로노이 미 국방차관은 향후 50여년간 미국과 일본이 미사일 방위 분야에서 협력할 것이고, 이러한 양국 간 협력은 향후 우주 및 사이버 공간에서의 협력과 같은 글로벌 공공재의 안보확보에까지 확장될 것이라고 하였다.[62] 2011년 2월 8일 미국 합참에서 공표한 국가군사전략서(National Military Strategy)는 미국이 북

---

61 The White House, *National Security Strategy*(May 2010).

62 『朝日新聞』, 2010년 7월 15일 인터뷰 기사.

동아시아에서 상당 기간 강력한 군사력을 유지하면서 자위대와의 협력을 통해 자위대의 역외(out-of-area) 작전능력을 증진시킬 것이라는 방침을 천명하였다.[63]

'거리두기'를 추진하던 일본 민주당 정부의 대미정책이 현실주의적 방향으로 선회하는 시점에 미국 오바마 정부는 실제 협력정책을 통해서도 일본을 다시금 미일동맹 강화로 견인하려는 자세를 보여주었다. 2011년 3월 11일 일본 동북부 지방에 진도 9.0의 강력한 대지진과 해일로 막대한 인명 및 재산 피해가 발생하였다. 세계 50여 개국 이상에서 수색구조 및 물적 지원이 답지하는 가운데 어떤 나라보다도 미국이 일본에 대한 지원에 적극 앞장선 것이다. 미국은 도모다치 작전(Tomotachi Operation)이라는 이름하에 항모 로널드 레이건을 포함한 함정 20여 척, 항공기 140여 기, 병력 1만 2,750명을 파견하여 실종 및 사망자 수색, 피해 복구, 식료품 지원 등을 단행하였고, 원격조정 로봇 및 해병대 특수부대를 파견하여 핵 방사능 물질의 유출 검사와 피해 복구에도 중요한 역할을 수행하였다.[64]

자연재해로 인한 국가적 재난 시에 유일한 동맹인 미국으로부터 받은 막대한 지원은 결국 미일동맹 관계에 대한 현실주의적 노선의 불가피성을 일본 민주당에 각인시키는 결정적 계기가 될 것으로 보인다.

---

63 Chairman of the Joint Chiefs of Staff, *The National Military Strategy of the United States of America*(February 8, 2011).

64 『朝日新聞』, 2011년 3월 23일 및 4월 7일 자 기사. Martin Fackler, "Mission for U. S. troops: Rebuild an airport, but quietly," *International Herald Tribune*(April 13, 2011).

V. 맺음말

21세기 일본 외교의 전망에 대해 구미권 학자들은 자유주의 경향(통상국가론)의 지속, 보통국가화 경향, 보통국가론과 국제적 자유주의의 수렴이라는 상이한 시각을 제시한 바 있다. 그리고 그 속에서 일본의 대미관계는 각각 현상유지, 적정한 거리두기 혹은 동맹관계 강화의 모습을 띠게 될 것이라는 상이한 전망이 제시된 바 있었다.

일본 민주당 정부 출범 이후 초기 단계(2009년 9월~2010년 5월)에서는 하토야마 총리의 리더십하에 통상국가론(자유주의)적 경향이 노정되면서 대미관계에서는 '일정한 거리두기'의 양상이 나타났다. 예컨대 자민당 시기에 미일 간에 합의되었던 오키나와 기지재편 이슈를 원점에서 재검토하면서 새로운 방향으로의 기지재편을 추진하였고, 미일 간의 지위협정이나 주일미군 주둔경비의 일본 측 부담분에 대해서도 일본의 자주적 주권을 중시하는 입장에서의 변화가 모색되었기 때문이다. 이러한 외교 및 대미정책 변화의 모색은 정책적으로는 자민당이 추진하던 외교 및 대미 정책과 차별성을 보이는 것이었으며, 일본 외교정책의 전망에 관한 기존의 연구들 가운데 통상국가론(자유주의) 경향의 지속, 그리고 대미관계에 관한 적정한 거리두기를 예상하던 시각에 손을 들어주는 것이기도 하였다.

그러나 하토야마 총리의 '보다 대등한 동맹관계 구축'의 시도는 1년도 진행되지 못한 채 후임자인 간 나오토 총리의 재임 동안 변화되지 않을 수 없었다. 그 결과 외교정책 면에서는 보다 현실주의적(보통국가론)인 노선이 가미되었고, 대미동맹관계도 오히려 강화되는 경향이 노정되었다. 오키나와 기지 재편과 관련하여 자민당 시절에 합의되었던 기지재편 구상으로 회귀하였고, 주일미군 기지경비 관련 일본 측 부담분은 종전 방식에 따라 결정되었다. 미일 간 공동훈련의 강화, 그리고 자연재해 발생 시에 더욱 긴밀한 미일 간의 협력관계 노정 등도 오히려 미일동맹 관계가 강화되고 있음을 보여주는 표상들이다. 이 결과 간 나오토 민주당 정부하의 외교 및 미일동맹 관련 정책은 종전의 자민당이 추구하였던 보통국가론적 동맹강화 노선과 비교하여 그다지 차이를 찾아보기 어렵게 된 것이 사실이다.

그렇다면 어떠한 요인들이 일본 민주당의 초기 외교 및 대미동맹 정책, 즉 '보다 대등한 동맹관계를 구축'하려는 시도를 좌절시킨 것일까. 스테픈 왈트가 제기한 변수들에 비추어 본다면, 국내 정치세력의 정책 성향과 리더십, 그리고 동맹국 간의 위협인식 여부가 작동되었던 것으로 보인다.

첫째, 하토야마 총리 등 민주당 정치인들은 '대등한 동맹관계 구축'을 표방하면서 자민당과의 차별성을 드러내고자 노력하였고, 이것이 결국 집권에 기여하였다. 그러나 이들은 기존의 동맹정책을 변경하는 데 따라 불편과 불이익을 감수하게 될 동맹의 다른 당사자인 미국 측의 이해와 협조를 끌어내지 못하였다. 이미 미국 측은 기존의 미일동맹과 관련하여 구축된 제도 및 정책합의의 체계에 가장 큰 전략적 이익을 느끼던 당사자들이나 다름없다. 그렇다면 종전의 동맹과 관련된 정책 및 제도의 체계를 변경하고자 하는 일본 민주당 지도부는 그를 대체하는 이익을 개발하여 미국 측에 제시하고, 미국의 정책 변경을 유도하지 않으면 안 되었다. 미국은 핵밀약 문제 등에 관해서는 일본 민주당의 정책추진을 묵인하였다. 그러나 이미 양국 간에 10여 년간에 걸쳐 합의된 후텐마 기지 문제를 일본 측이 '대등한 동맹관계 구축'의 상징으로 삼아 변경시키고자 한 것에 대해서는 묵인하지 않았다. 그렇다고 본다면 일본 민주당으로서도 이미 양측 간에 합의된 후텐마 기지 이전 문제보다는 명분상 미국 측도 일본으로부터의 요구를 수용할 여지가 적지 않았던 주일미군 기지 관련 분담금 협상이나 지위협정(SOFA) 개정 등에 초점을 맞추어 '대등한 동맹관계' 구축을 추진하는 전략이 민주당의 목표를 달성하는 데 보다 유용했을 것이다. 일본 민주당 지도부는 미일동맹과 관련하여 당사자인 미국이 사안별로 어떤 이익을 갖고 있었는가에 관한 한 충분한 이해가 결여되어 있었고, 이에 따라 국제적 리더십을 발휘할 수 없었던 것이다.

하토야마 등 민주당 지도부는 국내 리더십의 결핍도 노정하였다. 리더십이란 자신이 추구하는 정책방향에 대해 국내외 관련 당사자들의 합의와 지지를 이끌어내는 능력이다. 그러나 하토야마 총리 등 민주당 지도부는 자신들의 구상과 정책방향에 대해 미국은 물론이거니와 주일미군 해병대 기지 이전과 관련된 국내 당사자들인 오키나와 주민, 그리고 가고시마 현 도쿠노시마 주민도 설득하지 못하였고, 지지를 끌어내지 못하였다.

둘째, 민주당 지도부는 중국의 부상에 따른 전통적 안보 측면에서의 압력 대두, 그리고 대지진과 같은 자연재해와 원자력발전소 사태와 같은 비전통적 안보위협요인에 직면하여 일본이 독자적으로 대응하기 곤란한 현실에 직면하였다. 전통적 혹은 비전통적 안보위협요인에 노출되었을 때 일본에 실질적인 힘이 되는 외부 요인으로 동맹관계를 맺고 있는 미국 이외에 적절한 대안을 발견하기 어려웠다. 당장 중국과의 센카쿠 영토 분쟁에 직면해서, 그리고 진도 9.0의 지진과 해일 피해에 직면해서 일본이 신뢰할 수 있는 지원과 도움을 제공할 수 있는 국가는 미국 이외에 많지 않다. 집권 초기의 하토야마 정부는 이러한 점에 대한 인식이 철저하지 못하였던 것으로 보인다. 결국 중국 어선과의 충돌이 발생한 2010년 9월과 대지진 및 해일 피해가 엄습한 2011년 3월을 거치면서 후임 간 나오토 정부는 미국과의 위협인식 공유를 보다 중시하게 된 것으로 보인다.

그렇다고 본다면 향후에도 상당 기간 민주당이든 자민당이든 일본 정치지도자들의 리더십 문제, 일본을 둘러싼 전통적 및 비전통적 위협요인의 성격, 동맹관계 구축을 통해 자신들의 국가이익을 구현할 수 있다고 보는 미국의 존재 등은 일본이 외교정책을 구조화하고 결정짓는 요인들로 작용할 것으로 보인다. 다시 말해 일본의 정치지도층이 대내적·대외적 리더십을 획기적으로 변화시키지 않는 한, 일본을 둘러싼 전통적 내지 비전통적 안보위협요인이 근본적으로 변화되지 않는 한, 나아가 아시아 국가들과의 동맹관계에서 미국이 향유하는 국가이익에 근본적인 변화가 발생하지 않는 한 일본의 외교정책은 지난 2년간 민주당의 궤적이 보여주었듯이 미일동맹 현상유지 또는 강화를 전제로 한 현실주의 경향에서 이탈하기 쉽지 않으리라고 전망된다.

참고문헌

박영준. 2008.『제3의 일본』, 서울: 한울.

______. 2009.「일본 민주당의 외교안보정책구상과 대한반도 정책전망」,『JPI 정책포럼: 2009-5』, 제주평화연구원.

______. 2011.「2009-2010년 일본의 외교/안보: 민주당 외교의 이상과 현실」, 최관·서승원 엮음,『저팬리뷰 2011』, 서울: 도서출판 문.

송주명. 2002.「일본의 새로운 아시아주의: 그 사회경제적 기반과 성격」,『국제 지역연구』11권 1호.

윤정석. 1998.『일본의 국가전략: 21세기를 맞으며』, 서울: 오름.

이명찬. 2007.「일본의 외교안보정책에 나타난 네 가지 노선」,『국제지역연구』제16권 제1호.

이숙종. 1999.「일본의 탈냉전기 안보여론: 반군사주의와 국제공헌·대미협력론의 조화」, 진창수 편,『전환기의 일본 안보정책』, 세종연구소.

五十嵐武士. 1999.「平和國家と日本型外交」,『日米關係と東アジア: 歷史的文脈と未來の構想』, 東京: 東京大學出版會.

宇野重規. 2009.「友愛のうるさ、異論を接着」,『朝日新聞』, 11月 22日.

岡田克也. 2009.「アジアの中の日本としての安全保障政策を構築しなければならない」,『世界』7月号.

______. 2010.「新たな国際協調の時代における日本の外交課題」,『外交フォーラム』4月号.

小沢一郎. 2006.『小澤主義』, 東京: 集英社.

北岡伸一. 2000.『普通の国へ』, 東京: 中央公論新社.

______. 2010.「日中歷史共同研究を振り返る」,『外交フォーラム』4月号.

久保文明. 2009.「日米龜裂」,『讀賣新聞』, 12月 16日.

坂本義和. 1967.『核時代の國際政治』, 東京: 岩波書店.

______. 1976.『平和: その現実と認識』, 每日新聞社.

______. 1997.『相對化の時代』, 東京: 岩波新書.

添谷芳秀. 2005.『日本の「ミドルパワー」外交』, 東京: ちくま新書.

民主党. 2006.「政権政策の基本方針: 政策マグナカルタ」, 12月.

______. 2009.『民主黨 政策集: Index 2009』, 7月 23日.

内閣官房. 2010.「東アジア共同体構想に関する今後の取組について」, 6月 1日.

鳩山由紀夫. 2005.『新憲法試案』, 東京: PHP.

______. 2009.「わが政権構想: 猛獣小沢をどう使う」,『文芸春秋』7月号.

船橋洋一. 1993.『日本の對外構想:冷戰後のビジョンを書く』, 東京: 岩波新書.

「平成23年度以後に係る防衛計画の大綱について」, 2010年 12月 17日.

Auslin, Michael. 2009. "Creaky alliance," *International Herald Tribune*, November 12.

Berger, Thomas U. 2007. "The Pragmatic Liberalism of an Adaptive State," Thomas U. Berger, Mike M. Mochizuki and Jitsuo Tsuchiyama(eds.), *Japan in International Politics: The Foreign Policy of an Adaptive State*, Boulder: Lynne Rienner.

Cha, Victor D. 2010. "Is Tokyo rewriting the rules?" *International Herald Tribune*. January 8.

Chairman of the Joint Chiefs of Staff. 2011. *The National Military Strategy of the United States of America*. February 8.

Fackler, Martin. 2011. "Mission for U. S. troops: Rebuild an airport, but quietly," *International Herald Tribune*. April 13.

Green, Michael. 2010. "Japan's position in the U. S. grand strategy," 하버드대학 US-Japan Program Seminar 발표요지, September 7.

Hughes, Christopher W. 2004. *Japan's Re-emergence as a 'Normal' Military Power*, Oxford: Oxford University Press.

______. 2009. *Japan's Remilitarization*, London: The International Institute for Strategic Studies.

Johnson, Ian. 2010. "China and Japan Bristle Over Disputed Chain of Island," *New York Times*, September 9.

Mochizuki, Mike M. 1983-1984. "Japan's Search for Strategy," *International Security*, Vol. 8, No. 3, Winter.

______. 2007. "Japan's Changing International Role," Thomas U. Berger, Mike M. Mochizuki and Jitsuo Tsuchiyama(eds.), *Japan in International Politics: The Foreign Policy of an Adaptive State*, Boulder: Lynne Rienner.

Nye Jr., Joseph S. 2010. "An alliance larger than one issue," *International Herald Tribune*, January 8.

Packard, George R. 2010. "The United States-Japan Security Treaty at 50," *Foreign Affairs*, Vol. 89, No. 2, Mar/Apr.

Pyle, Kenneth B. 2007. *Japan Rising: The Resurgence of Japanese Power and Purpose*, New York: A Century Foundation Book.

Samuels, Richard J. 2007. *Securing Japan: Tokyo's Grand Strategy and the Future of East Asia, Ithaca*, N. Y.: Cornell University Press.

Secretary of State Clinton, Secretary of Defense Gates, Minister for Foreign Affairs Okada, Minister of Defense Kitazawa. 2010. "Joint Statement of the U. S. -Japan Security Consultative Committee," May 28.

Soeya, Yoshihide. 2010. "Japan's Security Policy toward Northeast Asia and Korea: From Yukio Hatoyama to Naoto Kan," 한국전략문제연구소(KRIS) 주최 국제심포지엄 발표논문, 7월 12일.

Slavin, Erin and Chiyomi Sumida. 2010. "Japan agrees to five-year pact to pay for U. S. defense," *Stars and Stripes*, December 14.

Walt, Stephen M. 2010. "Why Alliances Endure or Collapse," *Surviva*, Vol. 39, No. 1, Spring.

The White House. 2010. *National Security Strategy*, May.

『중앙일보』, 『朝日新聞』, *The New York Times*, *International Herald Tribune* 등.

제5장

동아시아 파워밸런스 변화와 일본 외교[1]

일본 민주당정권하의 중일관계

조양현

Ⅰ. 들어가며

본고는 일본 민주당 정부 시기의 중일관계의 전개 양상을 동아시아 공동체 구상과 센카쿠[尖閣, 중국명 댜오위다오(釣魚島), 이하 같음] 사건을 중심으로 살펴보는 것을 목적으로 한다.

2009년 여름, 일본 중의원 선거에서 일본 민주당이 압승함으로써 전후 일본 정치를 지배해 온 이른바 '55년 체제'가 실질적으로 종식되었다. 전후 최초의 선거에 의한 수평적 정권교체가 실현되어 1990년대 이후 폐색감에 쌓여 있던 일본 정치에 역동성이 생겨났고, 일련의 새로운 정책들이 시도되었다. 대외관계에 관한 민주당의 정권공약에는 이전의 자민·공민 연립정부가 추구해 온 정책과 상이한 내용이 다수 포함되어 있었는데, 특히 미국 및 중국과의 관계설정에 대한 파격적인 내용은 적지 않은 대내외적 논란을 불렀다.

일본 민주당 정부의 출범을 전후하여 국제사회에서는 미중 간의 세력 전이에 따른 새로운 양극체제의 도래, 이른바 'G-2론'이 회자되고 있었다. 2008년에 발생한 금융경제위기 이후 미국 경제력의 쇠퇴가 현저해진 반면 중국은 대규모의 재정지출을 통해 세계경제의 회복을 위한 견인차의 역할이 기대되었다.

이러한 국제정세 속에서 2009년 9월에 출범한 하토야마 유키오(鳩山由紀夫) 내각의 대외정책에는 전향적인 역사인식과 '우애(友愛) 외교'를 바탕으로 '중국 중시'의 태도가 두드러졌다. 한편으로 '긴밀하고 대

---

1 본고는 서울대학교 일본연구소의 지원을 받아 수행된 민주당 연구 프로젝트 '일본 민주당의 내부역학 변화와 대외정책의 조정'(2010년 7월~2011년 6월)의 성과로서, 졸고(2011)를 수정 보완한 것임을 밝혀 둔다.

등한 미일관계'를 목표로 하여 미국의 반대를 무릅쓰고 후텐마(普天間) 기지 이전 문제에 대한 재검토에 착수하였고, 다른 한편으로는 한국, 중국 등 아시아 국가들과의 관계 강화를 추구하였다. 이를 두고 일각에서는 일본의 대외정책 기조가 종래의 '친미(親美)'에서 '친중(親中)' 혹은 '탈미입아(脫米入亞)'로 전환하는 것은 아닌가 하는 해석마저 제시되었다.

하토야마 내각 시기의 중일관계와 관련된 주요 이슈는 동아시아 공동체를 둘러싼 논의였다. 하토야마 총리는 취임 직후 뉴욕에서 가진 후진타오 수석과의 정상회담에서 양국의 전략적 호혜관계를 충실히 하고, 동아시아 공동체 건설을 위해 양국이 협력할 것을 제안하였다. 이는 미일관계의 상대화를 전제로 종래의 양자관계를 넘어 동아시아라는 지역적·다자적 시점에서 중국에 접근하겠다는 발상으로, 동아시아 지역전략 및 미중일 관계에 대한 민주당 정부의 인식을 보여주었다.

그러나 하토야마 내각이 8개월여 만에 물러나고 2010년 6월 간 나오토(菅直人) 내각이 출범하면서 일본의 대외관계는 미일관계를 중시하는 보수회귀(保守回歸)의 움직임이 현저해졌다. 동년 발생한 두 차례에 걸친 북한의 서해 도발과 일중, 일러 간 영토 분쟁은 일본 국민의 안보 불안감을 자극하여 미일동맹의 중요성을 재인식시키는 계기가 되었다. 특히 동년 9월에 발생한 센카쿠 사건은 2006년 자민당 아베 신조(安倍晋三) 내각 이래 지속된 중일 간의 우호협력 분위기를 급변시켰다. 2011년 9월에 출범한 노다 요시히코(野田佳彦) 내각은 "미일동맹은 일본의 외교안보의 기축이자 지역의 안정과 평화를 위한 공공재"라는 입장에서 미일동맹 관계 회복을 우선하면서 중국 견제적 태도를 선명히 하였다. 2012년 9월에 일본 정부에 의한 센카쿠 국유화를 계기로 중일관계는 한층 악화되었고, 이러한 경색국면은 동년 12월의 자민당 정부 출범까지 계속되었다.

센카쿠 사건은 중일관계의 변화는 물론 중국의 부상에 따른 동아시아 파워밸런스의 변화를 함축적으로 보여주는 사례이다. 중일 간의 외교 갈등은 중국 측에 의한 민간 교류 및 관광의 중지, 정부 간 교류의 중지, 대일 자원 수출의 규제 등으로 확대되었고, 여기에는 주권, 영토, 해양 및 자원 정책, 민족주의, 국내 정국 등의 다양한 요소가 관련되어 있었다. 미국은 센카쿠의 영유권 문제는 당사자들이 평화적으로 해결할 사안이라고 함으로써 불개입의 원칙을 유지하면서도, 다른 한편으로는 일본의 행정 관할권을 인정하여 센카쿠 열도가 미일동맹의 적용범위에 포함된다는 입장을 표명하였다. 이 사건을 계기로 일본에서 미일동맹을 강화하려는 움직임이 가속화했다는 점에서 센카쿠 사건은 향후 일본의 대외정책, 미중일 3국 관계 및 동아시아 지역질서의 향배를 가름하는 시금석이라고 할 수 있다.

이처럼 민주당 정부 출범 이후 3년여의 기간 동안 하토야마, 간 및 노다 내각하에서의 중일관계는 큰 우여곡절을 겪었다. 하토야마 내각 출범 후 양국 간에 협력의 분위기가 조성된 반면 간 내각 이후에는 급격히 악화되었다. 그렇다면 무엇이 일본 민주당 정부 출범 후에 중일 간의 접근을 유도하였는가? 이후 간 내각하에서 중일관계가 악화된 이유는 무엇인가? 중일 양국이 센카쿠 사건을 초기에 원만하게 해결하지 못하고 전면적인 '외교전쟁'으로 비화하게 된 이유는 무엇인가? 센카쿠 사건은 중일관계 및 동아시아 지역질서에 어떠한 영향을 미칠 것인가? 이러한 물음은 결국 기존 자민당 정부의 대중정책과 민주당 정부의 대중정책의 연속성과 변화, 그리고 하토야마, 간 및 노다 내각 시기의 대중정책의 전개 및 환경을 밝히는 작업에 귀결된다고 하겠다.

이러한 문제의식하에 본고에서는 우선 탈냉전 이후 중일 간의 경제적 상호의존이 심화될수록 정치·안보 분야의 전략적 이해관계의 대립이 첨예해지는 비대칭성을 지적하고자 한다. 다음으로 동아시아 공동체 구상과 센카쿠 사건이라는 두 개의 사례를 중심으로 민주당 정부하의 중일관계의 부침(浮沈)을 재구성하고자 한다. 마지막으로 탈냉전기 일본의 대중정책의 이념형과 관련지어 민주당 정부의 대중정책을 평가하고, 중일관계에 영향을 미치는 요인을 정치가 개인, 양국의 정치과정, 그리고 국제체제라는 세 가지 차원에서 설명해 보고자 한다.

II. 전후 중일관계의 구도

1. 냉전기 전략적 밀월관계

제2차 세계대전 이후의 중일관계는 냉전체제라는 국제환경의 강한 영향하에서 전개되었다. 미국은 세계전략의 우선 목표를 공산주의 봉쇄에 두고, 이를 위해 아시아·태평양에서는 중국, 소련 등 공산세력에 대응하기 위한 집단방위체제를 구축하였다. 한국전쟁을 거치면서 냉전구도가 고착되어 가는 상황에서 일본은 연합국과의 일괄 강화(이른바 전면강화) 대신에 공산진영 국가들을 제외한 국가들과의 강화(다수강화 내지는 단독강화)를 택하였다. 1951년의 샌프란시스코 강화조약 체결에 즈음하여 일본 정부는 대만(중화민국)과의 평화조약을 통해 중일

전쟁을 정식으로 종결한다는 결정을 내렸고, 그 결과 중국(중화인민공화국)과는 국교가 없는 비정상적인 관계가 계속되었다.

1970년대 들어 미중소 3국 관계의 구도가 근본적으로 변화하면서 중일관계에도 변화가 찾아온다. 베트남 전쟁에 관여하면서 상대적 국력이 감소한 미국은 닉슨 행정부하에서 중국에의 접근을 통한 소련 견제라는 전략으로 전환하였다. 이에 일본은 1972년에 중국과의 국교를 정상화하고 1978년에는 평화우호조약을 체결하였다. 경제 부문에서는 1970년대 말부터 중국의 개혁개방정책 시작, 일본에 의한 정부개발원조(ODA)의 제공, 양국 간 무역관계의 확대 등을 배경으로 중일 간의 교류는 확대되었다. 이 시기에는 일본의 역사교과서 및 정치가의 야스쿠니 신사 참배 등을 둘러싸고 중일 간에 분쟁이 발생하기도 했지만, 소련이라는 공동 위협의 존재와 경제적 유대관계를 토대로 양국은 밀월기(蜜月期)를 구가하였다.[2]

2. 탈냉전기 전략적 경쟁관계로의 이행

1990년대 들어 중국의 개혁개방정책의 성과가 본격화하고 중일 간의 무역 및 투자가 비약적으로 증가하면서 양국의 경제적 상호의존은 심화되었다.[3] 중국 경제의 비약적인 성장은 '잃어버린 10년'으로 상징되는 침체한 일본 경제에 활력을 제공하였다. 중국의 무역규모는 1980년부터 2003년 동안 20배 이상 증가하고, 2003년의 수출입 총액은 전년

[2] 毛里和子, 『日中関係 ― 戦後から新時代へ』(岩波書店, 2006), p. 96.

[3] 毛里(2006), pp. 131-134.

대비 37.1%가 증가하여 8,521억 달러에 달하였다. 2004년에 중국은 미국을 제치고 일본의 최대 교역상대국으로 부상하였다.

한편 정치·안보 분야에서 중일의 이해관계는 다른 양상을 보였다. 1990년을 전후하여 세계적 차원의 냉전체제가 종식되었지만, 아시아에서는 중국을 비롯한 공산국가는 붕괴하지 않았다. 냉전체제의 해체에 따른 동아시아 지역질서의 재편, 즉 소련의 소멸과 중국의 부상은 일본의 대중인식에 큰 변화를 초래하였다. 1995~1996년의 대만해협 위기를 계기로 일본 사회에서는 중국의 군사력 증강에 대한 우려가 확산되었다. 일본에 적대적이면서 비민주적인 초강대국이 탄생하는 것이 아닌가 하는 우려와 함께 중국을 잠재적 위협으로 바라보게 된 것이다.[4]

1990년대 후반에 중일관계는 경제적 상호의존의 심화와 정치·안보 면에서의 경쟁관계로의 이행이라는 구조적 변화를 겪었다.[5] 일본은 중국과의 경제관계를 확대하면서도 그 잠재적 위협에 어떻게 대응해야 할지에 대한 고민이 깊어졌다. 중국은 미일동맹의 강화와 국제공헌의 확대를 통해 정치·군사적 '보통국가화'를 추구하는 일본을 불신의 눈으로 바라보게 되었다.[6] 그리하여 양국의 상호인식에서 우익적인 민족주의 정서가 증가하였다.

---

4 Reinhard Drifte, Japan's security relations with China since 1989: from balancing to bandwagoning? Routledge(2003), pp. 76-83.

5 중일관계의 대립 심화의 구조적 요인은 Richard C. Bush, *The Perils of Proximity: China-Japan Security Relations*, Brookings Institute(2010), ch. 4 참조.

6 Thomas J. Christensen, "China, the U. S. -Japan Alliance, and the Security Dilemma in East Asia," *International Security*, 23: 4(1999), pp. 57-64.

3. 21세기 중일관계의 부침(浮沈)

21세기 들어 중일관계는 심한 부침을 겪었다. 2001년 4월에 취임한 고이즈미 준이치로(小泉純一郎) 총리는 그해 8월에 야스쿠니 신사를 참배했는데, 이를 계기로 중일관계는 냉각기에 접어들었다. 중국은 일본의 총리, 관방장관, 외상 등 주요 각료에 의한 야스쿠니 신사 참배를 과거의 침략전쟁을 정당화하는 행위로 규정한 반면 일본은 이를 내정간섭이라고 반발하였다. 당초 외교부 대변인의 비판 성명에서 시작한 중국의 대응은 고이즈미의 야스쿠니 신사 참배가 매년 반복됨에 따라 주일대사, 외교부장, 총리, 그리고 급기야는 국가 주석의 경고 발언으로 이어졌다. 2001년 10월의 고이즈미 총리의 방중 이후 약 5년 동안 양국 정상의 상호방문은 중단되었고, 각료급 방문도 현저히 줄어드는 등 양국의 정치외교 관계는 경색되었다.

2005년 4월에 중국 각지에서 대규모 반일 데모가 발생했는데, 이는 중일 갈등의 구조적 성격을 잘 보여주는 사건이다. 그 배경에는 일본 역사교과서 검정[7]과 고이즈미 총리의 야스쿠니 신사 참배에서 촉발된 과거사 문제,[8] 2005년 2월의 미일안보협의에서 자위대의 활동범위에 대만 해협이 포함된 것과 관련된 대만 문제, 동중국해 해저자원 개발, 일본의 안보리 상임이사국 진출 시도에 대한 중국의 견제 등과 같은 전략적 이해관계가 대립하고 있었다.[9]

---

7 일본의 우익단체인 '새 역사교과서를 만드는 모임'에서 발행한 역사교과서가 2001년 4월에 이어 2005년 4월에도 검정을 통과하였다.

8 Kent E. Calder, "China and Japan's Simmering Rivalry," *Foreign Policy*, 85: 2(2006), pp. 132-135.

9 일본이 2004년 9월부터 독일, 브라질, 인도와 함께 추진한 안보리 상임이사국 확대

2006년 9월 아베 내각의 출범을 계기로 중일관계는 화해·협조 국면으로 전환되었다.[10] 동년 10월의 아베 총리의 방중, 2007년 4월 원자바오(溫家寶) 총리의 방일, 그리고 동년 12월 후쿠다 야스오(福田康夫) 총리의 방중 등 일련의 정상 간 상호방문이 성사되면서 양국은 '전략적 호혜관계'의 구축에 합의하였다. 2008년 5월에는 후진타오(胡錦濤) 국가주석이 일본을 국빈 방문하여 후쿠다 총리와 정상회담을 하고, 경제분야 중심의 협력관계를 넘어 외교, 안보, 문화, 환경 등 제반 분야의 협력 가능한 문제에까지 포괄적인 협력관계를 구축하기로 합의하였다.

2009년 9월에 출범한 민주당 정부는 중국 중시의 태도를 선명히 하였다.[11] 하토야마 내각은 취임 직후 양국의 전략적 호혜관계를 충실히 하고, 동아시아 공동체 건설을 위해 양국이 협력할 것을 제안하였다. 이 시기에도 중일 간의 전략적 이해관계의 대립구도가 사라진 것은 아니었다. 2010년 4월의 동중국해 상의 중국군의 대규모 합동훈련 및 동년 5월의 일본 해상보안청 측량선의 해양자원 조사를 둘러싸고 중일 간의 외교 공방이 있었고, 동중국해 개발 문제, 중국 군사력 증강을 둘러싸고 양국 사이에 불편한 기류가 형성되었다. 그렇지만 하토야마 총리, 오자와 이치로(小沢一郎) 간사장 등 민주당 수뇌부의 친중 성향이 작용하여 양국 간의 전면 충돌은 피할 수 있었다.

를 골자로 하는 이른바 4개국 제안(G-4안)에 대해 중국은 반대의사를 분명하게 하였고, 결국 4개국안의 총회 표결은 보류되었다. 졸고(2007).

10 졸고, 「일중 관계 개선과 동북아 안보」, 배긍찬 외, 『국제정제 변화와 이명박 정부의 외교 과제』, 외교안보연구원(2009c).

11 Emi Mifune, "Japanese Policy toward Chin," Takashi Inoguchi and G. John Ikenberry, *The Troubled Triangle: Economic and Security Concerns for the United States, Japan, and China*(New York: Palgrave Macmillan, 2013), p. 237.

중일 간의 이러한 협력 분위기는 오래가지 않았다. 2010년 3월에 발생한 천안함 사건 이후 동북아 안보질서의 불안정성이 증가하는 상황에서 동년 6월에 간 내각이 출범하면서 중일관계는 대결 국면으로 전환되었다. 간 내각의 대외정책 기조가 미일관계 중시로 선회하면서 중일관계가 미묘해지던 동년 9월에 센카쿠 사건이 발생하였고, 이는 중일관계를 결정적으로 악화시켰다.

4. '정냉경열(政冷經熱)'의 비대칭성 심화

21세기 들어 중일관계가 부침(浮沈)을 거듭하는 근본 원인은 '정냉경열(cold politics and hot economics)'로 불리는 양국 관계의 비대칭적인 전개 양상에 있다고 할 수 있다. 즉 중일 간에 경제적 상호의존성과 전략적 이해관계 간의 괴리가 점점 확대되고 있는바, 이러한 비대칭성의 심화가 양국 관계의 불안정 요인으로 작용하고 있다.

〈그림 5-1〉에서 보듯이 1978년의 중일평화우호조약 체결 당시 일본 국민의 중국에 대한 인식은 대체로 우호적이었다. 중국에 대해 친근감을 느끼는 그룹(62%)이 그렇지 않은 그룹(25%)을 크게 상회하고 있었다. 그 후 1989년 천안문 사건, 2000~2005년의 일본의 야스쿠니 신사 참배, 우익 교과서, 안보리 참가 시도 등에 대한 중국의 반일 데모가 알려지면서 일본의 대중(對中) 인식은 크게 악화되었다. 2009년의 민주당 정부 출범 이후 일시적으로 호전되었지만, 2010년의 센카쿠 사건을 겪으면서 결정적으로 악화되어 친근감을 느끼는 그룹(20%)이 그렇지 않은 그룹(78%)에 비해 절대적인 열세에 있다.[12] 중국인의 대일 인식도

2010년을 전후하여 크게 악화되었다.[13] 이처럼 양국의 상호 인식이 지난 30여 년 동안 크게 악화된 것은 전략적 경쟁관계로의 진입에 따른 양국 간의 정치 외교적 갈등의 심화라는 현실을 반영한 것이라고 할 수 있다.

---

12 2010년 11월 일본 내각부(内閣府) 여론조사에 따르면, 중국에 대해서 '친근감을 느끼지 않는다'는 응답은 2008년의 66.6%에서 2009의 58.5%로 감소했다가 2010년에는 77.8%로 급증한 반면 '친근감을 느낀다'는 응답은 2008년의 31.8%에서 2009년의 38.5%로 상승했다가 2010년의 20.0%로 급락하였다. 또한 중일관계에 대해서 '양호하지 않다고 생각한다'는 응답이 2008년의 71.9%에서 2009년의 55.2%로 감소했다가 2010년의 88.6%로 급등한 반면 '양호하다고 생각한다'는 응답은 2008년의 23.7%에서 2009년의 38.5%로 증가했다가 2010년의 8.3%로 격감하였다. 内閣府大臣官房政府広報室, 「外交に関する世論調査」(2010년 12월 20일).
http://www8.cao.go.jp/survey/h22/h22-gaiko/index.html
http://www8.cao.go.jp/survey/h22/h22-gaiko/zh/z10.html

13 일본의 언론 NPO와 중국일보사(中国日報社)가 2011년 6월에 실시한 공동 여론조사에서 일본에 대해 '좋은 인상을 가지고 있다/어느 쪽인가 하면 좋은 인상을 가지고 있다'는 중국인은 28.6%(전년 대비 10% 감소), '좋지 않은 인상을 가지고 있다/어느 쪽인가 하면 좋지 않은 인상을 가지고 있다'는 중국인은 65.9%(전년 대비 10% 증가)였다. Liu(2013), pp. 176-177에서 재인용. 2013년 조사 결과의 내용은 「第9回日中共同世論調査」 結果.
http://www.genron-npo.net/world/genre/tokyobeijing/post-240.html

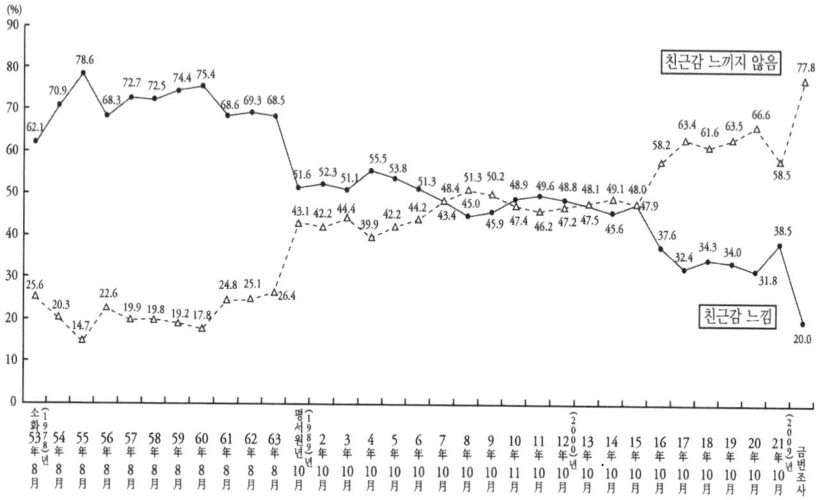

그림 5-1. 일본인의 중국 인식(출처: 일본 내각부)

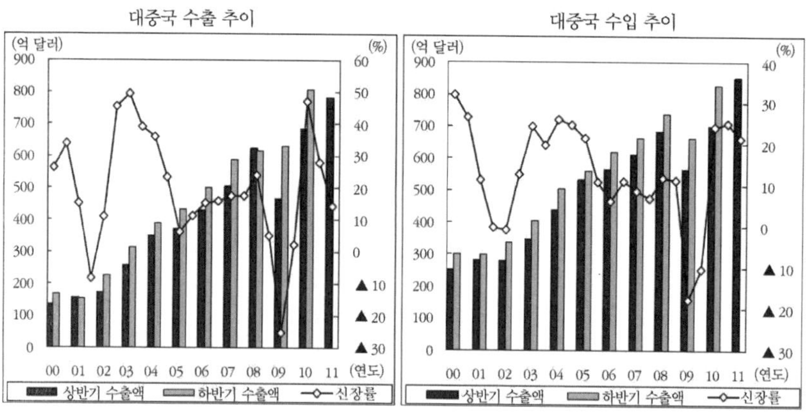

그림 5-2. 일본의 대중국 무역 추이(출처: JETRO)

한편 탈냉전 이후 중일 간의 무역과 투자, 인적교류는 급증하였다. 2007년의 중일 간의 무역규모는 2000년의 2.7배에 이르렀고, 2004년부터 일본의 최대 무역상대국은 미국에서 중국으로 바뀌었다. 투자에서도 중국은 일관되게 일본 기업의 가장 유망한 투자처였다. 〈그림 5-2〉에서 알 수 있듯이 21세기 들어서도 중일 간의 무역은 수출과 수입 모두 많이 증가하였다.[14] 중국 내의 반일데모와 일본산 물품 불매 운동, 일본 내의 중국산 '독만두' 사건 등이 중일 간의 경제교류에 미칠 악영향이 우려되었지만, 양국 간의 무역은 2008년에 발생한 세계금융경제위기의 영향으로 규모가 줄어든 2009년을 제외하고는 꾸준히 증가하였다. 2010년의 센카쿠 사건도, 적어도 2011년 상반기 시점에서 보건대 양국의 경제관계에 의미 있는 영향을 초래하지 않았다. 무역 수치로 판단하건대, 정치 갈등이 경제관계에 타격을 초래할 것이라는 현실주의자들의 가설은 중일관계에는 해당되지 않았다.[15]

2006년 이래 중일 양국 정부가 관계 개선을 추진했던 것은, 고이즈미 내각하에서 5년간의 대립이 서로의 국익에 도움이 되지 않았다는 판단에 따른 것이었다. 고이즈미 내각 시기에 중일 갈등이 깊어지면서 일본의 재계, 언론, 학계를 중심으로 우려의 목소리가 높았다. 중국 역시 자국의 경제성장을 위해 평화로운 국제환경이 필요하였고, 이를 위해 일본과의 원만한 관계는 주변국 외교의 중요한 한 축이었다. 따라서 경제적인 의존관계의 심화는 중일 양국 정부로 하여금 서로의 전략

---

14 일본무역진흥기구(JETRO)의 보고서「2011年上半期の日中貿易」. http://www.jetro.go.jp/jfile/report/07000699/japan_china_trade_2011_1st_half.pdf

15 L. Christina and Sophie Meunier, "Business as Usual? Economic Responses to Political Tensions," *American Journal of Political Science Association*, 55: 3(2011), pp. 629-632.

적 이해관계에 차이가 있더라도 가능한 분야에서 상호협력을 추구한다는 의미에서의 '전략적 호혜관계'의 구축에 합의하도록 유도했다고 할 수 있다. 이는 경제적 상호의존의 심화가 양국 관계의 전면적인 파국에 대한 완충 기능을 수행한다는 해석을 가능하게 한다는 점에서, 이른바 민주평화론(liberal peace theory)의 근거가 될 수 있다.[16]

그렇지만 민주당 정부 출범 이후 중일관계의 불안정성이 증가한 것을 감안한다면, 자유주의적 민주평화론을 중일관계에 적용하는 것에 대해서는 의문이 남는다.[17] 경제적 상호의존의 심화에도 불구하고 중일 간의 전략적 경쟁구도는 완화되지 않았고, 오히려 센카쿠 영유권을 둘러싸고 불신의 골이 깊어졌다. 즉 정권의 대외정책이나 정치지도자의 이념 성향은 중일관계의 구조를 바꾸지 못하였고, '정냉경열'의 비대칭성이 심화될 수 있음('정치'가 냉각되어도 '경제'는 유지, 확대될 수 있음)을 알 수 있다.

---

16 2008년 중일 양국이 동중국해를 평화, 협력, 우호의 바다로 만들기로 하고 자원의 공동개발 조기해결 원칙에 합의한 것은 중일 간의 경제적 상호의존이 영토, 해양주권을 둘러싼 양국 간의 갈등을 완화시키는 기제로 작용했다는 주장의 근거가 되었다. Koo, Min Gyo, "The Senkaku/Diaoyu dispute and Sino-Japanese political-economic relations: cold politics and hot economics?" *The Pacific Review*, 22: 2(2009).

17 Christina L. Davis and Meunier Sophie, "Business as Usual? Economic Responses to Political Tensions," *American Journal of Political Science Association*, 55: 3(2011), pp. 638-642.

III. 동아시아 공동체론과 중일관계

1. 일본 동아시아 다자전략의 대중(對中) 견제적 성격

전후 일본 정부는 지역주의 내지는 다자주의에 소극적이었다. 1980년대 들어 일본은 동남아 국가들에 대한 대규모 해외직접투자(FDI)와 정부개발원조(ODA)를 통한 동아시아의 '지역화'를 선도해 왔지만, 지역협력의 '제도화'에는 신중한 입장이었다. 1989년에 일본은 호주와 함께 아시아·태평양 지역을 대상으로 한 아시아태평양경제협력체(APEC) 창설을 주도했지만, 동아시아 지역을 대상으로 한 동아시아경제협의체(EAEC) 구상에 대해서는 유보하는 태도를 취하였고, ASEAN+3에도 소극적인 참여에 그쳤다.[18] [19]

그러나 1997년의 아시아 금융위기를 계기로 일본은 동아시아에 대한 다자주의적 관여에 적극적인 입장으로 전환하였다. 당시 하시모토(橋本龍太郎) 내각은 아시아통화기금(AMF) 구상을 제안하였고, 1998년 오부치(小渕恵三) 내각은 300억 달러에 이르는 '新미야자와(宮澤) 플랜'을 발표하였으며, 2000년에는 이른바 치앙마이 이니셔티브(CMI)를 주도하였다.[20] 1997년 12월에 개최된 ASEAN+3 정상회담이 다음 해부터 정례

---

18 제2차 세계대전 이후 유럽의 '지역주의'가 지역통합에 대한 정치적 의지와 공동체 의식을 기반으로 전개된 것과 대조적으로, 아시아에서는 일본이 선도하는 '기러기형(雁行型: flying geese)' 경제발전과 시장의 확대에 따른 '지역화' 현상이 두드러졌다(Katzenstein and Shiraishi 1997: 12-22).

19 배긍찬, 「동아시아공동체의 발전과정」, 『동아시아공동체: 비전과 전망』(서울: 한양대학교출판부, 2005), p. 102.

화되면서 ASEAN+3가 기존의 APEC을 능가하는 지역협력의 주류가 되었는데, 이 과정에서 일본은 역내 선진국으로서 책임 있는 자세를 보였다.[21]

2000년대 들어 일본이 추구하는 '동아시아' 지역 범위는 변화하였다.[22] 2002년 싱가포르를 방문한 고이즈미 총리는 '공동체(community)' 개념의 제시와 함께 '동아시아' 범위에 기존의 ASEAN+3 참가국 외에 호주, 뉴질랜드를 포함할 것을 제안하였고, 2005년의 동아시아정상회의(EAS) 설립에 즈음해서는 인도까지를 포함하는 'ASEAN+6'의 틀을 주장하였다. 이로써 일본 정부의 '동아시아' 개념은 사실상 '아시아·태평양'에 근접한 것이 되었다. 이후 동아시아 공동체의 추구 방향을 놓고 ASEAN+3와 EAS 간의 경쟁이 시작되었고, 이 과정에서 중국, 말레이시아, 태국 등은 전자 중심의 지역협력을 선호한 반면 일본, 인도네시아, 싱가포르 등은 후자를 선호하였다.[23]

일본 정부가 '동아시아의 확대'를 시도한 이유에 대해 두 가지의 설명이 있다. 하나는 미국 요인론으로, 일본의 지역공동체 구상은 미국의 동아시아 관여를 전제로 한 것으로 미일관계의 발전에 기여해야 한

---

20 末廣昭, 「日本の新たなアジア関与」, 末廣昭·山影進, 『アジア政治経済論』(NNT出版, 2001).

21 김기석, 「동아시아 지역주의와 일본」, 김영작 · 김기석 편, 『21세기 동북아공동체 형성의 과제와 전망』(서울: 한울아카데미, 2006), pp. 271-272.

22 寺田貴, 「東アジア地域主義と日本—地域概念の形成と定着における役割」, 『「在外」日本人研究者がみた日本外交』(藤原書店, 2009); 동북아역사재단, 『2008년도 동아시아 공동체의 설립과 평화구축 연구과제 결과 자료집』(서울: 동북아역사재단, 2008), pp. 206-207.

23 배긍찬, 「동아시아 지역협력 과제와 전망」, 『주요국제문제분석』(외교안보연구원, (2007).

다는 주장이 있는바,[24] 일본 정부의 주장은 동아시아 국가들만으로 구성된 ASEAN+3 중심의 지역 블록화를 원하지 않는 미국에 대한 배려에서 나온 것이라는 해석이 가능하다. 다른 하나는 중국 요인론으로, 21세기 들어 중국의 부상이 기정사실이 되면서 ASEAN+3의 틀로는 중국 견제에 역부족을 느낀 일본이 호주, 인도 등이 참가하는 다자협의체를 들고 나왔다는 해석이다.[25] 이와 같이 미중일 3국의 권력관계의 관점에서 접근하는 이상의 두 설명은 상호 연계된 것으로, 급팽창하는 중국의 영향력 견제라는 점에서 미국과 일본의 이해관계가 일치하였다고 할 수 있다.

2. 하토야마 내각의 동아시아 공동체 구상

동아시아 차원의 공동체 구상을 제창한 것은 고이즈미 내각이었다. 그러나 야스쿠니 신사 참배 문제로 일본의 아시아 외교가 정체되면서 동아시아 공동체 논의의 모멘텀은 약화되었다. 그 후 공동체 논의가 다시 활발해진 것은 2009년 9월의 하토야마 정권의 출범을 전후해서였다. 야당 시절의 민주당은 정권 획득을 위해 자민당정권과 차별화되는 정책 공약을 의욕적으로 개발하였는데, 대외정책 분야에서 '긴밀하고 대등한 미일관계'로 상징되는 미일관계의 재조정과 함께 제시

24 伊藤憲一·田中明彦,『東アジア共同体と日本の針路』(NHK出版, 2005); 菊池努,「『地域』を模索するアジア—東アジア共同体論の背景と展望」,『国際問題』538(2005).

25 寺田(2009); 김기석,「일본은 왜 동아시아정상회의를 선택했는가?」,『국가전략』16: 3(2010b), p. 60.

된 것이 바로 동아시아 공동체 구상이었다.[26]

하토야마 총리는 동아시아 공동체의 실현에 강한 의욕을 보였는데, 이는 2009년 9월 하순의 국제연합(UN) 총회 연설을 통해 일본 정부의 공식 입장으로서 국제사회에 발신되었다. 하토야마는 동년 10월에 개최된 한중일 정상회의에서도 일본은 지금까지 미국에 너무 의존해 왔지만, 이제부터는 아시아의 일원으로서 아시아를 중시하는 정책을 추구하겠다는 취지의 발언과 함께 한중일 3국이 주도하여 동아시아 공동체를 구축하자는 제안을 하였다.[27] 하토야마의 이러한 제안은 당시 민주당 정부가 표방한 아시아 외교의 핵심 사업으로 주목받으면서 동아시아 공동체 논의를 부활시키는 계기가 되었다.

일본 국내 정치의 맥락에서 보자면, 하토야마의 동아시아 공동체 구상은 자민당 외교 노선과의 차별화를 의도한 것이었다. 전통적으로 자민당정권의 대외정책은 미국과의 동맹관계를 중시하는 경향이 강했는데, 그 단적인 예가 "미국과의 관계가 양호하다면 아시아와의 관계도 좋아질 것이다."라는 고이즈미 총리의 발언이었다. 민주당은 미국에 편향된 자민당의 외교 행태를 '대미추종(對米追從) 외교'라고 비판하였다. 이렇게 볼 때 동아시아 공동체 구상은 후텐마 기지 문제와 더불어 '긴밀하고 대등한 미일관계'로 대변되는 민주당 외교의 핵심 사안이었다.[28]

---

26 김기석, 「동아시아의 새로운 공동체 구상」, 『일본공간』 7(2010a), pp. 97-104.

27 졸고, 「제2차 한중일 정상회의와 동북아 협력」, 『IFANS FOCUS』, 외교안보연구원(2009a).

28 졸고, 「일본 민주당 정부의 대외정책 및 한일관계 전망」, 『주요국제문제분석』, 외교안보연구원(2009b).

그런데 하토야마의 공동체 구상은 관계국으로부터 적극적인 호응을 이끌어내지 못하였고, 특히 중국의 반응은 예상 밖으로 냉담하였다. 2009년 9월 하순의 중일 정상회담에서 하토야마 총리가 '동아시아 공동체'에 대해 언급했는데도, 다음날 중국의 공식 보도에는 이 부분이 실리지 않은 경우가 있었다. 하토야마의 공동체 방안은 철학이나 내용면에서 구체성이 부족하였고, 특히 미국의 공동체 참가 문제와 관련하여 하토야마 총리, 오카다 가츠야(岡田克也) 외상 등의 정부 수뇌부의 입장에 일관성이 없었던바, 중국으로서는 그 내용이 구체화할 때까지 입장 표명을 유보하고자 했을 수 있다. 또는 중국은 동아시아 공동체 형성의 주도 세력은 ASEAN이 되어야 한다는 입장을 견지해 왔던 만큼, 한중일 3국이 주도하는 공동체 구상에 찬성하지 않았을 수도 있다.

민주당 정부는 동아시아 공동체 구상을 구체화하기 위한 전문가 연구를 지원했지만, 하토야마 내각하에서는 그 성과가 가시화되지 못하였다. 하토야마 내각이 발족 8개월여 만에 퇴진하면서 발표한 '동아시아 공동체 구상에 관한 향후 대응(『東アジア共同体』構想に関する今後の取組)'은 종래에 일본 정부가 표명해 왔던 기능적 협력의 확대 방안을 종합한 것으로, 하토야마의 공동체 구상을 실현하기 위한 로드맵이 되기에는 부족하였다. 같은 달 하토야마를 대표로 하고 70여 명의 민주당 의원이 참여하는 '동아시아공동체의원연맹'이 발족했지만, 동아시아 공동체 논의에 이렇다 할 추진력을 보태지는 못하였다.

3. 간 내각 이후의 '아시아·태평양' 회귀

하토야마 내각의 뒤를 이은 간 나오토(菅直人) 내각은 아시아 외교의 중시라는 외교 노선을 계승하면서도 전(前) 내각 시기에 소원해진 미일동맹 관계의 회복을 대외정책의 최우선 과제로 추진하였다. 간 내각은 발족 당시 동아시아 공동체에 대한 추진 의사를 밝혔지만, 하토야마 내각만큼 적극적이지 않았다. 2010년 6월 말의 중일정상회담에서 간 총리는 후진타오 국가주석에게 '장기적인 시야'에서 동아시아 공동체에 대한 추진 의사를 밝혔다. 이에 대해 중국 측은 전년 9월의 하토야마 총리의 제안 때보다 더 적극적인 반응을 보였지만, 공동체 실현을 위한 양국 간의 구체적인 움직임은 가시화되지 않았다.

2010년 10월 초에 간 총리가 의회에서 행한 소신표명 연설에서도 동아시아 공동체에 관한 관심은 지극히 제한적이었다. 향후 일본 정부가 적극 검토해 나갈 제도적 장치로서 APEC, 경제동반자협정(EPA: Economic Partnership Agreement)·자유무역협정(FTA: Free Trade Agreement), 환태평양경제동반자협정(TPP: Trans-Pacific Partnership) 등이 열거된 후 "동아시아 공동체 구상의 실현을 시야에 두고, 나라를 열어 구체적인 교섭을 한걸음이라도 추진하겠다."라는 구절이 포함된 것에 불과하였다.[29] 동아시아 공동체는 민주당 정부의 다자외교 내지는 지역협력정책의 핵심 사업에서 장기적으로 고려될 수 있는 대안의 하나 정도로 격하되었다.

이와 대조적으로 간 내각의 다자주의적 관심은 TPP에 집중되었다. 간 총리는 상기 소신표명 연설에서 "TPP 교섭 등에 참가를 검토하여

[29] 第176回国会における菅内閣総理大臣所信表明演説(平成 22年 10月 1日). http://www.kantei.go.jp/jp/kan/statement/201010/01syosin.html

아시아태평양자유무역지대(FTAAP: Free Trade Area of the Asia Pacific)의 구축을 추구하겠다."라고 발언하였고, 11월 APEC 회의에서도 TPP 교섭에 참가하겠다는 의사를 표명하였다. 2010년 하반기에 중일 간 영토 갈등이 첨예해지자 2011년 1월에 발족한 제2차 간 내각은 미국과의 동맹관계를 강조하면서 'TPP 내각'으로 불릴 정도로 TPP 참가에 의욕을 보였다.[30] 그러나 동년 3월에 발생한 동북대지진 사태의 여파로 TPP 관련 논의는 일단 수그러들었다.

후속의 노다 요시하코(野田佳彦) 내각은 2011년 11월에 국내 여론이 충분히 수렴되지 않은 상황에서 반대 세력의 반발을 무릅쓰고 일본의 TPP 교섭 참가 방침을 결정하였다. 여기에는 세계적인 무역자유화의 추세 속에서 일본의 시장개방이 늦어질 경우 일본 경제가 불이익을 당할 것이라는 대외경제정책 상의 고려가 작용하고 있음에는 이론이 있을 수 없다. 다만 간 내각이 TPP 문제에 관여하기 시작하고 노다 내각이 그 교섭참가를 결정했던 시기에는 미일관계의 회복이 일본 외교의 최우선 과제였고, 미국으로부터 일본에 대해 TPP 참가의 압력이 있었다. 따라서 일본 정부가 미일동맹 강화라는 외교안보적 관점에서도 TPP를 바라보고 있었음을 알 수 있다.

일본의 다자주의·지역주의 전략에 나타난 대중 견제적 성격은 일본의 지역 정체성 및 국제관계관을 반영하고 있다. 전후 일본은 스스로 소속감을 갖는 지역을 설정함에 있어 미국을 포함한 '아시아·태평양'과 미국을 배제한 '동아시아' 사이에서 방황해 왔다.[31] 간 내각 이후

30 谷口誠,「米国のTPP戦略と『東アジア共同体』」,『世界』814(2011), pp. 48-49.

31 大庭三枝,『アジア太平洋地域形成への道程 — 境界国家日豪のアイデンティティ模索と地域主義』(ミネルヴァ書房, 2004).

일본의 다자주의적 관심이 동아시아 공동체 구상보다 TPP로 향하고 있는 배경에는 동아시아 차원의 공동체 형성보다는 미국과의 연대를 우선하겠다는 전략적 판단이 작용하고 있다고 할 수 있다.[32] 이는 일본이 중국과의 관계설정에 있어서 공동체 의식이나 자유주의적 발상보다는 세력균형 내지는 권력정치적 관점에서 접근하려는 경향이 강해지고 있음을 의미한다.

IV. 2010년 센카쿠 사건과 중일관계

1. 센카쿠 영유권 관련 중일의 이해관계

일본은 1895년에 센카쿠 열도를 오키나와(沖縄) 현에 편입시켰다. 센카쿠 열도는 1951년의 샌프란시스코 강화조약에 의해 미국으로 이양되었다가 1972년에 오키나와와 함께 일본에 반환된 이래 일본의 실효 지배하에 있다. 샌프란시스코 강화조약에 센카쿠 열도의 귀속에 대한 명시적 규정이 없는 것이 중일 간의 영유권 분쟁의 소지를 제공하였다. 중국은 센카쿠 열도가 청일전쟁 후에 시모노세키 조약으로 대만

32 2012년 8월에 발표된 「아미티지 — 나이 보고서」는 "중국의 군사력 증강에 맞서 미일이 공동 대응할 필요가 있다."라고 전제하고, 이를 위해 일본의 재무장에 대한 미국의 지원을 강조하고, 중국이 강하게 불만을 표시하고 있는 환태평양경제동반자협정(TPP)에 대한 일본의 적극적인 참여를 촉구하였다. Report "The U. S. -Japan Alliance: Anchoring Stability in Asia," AUG 15, 2012.
http://csis.org/files/publication/120810_Armitage_USJapanAlliance_Web.pdf

과 함께 일본 영토에 강제로 편입된 만큼 전후 처리에 의해 대만과 함께 중국에 반환되었어야 한다는 입장이다. 반면 일본은 무주지 선점(無主地先占) 원칙에 따라 센카쿠 열도를 청일전쟁 중인 1895년에 각의결정으로 오키나와 현에 편입한 만큼 중국의 주장은 근거가 없다는 입장이다.

전후 중국과 대만이 센카쿠 열도의 영유권을 주장하기 시작한 것은 1971년이었다. 당시에는 1960년대 후반에 발표된 UN 보고서에 의해 센카쿠 열도에 막대한 천연자원이 매장되었을 가능성을 지적되었고, 미일 간에 오키나와 반환이 합의되어 있었다. 1972년의 중일국교정상화 및 1978년의 평화우호조약이 체결될 당시 중일 양국은 센카쿠 문제는 '다음 세대에 넘기기'로 하고 '논쟁보류, 공동개발' 원칙에 합의하였다.

1990년대 들어 200해리의 배타적 경제수역(EEZ: Exclusive Economic Zone)을 인정하는 UN 신해양법이 적용되면서 해양, 해저의 어업자원과 광물자원에 대한 전 세계적인 관심이 높아졌다. 중일 양국은 센카쿠 열도에 대한 협상을 여러 차례 시도했지만 합의에 이르지 못하였다. 1992년에 중국이 '영해 및 접속 수역법'을 제정하여 센카쿠 열도를 자국 영토로 명시하자 일본은 이에 반발하여 오키노도리시마(沖ノ鳥島)를 기점으로 하는 EEZ을 주장하였다. EEZ 및 대륙붕 경계획정에 있어 중국은 '육지의 자연연장원칙'을 주장한 반면 일본은 '중간선 원칙'을 주장하고 있다.

2000년대 들어 중국이 양국의 주장이 겹치는 해역에서 7개의 가스전 개발을 추진하면서 이 문제가 중일관계의 최대 현안으로 등장하였다. 2008년 5월 후진타오 주석의 방일 시 양국은 센카쿠 영유권 논쟁을 접어둔 채 동중국해의 유전과 가스전을 공동개발하기로 합의하였다.[33]

그 후 중국 측은 공동개발에 소극적으로 대응하였고, 이에 일본은 공동개발을 위한 조속한 협의를 촉구하였다.

이러한 상황에서 중일 양국이 센카쿠 영유권을 둘러싸고 정면으로 충돌하는 사태가 발생하였다. 그 발단은 2010년 9월 7일 센카쿠 열도 주변에서 중국 어선이 해상보안청 순시선에 고의로 충돌하였다고 하여 일본 나하(那覇)지방검찰이 공무집행방해의 용의로 중국인 선원을 체포, 구류한 데서 시작되었다(표 5-1 참조). 일본 정부는 국내법에 따라 엄정하게 대처한다는 입장을 세우고 중국 정부의 외교채널을 통한 거듭되는 항의(주중 일본대사의 호출, 외교부 성명)에도 불구하고 선장에 대한 기소 방침을 결정하였다.

표 5-1. 2010년 센카쿠 사건 경과

9. 7.	센카쿠 주변에서 중국 어선과 일본 해상보안청 순시선이 충돌, 일본 측이 중국인 선장과 선원을 체포
9. 9.	오키나와 나하(那覇) 지방 검찰이 중국인 선원 15인을 공무집행방해 용의로 구류. 센고쿠 관방장관과 오카다 외상이 국내법에 따른 엄중 대처 입장을 표명
9. 12.	다이빙궈 국무위원, 선박 및 선원 전원의 조기 송환을 요구
9. 13.	일본 정부, 선장 외의 중국인 선원 14인 및 선박의 송환을 결정
9. 14.	간 대표, 민주당 대표 경선에서 재선
9. 16.	마에하라 국토교통장관, 이시가키 해상보안부를 시찰하고 일본 정부의 엄정 대처 입장 강조
9. 17.	간 내각 개조, 마에하라 외상 임명
9. 19.	일본 검찰, 중국인 선장의 구류 연장 및 기소 방침 결정

33 최희식, 「중일 첨각열도 해양영토분쟁: 평화적 관리 방식의 전환기?」, 『JPI 정책포럼』(제주평화연구소, 2010).

9. 19.	중국 외교부, 각료급 이상의 교류 및 항공교섭 증편 교섭 중지 발표
9. 20.	중국 정부, 청년교류 일환인 만국박람회 초대한 1천 명의 일본 대학생 방중단의 방중 중지 요청을 통고
9. 21.	중국 외교부, 선장 석방이 없을 경우 동중국해 공동개발 교섭을 중단하고, 가스전 시라카바(白樺, 중국명 春曉)의 단독 개발 가능성 시사
9. 21.	원자바오 총리가 선장 '즉시 무조건' 석방 촉구, 불응 시 추가 조치 경고
9. 22.	북경시 관광당국이 여행업자에 대해 일본 관광 자제 촉구
9. 22.	나라시(奈良市) 개막된 APEC 관광장관 회의 만찬에 중국 대표 불참
9. 23.	희토류 수출 중단과 함께 광범위의 경제제재조치가 검토 중인 것으로 보도
9. 23.	하북성 국가안전당국이 일본인 4인을 '불법 군사구역 촬영' 혐의로 구속 중이란 보도
9. 24.	일본 정부, 중국인 선장을 '처분보류'로 석방 결정
9. 25.	중국 외교부, 일본 정부의 사법조치는 불법이자 무효라며 사죄와 배상을 요구하는 성명
9. 26.	간 총리는 금번 석방은 정치적 판단 아닌 검찰의 판단에 의한 것이란 입장을 표명하고, 중국 측 요구를 거부
10. 4.	ASEM 정상회의에서 중일정상회담(간-원자바오), '전략적 호혜관계'를 진전시키기로 합의. 단 센카쿠 영유권 관련해서는 서로 '고유의 영토' 주장
10. 11.	중일 국방·방위장관 회담
10. 18.	5중전회(중국공산당 제17기 중앙위원회 제5회 총회), 시진핑을 당군사위 부주석에 선출
10. 29.	하노이 ASEAN 회의 계기 한중일 3국회의, 중일정상회담(간-원자바오)

출처: 일본 일간지 기사에 의거하여 필자가 작성.

일본 정부의 이러한 방침이 알려지자 중국 측은 정부 교섭의 중지, 민간 교류의 중지·축소, 일본인의 구속 등의 조치를 통해 일본 정부에 대한 전방위 압박을 전개하였다. 이에 일본 검찰은 중국인 선장에 대해 기소 여부를 결정하지 않고 석방하는 '처분보류(處分保留)' 결정을 내렸다. 일본 정부는 선장의 석방이 '검찰의 독자적인 판단'에 의한 것이라며 정치적 개입을 부정하였지만, 국내법에 따른 엄정한 대응이라는 당초의 입장을 버리고 선장을 석방한 것에 대해 일본 내에서 많은 비판이 제기되었다.

2. 센카쿠 사건에 대한 양국 간의 책임공방

중국 측은 센카쿠 사건을 통해 양국 관계를 악화시킨 책임은 일본 정부의 이례적인 강경 대응에 있다는 입장이다.[34] 민주당 정부가 선원과 선박을 체포하고 국내법의 적용을 주장하는 등 강경 대응에 나선 것이 사태를 악화시킨 직접 원인이라는 것이다.[35] 정권 기반이 약한 간 내각은 당 내부 통제가 안 되어 마에하라 세이지(前原誠司) 등이 주도하는 강경론에 끌려다녔고, 외교적 경험이 미숙하여 원칙론에 집착하여 원만한 해결 시기를 놓쳤다고 지적한다.

반면 일본 측은 최근 동중국해에서 중국의 군사행동 수위가 높아지는 등 과거보다 공세적인 대외 태도가 두드러지고 있는 점을 들어 중일관계 갈등의 주요 원인이 중국 대외정책의 변화에 있다는 입장이다. 중국은 증강된 해군력을 바탕으로 주변국과의 영유권 분쟁에 있는 해역에서의 활동을 증가시키고 있다. 2010년 5월에 동중국해 상의 중일 중간선의 일본 측 해역에서 중국 감시선이 일본 해상보안청 측량선

34 졸고(2010).

35 종래에 일본 정부는 센카쿠 열도 부근에서 조업하는 중국 어선을 영해에서 밀어내고 벌금을 부과하거나, 중국인이 센카쿠에 상륙을 시도했을 때에는 48시간 이내에 조기 석방하는 식으로 대응하여 센카쿠 문제의 외교분쟁화를 차단하였다.

에 대해 활동 중지를 요구하였고, 중국 해군의 헬기가 해상자위대 호위함에 이상(異常) 접근하는 사태가 발생하였다. 중국은 2009년 말에 센카쿠 열도 등 무인도의 보호·관리를 목적으로 '이도보호법(離島保護法)'을 제정했는데, 이 법이 발효된 2010년 3월 이후 중국 정부가 어선 등의 보호를 명분으로 감시선의 파견을 늘리면서 분쟁을 조장하고 있다는 것이다.

한편 일본의 안보전문가들은 중국이 최근 부쩍 센카쿠 열도의 영유권에 집착하는 것은 미국과의 무력 충돌을 상정한 중국 해군의 군사전략상의 필요에 의한 것이라고 지적한다. 센카쿠 열도는 중국 해군이 대양으로 발진 시에 통과해야만 하는 전략적 요충지에 있는바, 중국은 대만 사태 등을 상정한 '근해(近海)방위전략'에 근거하여 해양방위력 증대를 위해 센카쿠 열도의 점령 및 기지화를 노리고 있다는 것이다.[36]

일본은 센카쿠 분쟁이 격화되자 중국 정부가 희토류의 대일 통관 절차를 지연시키는 등 사실상의 금수조치를 취했다고 판단하고, 중국의 자원 '무기화'에 대한 대응책 강구에 나섰다. 센카쿠 사태 발생 후에 '희토류 종합대책'을 마련하여 비축, 대체재 개발, 해외 광산 개발 등을 통해 안정적 확보에 주력하고 있다. 또한 미국 등 선진국과 희토류의 안정적 공급에 대한 논의를 확대하고 카자흐스탄, 몽골, 베트남 등과 개발협력에 합의하였다.

---

36 중국의 해양방위정책과 관련한 일본을 비롯한 서방측 논의에는 종종 '제1열도선'과 '제2열도선' 개념이 등장하는바, 센카쿠 열도는 최우선 방어지역의 경계선인 '제1열도선'에 근접해 있다. Annual Report to Congress by Office of the Secretary of Defense, "Military and Security Developments Involving the People's Republic of China 2010," August, 2010.

이에 대해 중국 측은 희토류의 수출 제한은 어디까지나 민간기업 간의 문제라는 입장에서 센카쿠 문제와의 직접적인 관련을 부인하고 있다. 중일 간의 희토류 교역은 전 세계 교역량의 60%를 점유하고 있으며, 일본 기업이 이미 당하여 1~9월 사이에 중국 연간 희토류 수출 쿼터를 모두 소진한 결과 중국 기업으로서는 더 이상의 수출 여력이 없었다는 것이다.[37] 그런데도 일본은 희토류 수출 불능 시기와 센카쿠 사건 발생 시기가 근접한 점을 이용하여 중국이 외교 압박을 위해 자원을 동원하였다는 식으로 부당하게 비난하고 있다고 반발한다.

전후 중일 간의 경제관계는 '정경분리(政經分離)원칙'을 토대로 발전해 왔다. 양국은 국교수립 이전에도 이른바 LT 무역의 형태로 교역관계를 유지하였고, 국교 정상화 이후 양국의 무역관계는 꾸준히 확대되어 왔는데, 이는 양국 경제구조의 상호보완성 외에 경제의 정치수단화가 자제되었기 때문에 가능하였다. 따라서 희토류 수출과 관련하여 중국 측에 의한 자원의 '무기화'가 사실이라면 이는 종래의 정경분리원칙에 대한 변경을 의미하는바 이 문제가 향후 중일 간의 경제관계에 미칠 부정적 영향을 우려하는 시각이 있다.[38]

37 중국은 세계 희토류의 36%를 점유하고 있으나 수출량은 97%에 이르고 있는바, 중국 정부는 희토류 채굴은 심각한 환경오염을 야기할 수 있다는 인식하에 2006년부터 수출을 제한하는 쿼터제를 도입하였다.

38 丸川知雄, 「テクノ・ナショナリズムの衝突—レアアースをめぐる日中関係」, 国分良成編, 『中国は、いま』(岩波書店, 2011), p. 175; 田中(2011), p. 209.

3. 중국 위협론의 확산과 군사적 보통국가화 가속

센카쿠 사건은 일본 사회에서 보수이념의 제도화와 군사적 역할 확대를 위한 논리적·실제적 근거를 제공함으로써 일본의 군사적 보통국가화 가속화 및 미일동맹의 재편, 강화에 기여하는 결과를 초래하였다. 2010년 센카쿠 사건을 전후해서 발생한 일러 간 영토 분쟁, 남중국해 긴장 고조, 북한의 서해 도발 등 일련의 사건은 동아시아 안보 상황의 불안정성을 인상 지웠고, 이를 배경으로 일본 사회에서 미일동맹 강화를 요구하는 보수적인 목소리가 커졌다. 노다 내각은 "미일동맹은 일본의 외교안보의 기축이자 지역의 안정과 평화를 위한 공공재"라는 입장에서 '대미 중시'의 태도를 명확히 하고 TPP 교섭 참가, 무기수출 3원칙의 수정, 미국산 쇠고기 수입제한 조치 완화, 그리고 PKO에의 자위대 파견 문제 등에 전향적으로 대응하였다.

2010년 9월 발행된 일본 『방위백서』는 중국의 군사력 확대·근대화의 '불투명성'과 중국 해군의 '동향'이 일본을 포함한 지역·국제사회의 우려 사항이라고 지적하고 있다. 일본 정부의 이러한 위기의식은 2010년 12월에 책정된 '방위계획대강'에도 반영되었다. 동 방위대강에서 가장 주목되는 것은, 동중국해 등에서 확대되고 있는 중국의 해양진출에 대응하기 위해 가고시마(鹿児島)에서 오키나와에 이르는 남서제도(南西諸島)에서의 도서 방위에 필요한 '동적(動的) 방위력'의 강화를 강조하고, 육상자위대 주둔과 해상·항공 자위대 수송력 증강 등을 제시하고 있다는 점이다. 이는 일본 열도 전역에 병력을 균등하게 배치하는 종래의 '기반적(基盤的) 방위력' 개념을 보완하여 필요에 따라 병력의 기동적 운용이 가능한 체제로의 전환을 염두에 둔 것으로 해석할 수 있다.

이와 함께 무기체계의 공동 개발, 생산을 가능하게 하는 제도적 정비와 관련하여 원칙적으로 모든 무기 및 관련 기술의 수출을 금지하고 있는 무기수출 3원칙이 수정되었다. 이는 향후 차세대 전투기·잠수함·미사일, 사이버·우주 개발 분야 등에서 미국 등 동맹국, 우호국과 공동 개발을 염두에 둔 것이라고 할 수 있다.

미일안보협력 역시 새로운 상황에 맞게 조정되었다. 냉전기의 미일안보체제가 일본 방위와 주변지역의 유사사태 발생 시의 일본에 의한 기지 제공을 내용으로 삼고 있었다면, 냉전 이후에는 주변사태 및 글로벌 차원의 안보환경 개선을 위한 공동 대응을 가능하게 하는 방향으로 변화하였다.[39] 21세기 들어 부시 정부가 주도하는 대테러전쟁과 해외 주둔 미군의 재편에 대해 일본이 적극 협력하는 가운데, 미일동맹은 동북아 및 아태 지역을 넘어 범세계적 차원으로 협력을 확대하였다. 오바마 정부하에서는 대중국 견제라는 점에서 미일 간의 안보협력 방향성이 수렴하고 있다.

미일안보조약 개정 50주년을 기념해서 발표된 미일안전보장협의위원회(2+2) 공동발표에서 미일 양국은 부대의 근대화 및 상호 운용성 향상, 신기술 개발 등에 협력함으로써 미일동맹을 강화하기로 합의하였다.[40] 일본 정부는 공동발표문에서 2010년의 신방위계획대강에 언급

39 졸고, 「일본 방위안보정책의 변화와 전망」, 이서항 외, 『동아시아 정세 변화와 한국 외교 과제』(외교안보연구원, 2008).

40 共同発表: 日米安全保障協議委員会(「2+2」), 「より深化し, 拡大する日米同盟に向けて: 50年間のパートーナーシップの基盤の上に」(2011年 6月 21日).
http://www.mofa.go.jp/mofaj/area/usa/hosho/pdfs/joint1106_01.pdf

된 '동적 방위력'의 구축에 언급하였다. 미국은 2010년의 「4년 주기 미국 국방정책의 재검토(QDR)」에서 제시된 아시아·태평양에서의 군사력 유지·강화 방침을 재확인하고, 핵기술 및 전역 탄도 미사일의 확산, A2·AD 능력 및 우주, 공해 및 사이버 공간 등의 위협에 대처한다는 의지를 확인하였다. 나아가 양국은 공통의 전략목표로서 호주, 한국 등과의 3국 간 안전보장 및 방위협력 강화, 양국 간 공동훈련, 연습의 확대, 시설의 공동 사용, 정보 공유 및 공동의 정보 수집·정찰 활동의 확대 등에 합의하였다.

오바마 정부는 2012년 1월에 신국방전략을 발표했는데, 이에 따르면 미국은 아시아·태평양 지역에 대한 전략적 관여를 최우선 목표로 삼고 있다.[41] 중국의 군사력 증강을 견제하기 위해 A2·AD에 대응하여 병력 전개능력(Project Power Despite Anti-Access/Area Denial Challenges) 및 억지력의 강화(Deter and Defeat Aggression), 해·공군력 강화를 통한 통합 전쟁 수행능력의 향상을 제시하고 있는데, 이는 아시아·태평양 지역에서 '에어·씨·배틀' 구상을 통해 중국에 대한 전략적 우위를 유지하겠다는 것에 불과하다. 2012년 4월에 발표된 미일안전보장협의 위원회(2+2) 공동발표는 "일본의 방위 태세의 강화 및 일미 간의 동적 방위 협력의 추진에 의해 일미동맹 전체의 억제력을 강화"한다는 취지를 확인하였다.[42]

동아시아 지역질서 차원에서 보자면, 2009년에서 2010년 사이에 두드러진 중국의 공세적인 대외 태도는 중국의 부상에 대한 국제사회

---

41 "Sustaining U. S. Global Leadership: Priorities for 21st Century Defense" http://www.defense.gov/news/Defense_Strategic_Guidance.pdf

42 共同発表: 日米安全保障協議委員会(「2+2」)(2012年 4月 27日). http://www.mofa.go.jp/mofaj/area/usa/hosho/pdfs/point_120427.pdf

의 우려를 확산시켰고, 지역질서 불안정화는 결과적으로 아시아·태평양 지역에 대한 미국의 '재균형(rebalancing)' 정책에 일조하였다. 2010년 센카쿠 사건은 일본 내에서 중국 위협론이 현실화하는 결정적인 계기가 되었고, 이를 전후하여 민주당 정부의 대외 태도는 미국과의 동맹관계 중시라는 종래의 대외정책으로 회귀하였다. 일본의 군사적 보통국가화와 미일동맹의 강화 움직임은 미국의 아시아·태평양 군사전략과 연동되어 중국 견제적 성격이 강화되었다.

V. 민주당정권하의 중일관계 요인 분석

일본의 대중정책을 평가함에 있어 미중 양국과의 관계 설정을 기준으로 몇 가지 유형을 상정해 볼 수 있다.[43]

첫째, 일본은 독자적인 방위력 증강을 통해 중국의 부상에 대비해야 한다는 입장이다(자주국방론). 이시하라 신타로(石原慎太郎) 전 도쿄도지사, 다모가미 도시오(田母神俊雄) 전 항공막료장과 같은 우익 인사들은 탈미자주(脫美自主)에 입각하여 미일 안보조약을 해체하고, 국익 추구의 궁극적 수단으로서 일본의 독자적 군사력 운용과 핵무장을 추구해야 한다고 주장한다.[44] 이들은 공공연하게 태평양 전쟁을 '자위전쟁'

---

43 졸고, 「중국의 부상과 일본의 대중(對中)정책: 일본 민주당 정부 출범 후의 일중 관계를 중심으로」, 『정책연구과제』, 외교안보연구원(2012), pp. 139-140; Drifte(2003), pp. 180-182.

44 石原慎太郎, 「『日米安保は』破棄できる」, 『文藝春秋』 87: 9(2009); 田母神俊雄・青木直人, 『どっちがおっかない!?中国とアメリカ』, 幻冬舎(2010).

으로 미화하여 정당화하는 등 수정주의적인 역사인식을 하고 있으며 중국, 한국 등 주변국에 대해 배타적이다. 군국주의의 부활에 대한 일본 사회와 주변국의 경계, 부상하는 중국에 대한 독자적인 견제의 어려움, 주일미군과 미일동맹 존재 등의 제약으로 인해 이러한 주장이 가까운 장래에 일본의 대외전략으로 채택될 가능성은 크지 않다고 하겠다.

둘째, 미일동맹을 상대화하고 중국과의 연대를 강화하려는 입장이다(대중연대론 혹은 밴드웨건론). 중국과의 경제관계를 중시하는 고바야시 요타로(小林陽太郎) 등의 재계인사, 테라시마 지츠로(寺島實郎)와 같은 학자와 전문가, 하토야마 유키오와 같은 정치가 등은 일본이 미국의 상대적 쇠퇴와 중국의 부상이라는 정세변화를 감안하여 미국에 대한 과도한 안보 의존을 탈피하면서 중국 등 역내 국가들과의 관계 강화를 통해 현재의 대미 편향적인 외교안보 노선을 수정할 것을 요구한다.[45] 이들 주장에 대해서는 냉전 이후에도 여전히 전통적 안보 위협이 남아있는 동아시아의 불안정한 안보 상황하에서 이러한 방법으로 일본의 안보를 실질적으로 확보할 수 있고 국내의 안보 불안감을 잠재울 수 있겠느냐는 의문이 제기된다. 2005년 야스쿠니 신사 참배 논쟁, 2010년 센카쿠 사건을 계기로 일본 사회의 대중 인식이 급격히 악화하면서 이들의 영향력은 약화되었다.

셋째, 미국과의 동맹을 통해 중국을 견제하려는 입장이다(미일동맹론/세력균형론). 다니구치 토모히코(谷口智彦), 가와카미 다카시(川上高司),

---

45 寺島實郎, 「米中二極化『日本外交』のとるべき道」, 『文芸春秋』 87: 12(2009); 鳩山由紀夫, 「私の政治哲学」, 『Voice』 9月号(2009).

와타나베 도시오(渡辺利夫) 등 보수계 안보전문가와 학자, 아베 신조, 마에하라 세이지, 나가시마 아키히사(長島昭久) 등 정치가들은 미일동맹을 미영동맹과 같은 수준으로 강화하여 중국의 부상에 대응해야 하며, 이를 위해 집단적 자위권(collective self-defense)의 확보 및 미일안보체제의 강화를 통해 일본의 국제적 안보 역할 확대를 추구해야 한다고 주장한다.[46] 즉 일본의 경제력에 어울리는 방위력 보유와 이를 이용한 적극적인 국제공헌, 그리고 이를 위해 필요하다면 자위대의 해외 파견 및 헌법 개정을 추진해야 하며, 동아시아 공동체와 같은 동아시아 차원의 공동체는 중국의 세력권 형성에 이용될 뿐이라는 논리에서 반대한다.[47] 이들의 주장은 명치시대 이래 '해양국가론'이나 탈냉전 이후의 '보통국가론'과 맥을 같이하고 있다.[48]

넷째, 미국과의 안보협력을 유지하면서 중국에 대한 관여를 확대해 나가려는 입장이다(대중관여론). 정통 보수를 자처하는 나카소네 야스히로(中曽根康弘) 전 총리, 언론인 와타나베 츠네오(渡邉恒雄), 다나카 히토시(田中均) 전 외무심의관, 중국 전문가인 다나카 아키히코(田中明彦) 등은 미일동맹 유지, 강화라는 점에서 전기의 미일동맹론자들과 같은 입장이지만, 아시아 국가들과의 우호관계도 중시한다는 점에서 차이가 있다.[49] 이들은 중국의 위협에 대비할 필요는 지적하지만, 중국과의

---

46 川上高司, 「オバマ政権のアジア政策」, 世界平和研究所編, 『日米同盟とは何か』(中央公論新社, 2011).

47 渡辺利夫, 『新脱亜論』(文藝春秋, 2008).

48 長島昭久·谷口智彦, 「集団的自衛権、対中海洋戦略、原子力潜水艦 これが、生き抜くための現実解だ」, 『中央公論』 126: 3(2011).

49 中曽根康弘, 『保守の遺言』(角川書店, 2010), pp. 106-111; Hitoshi Tanaka, "The Senkaku Islands and Mending Japan-China Relations," *JCIE*, East Asia Insights.

충돌이 불가피한 것은 아니라는 입장에서 중국의 개혁, 개방을 유도하는 대중관여의 중요성을 강조한다. 2000년대 중반 이후 미국이 중국에 대해 '책임 있는 이익상관자(responsible stakeholder)' 정책을 추구하면서 일본 내에서 대중관여론에 대한 지지가 확대되었다.

이상의 유형화를 민주당 정부 시기의 대중정책에 적용한다면, 초기의 대중연대론에서 후기의 미일동맹론으로 급격한 방향전환이 있었음을 알 수 있다. 대중연대론에서 출발한 하토야마 내각은 후텐마 문제로 미일관계에서 위기를 자초함으로써 퇴진하였다. 미일관계 회복을 지향한 간 내각은 센카쿠 사건을 계기로 미일동맹론으로 급선회하였고, 노다 내각은 처음부터 미일동맹론에 강하게 편향되어 있었다. 이처럼 민주당정권은 대외관계, 특히 미중과의 관계 설정에서 취약한 모습을 보였는데, 대중정책의 급격한 방향전환과 정책 연속성의 결여는 미일관계의 부침과 밀접하게 연동되어 있었다.

21세기 들어 미국의 대중정책은 관여와 견제를 병용한 것이었다. 제2기 조지 부시 정부는 중국이 미국의 패권이나 기존의 국제질서에 도전할 경우에 대비한 견제(balancing)를 계속하는 한편 미중 간의 경제관계를 확대, 발전시키고 주요 국제조직에 중국의 참가를 보장하는 관여(engagement) 정책도 병행하였다고 할 수 있다('책임 있는 이익상관자' 정책). 오바마 정부의 대중 노선은 기본적으로 조지 부시 정부 후기 이래의 '책임 있는 이익상관자' 정책의 연장선상에 있지만 점차 대중 견제적 성격이 강화되었다. 2009년의 미중 전략경제대화의 개최, G-2론의 회자 등에서 알 수 있듯이 오바마 정권 초기의 대중정책은 유화적인 태도가 두드러졌다.[50] 그렇지만 2010년에 중국의 대외 태도에 공세적 요소가 증가하자 미국의 대중 정책에는 견제적 요소가 증가하였다.[51]

고이즈미 내각 이래 자민당정권하에서 일본의 대중정책은 미국의 '책임 있는 이익상관자' 정책과 궤를 같이하는 것이었다는 점에서 대중관여론이었다고 할 수 있다. 이후 민주당 정부하에서 중일관계는 큰 폭의 방향전환과 시행착오를 거쳤다. 하토야마 내각이 추구한 '긴밀하고 대등한 미일관계'라는 목표는 '탈미입아(脫米入亞)'에 가까운 것으로 대중연대론이었다고 할 수 있다. 이에 대해 '미국과의 거리두기'가 가속화될 경우 미일동맹이 약화되어 일본의 안보공백을 초래할 수 있다는 우려가 제기되었고, 후텐마 문제 관련 하토야마 총리의 비현실적인 대응과 정책 일관성 결여는 하토야마 내각 퇴진의 직접적 계기가 되었다. 2010년 9월 민주당 대표 경선 및 내각 개조를 전후해서 발생한 센카쿠 사건은 '대중 굴욕 외교'라는 비판을 초래하였고, 북방 영토 문제 등의 악재가 겹치면서 간 내각의 정권 기반은 급속히 약화되었다. 2011년 출범한 노다 내각은 미일동맹의 강화를 역설하면서 '미국 중시'의 태도를 명확히 하였고, 민주당 정부의 대외 태도에는 보수 회귀의 경향이 두드러졌다.

그렇다면 일본 민주당 정부가 출범하면서 제시한 중국 중시의 외교 태도는 어디에서 기인한 것일까? 민주당 정부 출범을 계기로 중일관계는 한층 발전할 것이라는 기대와는 달리, 왜 이후의 양국 관계에는 갈등 요인이 증가하였을까? 센카쿠 사건의 처리 과정에서 나타난 양국 간의 갈등 및 외교 공방의 '에스컬레이션'은 어떻게 이해해야 할까? 2009년 이후 중일관계의 부침에 관한 한 양국을 '합리적 행위자

---

50 Fred Bergsten, "Two's Company," *Foreign Affairs*, 88: 5(2009).

51 Thomas J. Christensen, "The Advantages of an Assertive China: Responding to Beijing's Abrasive Policy." *Foreign Affairs*, 90: 2(2011).

(rational actor)'로 전제하고 전략적 이해관계의 대립 심화라는 잣대로 설명하는 것에는 한계가 있다.[52] 단일한 행위자의 합리적 판단에 따른다면 중일 양국의 어느 쪽도 관계악화를 원하지 않았던 만큼 센카쿠 사건의 발생 초기에 원만한 해결에 합의했어야 하기 때문이다. 이에 대해 본고에서는 정치가 개인, 양국의 정치과정, 그리고 국제체제라는 세 가지 차원에서 접근해 보고자 한다.

1. 정치가 개인 요인

정치가 개인의 인식이 대외관계에 영향을 미친다는 시각에서 보자면,[53] 총리를 비롯한 내각의 인적 구성을 중심으로 민주당 정부 출범 후 일본의 대중정책 변화를 설명할 수 있다. 하토야마 내각과 간 내각은 각료의 이념 성향 및 정치 스타일, 대외관계에 관한 관심 등에 있어서 대조적이었다. 하토야마 총리는 이상주의적 성향이 강했으며, 특히 대외관계에서 강한 리더십을 발휘한 반면 현실주의적 성향이 강한 간 총리는 TPP 사례를 제외한다면 외교 현안에 대한 관여에 신중하였다. 이러한 차이가 대중관계의 전개에 영향을 미쳤다.

하토야마 유키오 총리의 정치 이념은 '우애(友愛)' 개념을 토대로

52 이른바 합리적 행위자 모델, 정부정치과정 모델 등의 개념은 Allison(1971)에서 제시된 모델에 준거하였다. 이에 대해서는 大河原伸夫,「官僚政治モデル」, 白鳥令編,『政策決定の理論』(東海大学出版会, 1990); 전재성,「외교정책 결정체계와 이론」, 김계동 외,『현대외교정책론』(서울: 명인문화사, 2007), pp. 92-105 참조.

53 남궁곤,「외교정책 결정요인」, 김계동 외,『현대외교정책론』(서울: 명인문화사, 2007), pp. 70-75.

한 것이었다. 그는 국내적으로는 고이즈미 개혁이 초래한 양극화 사회의 폐해를 극복하여 자립과 공생의 원리에 기반을 둔 '우애(友愛)사회'를 건설하고, 대외적으로는 '동아시아 공동체'의 건설을 통해 아시아 국가들과의 협력을 도모하겠다는 비전을 제시하였다.[54] 그는 공동체 구축의 기본 철학으로 '우애' 개념을 강조했는데, 이는 자민당 결성을 주도한 하토야마 이치로(鳩山一郎) 전 총리의 정치사상을 계승한 것이었다.

한편 민주당 수뇌부는 중국과의 인적 네트워크가 부족하였고, 외교 현안에 관여하기를 주저하는 간 총리의 정치 스타일이 센카쿠 분쟁의 조기 수습을 어렵게 하였다고 할 수 있다.[55] 민주당 내에서 미일동맹을 중시하는 의원들은 하토야마 내각에 의한 과도한 '미국과의 거리두기'의 결과로 일본의 안보 공백이 초래할 수 있다는 우려를 제기하였던바, 미일동맹론자로 알려진 마에하라는 간 내각에 입각함으로써 영향력을 행사하였다(센카쿠 사건 발생 당시 국토교통장관 겸 오키나와 북방대책담당장관, 9월 17일 내각 개조로 외상 취임). 결과적으로 간 내각 출범 이후 일본의 대외정책은 과거 자민당 정부 시기의 대외정책을 방불하게 할 만큼 미일관계를 중시하였고, 상대적으로 중일관계는 소홀해졌다.

거시적으로 보자면, 1990년대 이후 일본 정계의 세대교체가 대중(對中) 정책의 보수화를 야기했다는 설명이 가능하다. 전후 일본 정치를 지배한 자민당 장기집권 체제가 쇠락의 길로 접어들면서 '보수본류(保

54 鳩山(2009).

55 자민당 의원 중에는 후쿠다 야스오 전 총리와 같은 중국통이 많았고, 하토야마 내각 시기인 2009년 말에 당시 오자와 간사장은 대규모의 민주당 의원단을 이끌고 방중하여 중일관계의 발전을 도모하였다.

守本流)'를 구성했던 중도 보수의 정치가들이 세력을 잃은 반면 민족주의적 성향이 강한 전후 세대 정치가들의 도약이 두드러졌다.[56] 전통적으로 자민당 내에서는 구(舊) 자유당계의 오히라파(大平派)와 다나카파(田中派) 계열, 즉 고우치카이(宏池会), 게이세이카이(経世会)·다케시타파(竹下派), 그리고 사회당, 공산당 등의 진보세력은 지중(知中)·친중(親中) 성향이 강하였다. 그런데 지난 20여 년간 일본 사회의 전반적 보수화를 배경으로 이들의 정치적 영향력이 줄어들면서 일본 외교에서 대중 견제적 성격이 강해졌고, 센카쿠 사건의 조기 수습을 어렵게 한 요인으로 작용했다고 할 수 있다.

2. 국내 정치과정

중일 양국의 특수한 정치상황 역시 센카쿠 사건에 영향을 미쳤다. 일본의 경우 민주당 대표 경선과 내각 개조를 전후해서 센카쿠 사건이 발생하면서 정부 차원의 적절하고 기민한 위기관리 대응이 어려웠다. 일반적인 외교정책 결정과는 달리 영토 문제, 주권침해, 급변·위기 사태 등에 대처해야 하는 때에는 신속한 의사결정이 요구된다. 정권 담당 경험이 일천한 민주당 정부는 민감한 외교사안의 처리에 익숙하지 못한데다 대표선거와 각료 인선을 전후한 과도기적 상황에서 센카쿠 사태가 발생함으로써 위기관리체제가 제대로 가동되지 못하였다.[57]

---

56 박철희, 『자민당 정권과 전후 체제의 변용』(서울: 서울대학교출판문화원, 2011), 4-5장.

57 일본의 위기관리체제는 1986년에 설치된 안전보장회의를 기본으로 하고 있다. 탈냉전 이후 일본의 국제적 역할 확대와 일본 주변 지역에서의 위기 사태의 발발 가능

결과적으로 센카쿠 사건에 대한 일본 정부의 대응은 상황에 따라 간 총리, 센고쿠 요시토(仙谷由人), 마에하라, 오카다 등의 소수 정치가의 판단에 좌우되었다. 이들은 당초 중국의 강력한 반발 가능성을 충분히 예상하지 못한 채 국내법에 따른 엄정한 대응이라는 강경 입장을 표명하였던바, 이는 일본 측의 대안 선택의 폭을 제한하는 결과를 초래하였다. 결국 일본 정부는 당초 입장을 바꾸어 선장을 석방하였던바, 일관성의 결여와 '연약외교(弱腰外交)'라는 비판을 자초하였다. 사건 발생 초기에 중국 정부와의 협의를 통해 원만히 처리했더라면 정치 쟁점화와 중일관계의 악화를 피할 수 있었을 것이기 때문이다. 일본 정부는 중국인 선장의 석방 결정에 대해 '검찰의 독자적인 판단'이라고 주장했지만, 정치적으로 민감한 사안에 대한 정치가의 책임 회피라는 비판을 면하기 어렵다.[58]

당시의 국내 정치상황을 감안한다면 간 내각을 보좌하여 외교현안을 원만하게 처리해야 할 위치에 있었던 것은 직업 외교관들이었다. 그러나 센카쿠 사건의 대응 과정에서 이들의 역할은 눈에 띄지 않았다. 사건 발생 3개월 전에 주중 일본대사에 임명된 니와 우이치로(丹羽宇一郎)는 경제인 출신으로 민감한 외교 사안을 다루는 데 익숙하지 않았

성을 고려하여 지난 아베 내각하에서는 '국가안전보장회의', 즉 '일본판 NSC'를 설치하여 외교안보의 사령탑으로서 총리관저의 기능을 강화하려는 시도가 있었지만, 법제화에 이르지 못하였다. 川戸七絵, 「国家安全保障会議と官邸機能強化 — 安全保障会議設置法等改正案の概要」, 『立法と調査』 273(2007), pp. 3-4 참조.

58 일본 검찰이 선장 석방을 결정했을 때 간 총리와 마에하라 외상은 방미(訪美) 중이었다. 당시 센고쿠 관방장관이 검찰 라인을 통해 선장을 석방하도록 압력을 행사했다는 의혹이 제기되었다. 센고쿠 자신은 이를 부정하였지만, 검찰에 대한 센고쿠의 압력 행사 여부, 간 총리와 마에하라 외상과의 사전협의 여부 등에 관한 진상은 아직도 명확하게 밝혀지지 않았다.

다. 민주당 정부는 과거 자민당 정부의 '관료 의존형' 정치를 비판하고, 정부의 정책결정과정에서 관료의 역할을 대폭 제한하였다. '정치주도/탈관료'의 분위기 속에서 중일관계의 악화를 피하기 위한 직업 외교관들의 의욕과 재량은 제한될 수밖에 없었고, 실제로 중국인 선장의 석방 결정에도 관저와 외무성 간의 사전 협의는 없었던 것으로 알려졌다.

한편 중국 정부 역시 센카쿠 사건의 대응에서 이례적일 정도로 강경한 반응을 보였던바, 이는 선장의 체포 및 기소라는 전후 전례가 없는 일본의 강경 대응에 대해서 수용 불가라는 입장을 명확히 해 두고자 하는 의지를 반영한 것이라고 할 수 있다. 이에 대해 중국 지도부가 권력 이양과 관련된 민감한 시기에 대외관계의 실책으로 인한 정권 기반의 유동화를 우려하고 있었다는 지적이 있다.[59] 2010년 10월 중순에 중국공산당 제17기 중앙위원회 제5회 총회(이하 5중전회)가 예정되어 있었는데, 그 최대 관심사는 2012년의 권력 이양을 앞두고 시진핑(習近平) 부주석의 중앙군사위원회 부주석으로의 취임 여부였다. 이처럼 정치적으로 민감한 상황에서 중국 지도부는 정권 안정 차원에서 중국 인민의 민족주의 정서를 적절한 수위에서 통제할 필요가 있었기 때문에 일본 정부에 대해 선장 석방을 요구하며 강력히 항의하는 태도를 취했다고 볼 수 있다.

일본 보수논객 중에는 센카쿠 사건 관련 중국 측의 대응을 정부 내의 권력투쟁 내지는 파벌주의(sectionalism)의 관점에서 접근하는 시각이 있다. 중일관계의 악화를 우려한 중국 외교부는 센카쿠 사건의 신

---

59 清水美和, 「対外強硬姿勢の国内政治」, 国分良成編, 『中国は、いま』(岩波書店, 2011), pp. 9-16.

중한 처리를 원했던 반면 인민해방군, 해양경비조직, 특수이익집단 등은 강경 대응을 주문하였는데, 5중전회를 앞둔 상황에서 후자의 주장이 정부 내에서 우선했다는 것이다. 또한 후진타오의 후계자 자리를 노리는 시진핑과 리커창(李克强) 간의 경쟁구도에 주목하는 설도 제시되었다. 즉 전자를 지지하는 세력이 후자를 지원하는 후진타오 주석의 정치력을 견제하기 위한 목적에서 센카쿠 충돌의 강경 대응을 주도했다는 것이다.[60] 같은 맥락에서 특수집단의 이해관계에 주목하는 시각도 있다. 중국 내의 사회기간산업을 독점하는 국영기업이 '특수이익집단'화하여 특정지도자와 결탁하여 대외정책(센카쿠 사건은 동중국해의 해양권익 문제)에 영향력을 행사했다는 주장이다. 해양감시를 담당하는 국가해양국동해해감총대(國家海洋局東海海監總隊) 혹은 중국 인민해방군이 이익집단화하여 국방비의 증액, 장비 현대화의 명분으로 삼기 위해 민족주의에 고양된 민중의 지지를 등에 업고 강경론을 조장하고 있다는 것이다.

센카쿠 사건의 대응에 관한 중국 내의 정치과정은 외부에 드러나지 않는 부분이 많은데 일본의 보수논객들 사이에서 회자되고 있는 상기 해석들의 진위를 가리기는 쉽지 않다. 그렇지만 정치적으로 민감한 시기에 센카쿠 사건이 발생했기 때문에 중국 정부가 대일 유화적인 태도를 보이는 것이 상대적으로 어려웠다고 추론하는 데는 큰 무리가 없다. 중국의 지도부는 중국 인민의 고양된 민족주의 감정에 배려하여 중일관계의 악화를 무릅쓰고 대일 강경 대응을 선택하였다고 보는 것

60 2008년의 방일 당시 후진타오 주석이 합의한 동중국해 가스전의 공동개발이 이후 국내 반발 때문에 원활히 진전되지 못하고 있는 것 역시 같은 맥락에서 설명할 수 있다.

이 현실에 가까울 수 있다.

3. 국제체제 요인

강대국의 대외정책, 강대국 관계의 전개, 국제정치경제질서의 변화, 국제적 위기사태의 발발과 같은 국제환경도 중일관계에 영향을 미치는 요인이다. 특히 최근 가속화하고 있는 동아시아 지역에서의 파워밸런스 변화 및 이에 대한 주요국의 인식이 중요한 의미를 가진다.[61] 이미 지적한 대로 민주당 정부의 초기 대외정책 구상은 2008년부터 2009년까지의 세계금융경제위기 상황에서 미중 간의 세력 전이와 중국의 부상을 의식한 것이었다. 하토야마 내각의 주요 인사들의 국제정세 변화에 대한 인식은 중일관계 강화, 동아시아 공동체 추진의 기본 토대가 되었다.

아시아 외교의 중시라는 방침이 민주당 정부에 의해 처음으로 제시된 것은 아니다. 1950년대 하토야마 이치로(鳩山一郎) 내각하에서의 대소(對蘇) 외교, 1970년대 다나카(田中角榮), 후쿠다 다케오(福田赳夫) 및 오오히라(大平正芳) 내각 시기의 대중(對中) 정책에서 '등거리 외교'나 '전방위 외교'의 전통을 찾을 수 있고, 21세기 들어서도 후쿠다 야스오(福田康夫) 내각이 제시한 '공명(共鳴) 외교' 역시 대미 외교와 아시아 외교의 조화를 강조하였다. 그렇지만 이러한 시도는 아시아와의 관계 강화를 통해 미국에 대한 일본의 영향력을 강화하려는 목적에서 나온 것으

---

61 Bush(2010), ch. 4.

로 미일동맹 자체를 상대화한다거나 미국 주도의 세계질서를 부정하려는 의도는 없었다.

이에 비해 하토야마 총리는 미국 주도의 세계질서와 시장원리주의의 한계에 대해 정면에서 문제를 제기하고 새로운 가치체계에 기반을 둔 일본 외교의 대안을 제시하고 있다는 점에서 과거의 자민당 보수정치가들과 구별된다. 이는 중국의 부상에 따라 미국 주도의 기존의 세계질서가 근본적으로 변화할 수밖에 없다는 현실인식에 근거한 것으로, 미중 양국이 주도하는 세계질서에 매몰되지 않고 일본의 독자적인 국익을 확보하기 위해서 중국 등 아시아 국가들과의 관계를 강화하겠다는 의도를 담고 있다.[62]

미국의 아시아 지역전략 역시 일본의 대중정책에 영향을 미치고 있다. 중국의 경제발전이 급속히 진행되고 일본 등 역내 세력이 잠재적 패권국으로 떠오른 중국을 봉쇄할 능력이 없을 경우 미국은 중국의 패권 추구를 저지하기 위해 동북아시아에 계속 주둔하거나 혹은 다시 복귀할 것이라는 전망이 이미 10여 년 전에 제시된 바 있다.[63] 이러한 현실주의적 논리에서 보자면 미국 동아시아 전략 구상의 '초석(cornerstone)'을 담당하였던 일본의 장래 역할에 대해 확신하지 못할 경우 미국은 중국 견제의 역할을 더는 일본에 맡겨 둘 수는 없다는 판단하에 동아시아에 대한 관여를 확대할 것이라는 추론이 가능하다. 최근 오바마 정부가 제시한 '아시아 복귀' 정책의 핵심 사안인 TPP 및 EAS에의 참가 결정은 일본의 국제적 영향력 감소 및 하토야마 내각하에서의 시도

62 寺島(2009).

63 존 J. 미어셰이머, 『강대국 국제정치의 비극』(파주: 나남, 2004), pp. 729-730. 원저는 *Mearsheimer*(2001).

된 중일 접근에 대한 미국의 우려를 담은 것으로 볼 수 있다.

또한 미일관계의 긴장도 및 중국의 부상이 일본 외교의 지역 정체성에 영향을 미친다는 시각도 제시되었다.[64] 즉 미일관계에 긴장이 흐를수록 미일 간의 연대를 강조하기 위해 '아시아·태평양' 지역 개념이 선호되고, 미일관계가 양호할수록 일본은 아시아 국가로만 구성되는 '동아시아' 개념을 외교의 축으로 삼을 수 있는 여지가 커진다는 것이다. 그리고 중국의 국력이 커질수록 일본 외교는 일종의 균형 감각에서 중국이 포함되는 지역 개념을 확대하려는 경향이 강해진다는 것이다. 이러한 시각에서 보자면, 간 내각 이후 일본 정부의 지역전략이 '아시아·태평양' 지역주의로 경사하고 있는 것은 하토야마 내각 시기에 소원해진 미일관계를 회복하기 위한 노력으로 해석할 수 있다.

한편 최근 두드러지고 있는 중국의 대일 강경 태도는 국제사회에서의 중국의 위상 제고 및 중국 스스로 대국의식을 배경으로 한 것이라고 할 수 있다. 2008년의 세계금융위기를 계기로 서구 선진국들이 경기침체에 빠진 것과 대조적으로 중국은 이를 빠르게 극복하고 세계경제를 견인하는 대국이 되었다는 자기인식을 가지게 되었다. 중국은 개혁개방 이래 등소평(鄧小平)의 유훈인 '도광양회, 유소작위(韜光養晦有所作爲)'의 '평화발전(peaceful rise)' 노선을 견지해 왔다. 이러한 노선이 2009년 7월에 개최된 제11회 재외공관장회의에서 후진타오 주석에 의해 '견지도광양회, 적극유소작위(堅持韜光養晦積極有所作爲: 능력을 감추고 힘을 기르는 것을 견지하지만, 할 수 있는 것을 적극적으로 한다)'로 수정되었다는

64 田中明彦, 「日本外交におけるアジア太平洋」, 渡辺昭夫編, 『アジア太平洋と新しい地域主義の展開』(千倉書房, 2010), pp. 374-375.

주장이 있다.[65] 이러한 분석에 대해서는 찬반양론이 있을 수 있지만, 세계금융위기 이후 중국의 대외 태도에 공세적인 요소가 두드러졌던 것을 부인하기는 어렵다.

VI. 나오며

탈냉전기의 중일관계는 경제적 상호의존(경제통합)이 심화하면서 정치·안보 분야의 갈등(세력균형)이 깊어지는 비대칭적인 전개 양상을 보였다. 중일 간의 무역과 투자, 인적교류는 급증한 반면 전략적 경쟁관계에서 기인하는 갈등이 반복되었다. 그리고 이러한 비대칭적 발전에 내재하는 긴장은 일본 민주당 정부하에서 더욱 증폭되었다.

일본 민주당 정부하에서의 중일관계는 자유주의적 민주평화론을 양국 관계에 적용하는 것이 적절치 않음을 보여준다. 경제적 상호의존의 심화에도 불구하고 중일 간의 전략적 경쟁구도는 개선되지 않았고, 오히려 센카쿠 영유권을 둘러싸고 불신의 골이 깊어졌다. 반면 정치 갈등이 경제관계에 타격을 초래할 것이라는 현실주의 가설도 증명되지 않았다. 탈냉전 이후 정치체제, 역사인식, 해양주권 등을 둘러싼 중일 갈등에도 불구하고 양국의 경제규모는 꾸준히 확대되었는데, 센카쿠 사건 이후에도 이러한 중장기적 추세에는 기본적으로 변함이 없다.

민주당 정부 시기의 중일관계에 내재된 '부(浮)'와 '침(沈)'의 동태적인 역학을 설명하기 위해 본고에서는 동아시아 공동체 구상과 센카쿠

---

65 清水(2011), pp. 9-16.

사건을 중심으로 중일관계의 전개에 영향을 미친 요인을 정치가 개인, 양국의 정치과정, 그리고 국제체제라는 세 가지 차원에서 살펴보았다. 우선 총리, 외상, 관방장관 등과 같은 내각 구성원의 이념 성향 및 정치 스타일, 대외관계에 관한 관심 등의 차이를 통해 일본의 대중정책의 연속성과 변화를 설명할 수 있었다. 다음으로, 민주당의 대표선거와 각료 인선을 전후해서 센카쿠 사태가 발생하면서 위기관리체제가 가동되지 못한 채 간 내각은 사건의 민감성을 과소평가하여 원칙론에 집착하였고, 직업 외교관들의 역할이 제약된 것이 센카쿠 사건의 조기 해결을 어렵게 만든 요인이었다. 중국 정부가 정권 안정 차원에서 반일 민족주의에 배려할 필요를 느꼈다면 이 역시 중일관계를 악화시킨 요인이었다고 할 수 있다. 마지막으로, 동아시아에서 가속하고 있는 파워밸런스의 변화 및 이에 대한 관계국의 인식이 중일관계에 영향을 미쳤다.

2012년 12월의 일본 중의원 선거에서 자민당이 압승하면서 정권에 복귀하였다. 제2차 아베 내각의 출범으로 '강한 일본', '주장하는 외교' 등의 보수 담론이 한층 힘을 얻고 있다. 자민당정권은 미일동맹 강화를 통해 중국에 대한 견제적 관여를 확대하는 한편 한중일 FTA와 역내포괄적경제동반자협정(RCEP: Regional Comprehensive Economic Partnership)과 함께 TPP를 병행 추진하여 각각의 FTA 협상에 있어서 일본의 전략적 우위를 극대화하고 주변국과의 역사, 영토 문제에서 자기주장을 강화할 것으로 예상된다.

따라서 향후에도 중일관계에 내재하는 정냉경열의 비대칭성은 한층 심화될 가능성이 크다. 전쟁과 같은 전면적인 무력충돌에 이르지 않는 한 양국 간의 경제관계는 확대, 심화될 것으로 보인다. 동시에 양국은 과거사, 해양·영토 문제, 중국의 군사력 증강과 투명성 문제, 대만 문제, 인권, 환경, 동중국해 가스전 개발, 자원 문제, 지역협력 등과 같은 정치·안보 현안을 둘러싸고 대립할 것으로 예상된다. 민주당 정부 시기의 중일관계에서 알 수 있듯이, 미중일 관계의 기본적인 역학 구도가 바뀌지 않는 한 일본에서 정권이나 내각이 교체되더라도 중일 간의 전략적 이해관계의 갈등요인은 상존할 것이기 때문이다.

참고문헌

김기석. 2006.「동아시아 지역주의와 일본」, 김영작 · 김기석 편,『21세기 동북아공동체 형성의 과제와 전망』, 서울: 한울아카데미.

______. 2010a.「동아시아의 새로운 공동체 구상」,『일본공간』 7.

______. 2010b.「일본은 왜 동아시아정상회의를 선택했는가?」,『국가전략』 16: 3.

남궁곤. 2007.「외교정책 결정요인」, 김계동 외,『현대외교정책론』, 서울: 명인문화사.

동북아역사재단. 2008.『2008년도 동아시아 공동체의 설립과 평화구축 연구과제 결과 자료집』, 서울: 동북아역사재단.

미어셰이머, 존 J. 2004.『강대국 국제정치의 비극』, 파주: 나남.

박철희. 2011.『자민당 정권과 전후 체제의 변용』, 서울: 서울대학교출판문화원.

배긍찬. 2005.「동아시아공동체의 발전과정」,『동아시아공동체: 비전과 전망』, 서울: 한양대학교출판부.

______. 2007.「동아시아 지역협력 과제와 전망」,『주요국제문제분석』, 외교안보연구원.

전재성. 2007.「외교정책 결정체계와 이론」, 김계동 외,『현대외교정책론』, 서울: 명인문화사.

조양현. 2007.「일본 UN외교 50년의 궤적과 전망」, 한일협력위원회,『한일협력』 2007년 秋호.

______. 2008.「일본 방위안보정책의 변화와 전망」, 이서항 외,『동아시아 정세 변화와 한국 외교 과제』, 외교안보연구원.

______. 2009a.「제2차 한중일 정상회의와 동북아 협력」,『IFANS FOCUS』, 외교안보연구원.

______. 2009b,「일본 민주당 정부의 대외정책 및 한일관계 전망」,『주요국제문제분석』, 외교안보연구원.

______. 2009c.「일중 관계 개선과 동북아 안보」, 배긍찬 외,『국제정제 변화와 이명박 정부의 외교 과제』, 외교안보연구원.

______. 2010.「일중 센카쿠/댜오위다오 분쟁과 동아시아 지역질서」,『주요국제문제분석』, 외교안보연구원.

______. 2011.「일본 민주당 정부하의 중일관계: 정치가, 정치과정, 국제체제 차원의 요인 분석」,『외교안보연구』제7권 2호.
______. 2012.「중국의 부상과 일본의 대중(對中)정책: 일본 민주당 정부 출범 후의 일중 관계를 중심으로」,『정책연구과제』, 외교안보연구원.
최희식. 2010.「중일 첨각열도 해양영토분쟁: 평화적 관리 방식의 전환기?」,『JPI 정책포럼』, 제주평화연구소.

天児慧, 2006.『中国 · アジア · 日本 — 大国化する「巨龍」は脅威か』, 筑摩書房.
天児慧 · 三船恵美. 2010.『膨張する中国の対外関係 — パクス · シニカと周辺国』, 勁草書房.
石井明. 2011.「中国共産党の対外政策の変遷 — 毛沢東の革命外交の展開を中心に」,『東亜』524.
石原慎太郎. 2009.「『日米安保は』破棄できる」,『文藝春秋』87: 9.
伊藤憲一 · 田中明彦. 2005.『東アジア共同体と日本の針路』, NHK出版.
大庭三枝. 2004.『アジア太平洋地域形成への道程 — 境界国家日豪のアイデンティティ模索と地域主義』, ミネルヴァ書房.
大河原伸夫. 1990.「官僚政治モデル」, 白鳥令編,『政策決定の理論』, 東海大学出版会.
岡部徹. 2010.「レアアース問題をめぐって見えてくる諸課題」,『外交』4.
茅原郁生. 2010.「中国における党軍関係」,『外交』4.
川上高司. 2011.「オバマ政権のアジア政策」, 世界平和研究所編,『日米同盟とは何か』, 中央公論新社.
川戸七絵. 2007.「国家安全保障会議と官邸機能強化 — 安全保障会議設置法等改正案の概要」,『立法と調査』273.
菊池努. 2005.「『地域』を模索するアジア—東アジア共同体論の背景と展望」,『国際問題』538.
清水美和. 2011.「対外強硬姿勢の国内政治」, 国分良成編,『中国は、いま』, 岩波書店.
朱建榮. 2010.「尖閣問題が映す中国の論理と本音」,『外交』4.
末廣昭. 2001.「日本の新たなアジア関与」, 末広昭 · 山影進,『アジア政治経済論』, NNT出版.
添谷芳秀. 2010.「日本外交の展開と課題 — 中国との関係を中心に」,『国際問題』588号.
高原明生. 2010.「民主党政権1年の外交 — 日中関係の課題と展望」,『外交』1.
田中明彦. 1991.『日中関係 1945-1990』, 東京大学出版会.
______. 2010.「日本外交におけるアジア太平洋」, 渡辺昭夫編,『アジア太平洋と新しい地域主義の展開』, 千倉書房.

______. 2011.「パワー・トランジッションと国際政治の変容 ― 中国台頭の影響」,『国際問題』604.

田中均. 2011.「東アジアの中の中國―日本外交への視点」, 國分良成編,『中國は、いま』, 岩波書店.

谷口誠. 2011.「米国のTPP戦略と『東アジア共同体』」,『世界』814.

田母神俊雄・青木直人. 2010.『どっちがおっかない！？中国とアメリカ』, 幻冬舎.

寺島實郎. 2009.「米中二極化『日本外交』のとるべき道」,『文芸春秋』87: 12.

寺田貴. 2009.「東アジア地域主義と日本―地域概念の形成と定着における役割」,『「在外」日本人研究者がみた日本外交』, 藤原書店.

豊下楢彦. 2011.「『尖閣問題』と安保条約」,『世界』812.

長島昭久·谷口智彦. 2011.「集団的自衛権、対中海洋戦略、原子力潜水艦 これが、生き抜くための現実解だ」,『中央公論』126: 3.

中曽根康弘. 2010.『保守の遺言』, 角川書店.

中西輝政. 2010,.「尖閣『喪失』、菅政権の歴史的大罪」,『Voice』395.

西村眞悟. 2010.「尖閣諸島の主権発動に待ったなし」,『正論』464.

鳩山由紀夫. 2009.「私の政治哲学」,『Voice』9月号.

ペンペル, T. J. 2010.「アメリカはアジアに回帰するか」, 渡辺昭夫編,『アジア太平洋と新しい地域主義の展開』, 千倉書房.

松本健一. 2010.「中国に何が起こっているのか ― 尖閣問題が露呈したもの」,『外交』4.

丸川知雄. 2011.「テクノ・ナショナリズムの衝突―レアアースをめぐる日中関係」, 国分良成編,『中国は、いま』, 岩波書店.

村井友秀. 2011.「中国の軍事的拡大と日本の対応」, 世界平和研究所編,『日米同盟とは何か』, 中央公論新社.

毛里和子. 2006.『日中関係 ― 戦後から新時代へ』, 岩波書店.

渡辺利夫. 2008.『新脱亜論』, 文藝春秋.

特別リポート.「中国に『強奪』される東シナ海 ― 菅政権『外交無能力』が招く恐怖」,『選択』2010年 10月号.

「台頭する中国『軍産官複合体』― 習近平時代の不気味な中核勢力」,『選択』2011年5月号.

Allison, Graham T. 1971. *Essence of Decision: Explaining the Cuban Missile Crisis*, Boston: Little, Brown.

Bergsten, Fred. 2009. "Two's Company," *Foreign Affairs*, 88: 5.

Bush, Richard C. 2010, *The Perils of Proximity: China-Japan Security Relations*, Brookings Institute.

Buszynski, Reszek. 2009. "Sino-Japanese Relations: Interdependence, Rivalry and Regional Security," *Contemporary Southeast Asia*, 31: 1.

Calder, Kent E. 2006. "China and Japan's Simmering Rivalry," *Foreign Policy*, 85: 2.

Christensen, Thomas J. 1999. "China, the U. S. -Japan Alliance, and the Security Dilemma in East Asia," *International Security*, 23: 4.

______. 2011. "The Advantages of an Assertive China: Responding to Beijing's Abrasive Policy," *Foreign Affairs*, 90: 2.

Davis, Christina L. and Sophie Meunier. 2011. "Business as Usual? Economic Responses to Political Tensions," *American Journal of Political Science Association*, 55: 3.

Drifte, Reinhard. 2003. Japan's security relations with China since 1989: from balancing to bandwagoning? Routledge.

Jung, Jae Ho. 2006. "Sino-Japanese discord and Koera," *Asian Perspective*, 30: 4.

Kang, David. 2009. "Between Balancing and Bandwagoning: South Korea's Response to China," *Journal of East Asian Studies*, 9: 1.

Katzenstein, Peter J. and Takashi Shiraishi. 1997, *Network Power: Japan and Asia*, Cornell University Press.

Koo, Min Gyo. 2009. "The Senkaku/Diaoyu dispute and Sino-Japanese political-economic relations: cold politics and hot economics?" *The Pacific Review*, 22: 2.

Liu, Jiangyong. 2013. "China's Japan Policy and Its Domestic Background," Takashi Inoguchi and G. John Ikenberry. *The Troubled Triangle: Economic and Security Concerns for the United States, Japan, and China*, New York: Palgrave Macmillan.

Mearsheimer, John J. 2001. *The Tragedy of Great Power Politics*, New York, London: W. W. Norton.

Mifune, Emi. 2013. "Japanese Policy toward Chin," Takashi Inoguchi and G. John Ikenberry, *The Troubled Triangle: Economic and Security Concerns for the United States, Japan, and China*, New York: Palgrave Macmillan.

Schweller, Randall L. and Xiaoyu Pu. 2011, "After Unipolarity: China's Visions of International Order in an Era of U. S. Decline," *International Security*, 36: 1.

Tanaka, Hitoshi. 2010. "The Senkaku Islands and Mending Japan-China Relations," *JCIE*, East Asia Insights.

______. 2011. "Reinvigorating US-Japan Relations," *JCIE*, East Asia Insights.

제6장

한일관계[1]

전략적 연대에서 방기로

최희식

Ⅰ. 들어가며

2009년 일본의 역사적 정권교체는 한일관계에 전환점이 될 것으로 보였다. 고이즈미 준이치로(小泉純一郎) 내각의 망령이 드리워진 자민당 정권은 내셔널리즘적 경향을 보이며 역사 문제를 일으켜 한일관계에 부정적 영향을 미쳐 왔던 것이 사실이다. 반면 민주당 정부는 자민당 정권과는 다른 국제인식을 보여주었고, 역사 문제에 전향적 자세를 보이며 그동안 터부시되었던 한일 군사협력을 논의하는 등 한일관계가 그 어느 때보다 긴밀화되어 갔다. 하지만 2012년 8월 이명박 대통령의 독도방문과 천황사죄발언은 일거에 이러한 한일관계의 성과를 붕괴시켜 버렸다. 이는 후술하듯이 위안부 문제와 일본 국회의원의 울릉도 방문에 소극적으로 대응했던 노다 요시히코(野田佳彦) 내각의 내셔널리즘에서 기인하였다. 자민당정권으로 회귀한 현재 내셔널리즘적 경향을 강화하고 있는 아베 신조(安倍晋三) 내각하에 한일관계는 험난한 길이 예고되고 있다.

절정에서 나락으로 떨어진 한일관계, 이를 어떻게 바라보고 해석해야 할까? 어떠한 배경에서 이러한 극단적 현상이 발생하였을까? 본고는 이러한 질문에 답하고자 한다. 이를 위해 우선 일본의 대한(對韓) 인식과 정책을 유형화시켜 민주당 정부의 각 내각이 어떠한 위치에 있었는지를 살펴보고 역사 문제, 전통적 안보(북한 및 한일 군사협력), 비전통적 안보(환경, 핵안전, 한일 FTA 등)에 있어 민주당 정부 시기 한일관계

1 본 장은 졸고, 「동북아 국제질서의 변동과 한일관계의 새로운 전개」, 『일본연구논총』 37호(2013)를 기본으로 하면서 본서의 취지에 맞게 일부분을 새롭게 쓴 것이다.

가 어떠했는지를 살펴보고자 한다. 이를 기반으로 민주당의 대한 정책을 복합적으로 평가하고자 한다.

II. 일본 민주당정권의 대한(對韓) 인식과 정책

1. 중국의 대두

21세기 아시아의 세력균형은 크게 변화하였다. 21세기 중국은 경제력 및 군사력을 급격히 증대하여 그 존재감이 제고되고 있다. 물론 중국의 대두는 90년대 이후 동아시아 질서 변화의 중요한 요인이었으나 2002년 국제무역기구(WTO) 가입 이후 중국의 존재감이 더욱 두드러지게 제고되었다. 이른바 아시아 지역에 있어 미중 양강체제인 'G2 시대'의 도래를 알린 것이다. 반면 일본은 '잃어버린 20년'을 통해 그 존재감이 쇠퇴하고 있다. 2011년 동일본대지진은 이러한 권력 전환을 가장 상징적으로 보여주었다고 볼 수 있다.[2]

특히 이러한 세력 전이는 2008년 글로벌 금융위기 이후 급격히 가속화되고 있는데, 이러한 사실은 중국과 일본의 2008년 이후 GDP 성장률에서도 확인되고 있다. 일본은 2008년 글로벌 금융위의 여파로 마이너스 경제성장으로 전락한 반면 중국은 9~10% 대의 경제성장을 유지하며, 급기야 2010년 중국은 일본을 누르고 세계 제2위의 경제 대국

2 조양현, 「3 · 11 일본 대지진 사태의 대내외적 영향 및 전망」, 『주요국제문제분석』 (2011년 4월 17일).

으로 성장하였다.

표 6-1. 중국과 일본의 GDP 성장률 추이

	2005	2006	2007	2008	2009	2010	2011
중국	11	13	14	10	9	10	9
일본	1	2	2	-1	-6	4	-1

출처: World Bank 자료를 바탕으로 필자가 작성.

이와 더불어 중국의 국방비 또한 급속히 증가하여 2004년 일본의 국방비를 추월하였고, 2008년 이후에는 2배의 격차를 보이며 그 격차가 커지고 있다. 반면 일본의 국방비는 2008년까지 조금씩 감소하다 2009년 이후 조금씩 증가하는 데 머물고 있다. 이러한 중국의 국방비 증가와 더불어 2009년부터 '제1열도선'을 넘어 태평양 지역까지 중국 해군의 해상활동이 확대되면서 동아시아 지역의 중요 현안이 되고 있다.

표 6-2. 중국과 일본의 국방비 지출 및 GDP 비율

		2005	2006	2007	2008	2009	2010	2011
중국	총액 (US$ m.)	64,726	76,065	87,730	96,663	116,666	121,064	129,272
	GDP 비율	2	2	2.1	2	2.2	2.1	
일본	총액 (US$ m.)	55,330	54,637	53,885	53,159	54,339	54,641	54,529
	GDP 비율	1	1	0.9	0.9	1	1	

출처: 스톡홀름국제평화문제연구소(SIPRI) 자료를 바탕으로 필자가 작성.

중국의 대두와 2010년 일련의 사건으로 오바마 정부 초기에 대두되었던 'G2론' 혹은 '미중 공동관리론(Condominium)'이 퇴조하면서 새로운 대중정책으로의 전환이 전개되고 있다.[3] 2011년 11월 오바마(Barack H. Obama) 대통령이 아태지역 순방 시에 '아시아로의 복귀(Returen to Asia)'와 '아태 중심(Asia-Pacific Pivot)' 전략을 표방한 것은 이러한 배경 때문이었다. 또한 동년 9월 공화당과 민주당이 3,500억 달러의 국방비를 삭감하는 데 합의함에 따라 국방정책의 '선택과 집중'이 불가피해졌고, 아시아·태평양 지역을 우선시하는 국방정책의 전환이 가시화되었다. 미 국방부는 2012년 1월 ① 기존의 두 개 지역에서의 승리 전략(Win-Win 전략)의 폐기 및 한 개 지역에서의 완전한 승리와 다른 지역에서의 상대방 승리 거부 전략(Win+전략)으로의 전환, ② 미국의 접근을 거부하는 국가의 전략에 대한 군사력 투사[Project Power Despite Anti-Access(A2)/Area Denial(AD) Challenges]를 핵심 내용으로 하는 새로운 국방전략지침(Defense Strategic Guidance)을 발표하였다. 미국의 접근을 거부하는 전략을 취하고 있는 나라가 중국이라는 점에서 신국방전략은 명백히 중국을 의식한 것으로 해석되고 있다.[4]

따라서 미국의 국방정책은 기존의 아태지역 동맹국에 더욱 적극적인 안보 분담을 요구하면서 '중심축과 바퀴살(hub and spoke)' 구조를 강화할 것으로 예측되고 있다. 동시에 아태 지역 동맹국 사이의 파트너십 구축을 통해 이를 보완하려는 '중심축과 네트워크 시스템(hub and network)'으로의 전환이 예상되고 있다.[5] 실제 미국은 후술하듯, 한미일

---

[3] 東京財団,『日本の対中安全保障戦略: パワーシフト時代の総合・バランス·抑止の追求』(東京財団政策提言, 2011. 6), p. 5.

[4] 김열수,「미국의 신국방전략과 한국의 대비전략」,『국가전략』 18-2호(2012).

삼각관계의 강화를 비롯해서 미일호 삼각관계의 강화 등을 추진하고 있다.

후술하듯 한미 및 미일 양자 군사훈련, 한미일 다자간 군사훈련의 범위와 규모가 증가하였다. 또한 2011년 7월 23일 한미일 외무장관 회담에서는 "미일 간, 한미 간 동맹, 그리고 한일 간의 파트너십이 아시아에 있어 평화와 안정의 유지에 불가결하다고 인식했다."라는 성명서를 발표하면서 북한 문제뿐만 아니라 핵·비확산, 국제 인권, 개발협력, 아프가니스탄 지원 문제 등 국제문제에 있어 한미일이 긴밀히 협력할 것을 표명하였다. 동시에 "(한미일) 3국 협력의 진전이 중요하다는 인식에 기초하여, 3국 회담을 촉진하고 공동의 대응을 기획하고 폭넓은 문제에 3국의 관여를 제고하기 위해 3국에 의한 사무국의 설치를 모색하는 데 일치한다."라고 표명하며 한미일 삼각관계의 제도화를 모색하였다.[6] 2012년 7월 12일 한미일 외무장관 회담에서는 "워싱턴에 거점을 둔 실무 레벨의 운영그룹을 설치할 것"에 합의하며 제도화가 진척되고 있다.[7] 실제 한미일 외무장관 회담은 이전까지 비정기적으로 이루어졌으며 공동성명서 또한 거의 발표되지 않았지만, 2010년 이후 매년 개최되고 있으며 공동성명서를 발표하면서 결속을 강화하고 있다.

---

5 실제 2001년 미 아시아태평양 사령부 사령관은 hub and spoke에서 web network로의 전환을 촉구하는 글을 기고한 바 있다. 青木保·浦田秀次郎など, 『東アジア共同体と日本の針路』(NHK出版, 2005), p. 228.

6 日本外務省 http://www.mofa.go.jp/mofaj/kaidan/g_matsumoto/asean1107/juk_gk1107.html (검색일: 2012년 7월 20일).

7 日本外務省 http://www.mofa.go.jp/mofaj/kaidan/g_gemba/asean1207/juk_gk.html (검색일: 2012년 7월 20일).

특히 2012년 7월 개최된 한미일 외무장관 회담은 중요한 함의성을 가진다. 2010년과 2011년 개최된 한미일 외무장관 회담은 북한 문제, 핵·비확산, 국제인권, 개발협력, 아프가니스탄 지원 문제가 의제였던 반면 2012년 회담의 경우 북한 문제의 경우 인권 문제가 포함되면서 더욱 포괄적 논의가 이루어졌다. 동시에 남중국해 문제에 대해서는 "국제법 및 남중국해에 관한 행동선언(DOC)의 정신에 입각한 ASEAN 중국 간 행동규범(CCC)의 발전"을 촉구하며 남중국해 해양영토 문제가 논의되었다. 이는 전술한 미국 국방정책의 전환에 수반하여 한미일 협력체제가 명백히 중국을 의식하고 있다는 점을 보여주고 있다. 이와 더불어 시리아 문제, 중동 및 북아프리카 민주화 문제, 이란 핵 문제 등 전 세계적인 문제가 포함되어 한미일 협력체제가 의제 면에서도 질적인 성장을 보이고 있다.[8]

2. 민주당의 외교전략과 한국

미중 양강체제라는 새로운 시대의 도래는 일본 외교에 거대한 도전이 되었다. 특히 2009년 역사적 정권교체로 수립된 민주당 정부는 과거 자민당과는 다른 국가전략을 제시할 필요가 있었다. 결국 민주당 정부의 출현은 포스트 탈냉전 시대의 새로운 국가전략을 모색해야 하는 시점과 중첩되었으며, 이러한 외교전략의 재편은 이하에 설명하는 두 가지 접근방식으로 나타났다.

---

8 日本外務省 http://www.mofa.go.jp/mofaj/kaidan/g_gemba/asean1207/juk_gk_jps2.html (검색일: 2012년 7월 20일).

민주당은 자민당의 외교전략을 비판하며 정권교체를 이루었다. 따라서 자민당이 미일동맹에 절대적으로 의존하는 수동적 외교에 함몰되었다며 비판을 가하던 민주당에 있어 미국과의 관계 조정은 그 존재 근거이기도 하였다. 하토야마 유키오(鳩山由紀夫) 총리의 '우애 외교'는 이러한 사정을 잘 보여준다. 하토야마는 미국의 일방주의적 외교전략과 더불어 중국의 무책임한 대국화, 이 양자를 거부하며 일본의 생존전략을 찾고자 하였다. "계속 패권국가의 지위를 유지하려고 분투하는 미국과 패권국가가 되고자 기도하는 중국의 틈에서 일본은 어떻게 정치적 경제적 자립을 유지하면서 국익을 지켜갈 것인가", 이것이 하토야마의 근본적 문제 제기였던 것이다. 물론 이 전략은 미일관계뿐만 아니라 중일관계마저 상대화시키는 전략이었으나 정책적으로는 미일관계의 재조정에 머물렀다. 실제 하토야마 정부의 대중 정책은 매우 적극적이었다. 반면 민주당은 매니페스토에 '대등한 미일관계'를 외치며, 미일 행정협정의 개정, 후텐마 기지 이전, 배려예산의 조정을 주요 정책으로 제시하였으며, 이러한 문제로 미국과 마찰을 빚었다.[9]

이러한 전략 속에 하토야마는 미중 양강체제에 직면한 다른 아시아 중소 규모 국가들을 언급하며, 상호협력을 강조하고 있다.[10]

이것은 일본뿐만 아니라 아시아의 중소 규모 국가도 같이 고민하고 있는 부분이기도 하다. 이 지역의 안정을 위해 미국의 군사력이 효율적으로 작동하기를 바라지만 미국의 정치적·경제적 방종은 가능한 한 억제하고 싶다는 것 또한 바로 눈앞에 펼쳐지는 중국의 군사적 위

9 박영준, 「일본 방위계획대강 2010과 한국 안보정책에의 시사점」, 『EAI 논평』 16호(2010); 김성철, 「일본 민주당 정부와 미일관계」, 『정세와 정책』 162호(2009).

10 鳩山由紀夫, 「私の政治哲学」, 『Voice』 9月号(2009).

협은 감소시키면서 그 거대화하고 있는 경제활동의 질서를 도모하고자 하는 것은 이 지역의 제 국가들의 거의 본능적인 요청일 것이다. 그것은 지역적 통합을 가속시키는 큰 요인이 되기도 한다.

이처럼 하토야마 총리는 그의 가장 중요한 정책이었던 동아시아 공동체 추진에 있어서 같은 문제의식을 공유하고 있는 일본과 아시아 중소 규모 국가를 주요한 추진체로 인식하였다. 미중 양강체제에 직면한 아시아 중소 규모 국가와 일본의 문제의식을 일체화시키고, 이들 간의 협력으로 양 대국의 잠재적 위협을 제거하고자 하는 외교전략은 기실 한국과의 협력 강화 노선으로 발전될 여지가 존재하였다. 아시아 중소 규모 국가 중 상당한 국력을 소유하면서 일본과 가치 공동체를 구축해 오고 있었던 국가는 한국이었기 때문이다. 후술하듯 기존의 아시아 중시 외교에는 대중 외교가 가장 중요한 요소였던 것에 비해 여기에서는 한국이 일본 외교전략에 중요한 파트너로 인식되고 있다는 점을 주목할 필요가 있다. 중국은 일본과 아시아 중소 규모 국가의 협력으로 '책임 있는 대국'으로 연착륙해야 하는 전략목표의 '대상'이며, 한국은 이러한 외교목표를 달성하기 위한 중요한 파트너로 인식되고 있다. 일본 외교에서 한국에 더 높은 '전략적 가치'[11]가 부여되고 있는 것이다.

하토야마 총리의 첫 해외 방문지가 한국이었다는 사실은 이 사실

11 여기에서 전략적 가치라는 개념은 외교목표를 달성하는 데 있어 협력할 수 있는 정도를 의미한다. 대중관계는 한국과 일본에 있어 매우 중요한 외교이다. 하지만 외교목표에 따라 중국은 견제의 대상이거나 변화의 대상이 될 수 있다. 이 경우 전략적 가치가 높다고 할 수 없다. 반면 외교목표를 달성하는 데 중요한 협력대상이거나 외교 파트너로 산정되는 경우 높은 전략적 가치를 지니고 있다고 할 수 있다.

을 더욱 명확히 보여주고 있다. 2009년 10월 한일 정상회담에서는 미래지향적 한일관계를 구축하기 위해 노력하기로 하고 북한 문제, 기후변화 문제, 동아시아 공동체 구상에서의 협력을 합의하였다. 공동 기자회견에서 하토야마 총리는 "일한 양국은 가치관을 공유하는 중요한 인접국이며, 아시아 외교의 핵심이 되고 있다. 더욱 많은 분야에서 협력을 심화시켜 동아시아 공동체 구상의 실현에 한 발 더 가까이 가는 것이 가능하다고 생각한다."라며 한일관계의 중요성을 역설하였다.[12] 이는 한일 가치공동체의 발전 가능성을 인식하며, 한일관계를 다차원적으로 발전시키려는 노력이었다.[13]

하지만 하토야마 정부는 후텐마 기지 이전 문제에서 정치 리더십 부재로 인해 막을 고하게 된다. 동시에 아시아 국제정세도 변화하기 시작하였다. 2010년은 중국이 일본을 누르고 GDP에서 세계 제2위로 부상함으로써 국제질서에 있어 중국의 위상을 보여주는 해였다. 특히 2010년의 천안함 사건, 연평도 사건, 중일 센카쿠 열도 분쟁은 아시아 질서에서 중국 문제를 더욱 부각시켰다.

위 사건은 미국의 대중 인식을 전환시켜 적극적인 아시아 개입정책으로의 전환을 유도하였다. 먼저 천안함 사건과 연평도 사건에 있어 중국의 태도는 북한을 고립시키지 않는 것이었으며, 이는 중국이 북한의 핵개발과 모험주의를 억제하기 위해 진정성 있게 북한을 설득하고 압력을 행사할 의사가 있는지 미국의 의구심을 증폭시켰다. 결국 한미 양국은 공동 군사훈련이라는 강도 높은 행동으로 대응했으며, 중국은

12 日本外務省, http://www.kantei.go.jp/jp/hatoyama/statement/200910/09kyoudou.html (검색일: 2011년 1월 20일).

13 이숙종·이원덕, 「글로벌 시대의 한일관계」, 『EAI 논평』 4호(2009).

서해에서의 공동 훈련에 강력히 반발하며 미중관계가 긴장되었다.

무엇보다 2010년의 제 사건은 일본과 한국의 대중인식을 전환시켜 '현실주의적 중국관'이 확산하는 계기가 되었다. 한국과 일본 모두 '낭만주의적 중국관'이 일정 정도 존재하는 것이 사실이다. 이는 유교, 한자 등 문명의 근원에 대한 동경에 기인할 것이다. 하지만 2010년의 제 사건은 자국 안보 혹은 외교에 있어서 중국의 존재를 현실주의적으로 사고할 수 있는 계기가 되었던 것이다.

특히 중일 센카쿠 열도 분쟁은 중요한 전환점을 형성하였다.[14] 이 분쟁의 특징은 갈등 해결 수단이 극단화되었다는 점이다. 중국은 WTO 규정을 위반하는 희귀 지하자원의 대일 수출을 제한함으로써 일본에 압박을 시도했으며, 일본의 대중 수출에 대한 통관 절차의 엄격화 등을 이용해 일본 기업의 대중 수출에 차질을 불러왔다. 동시에 군사시설 촬영을 이유로 일본인 4명을 구속함으로써 일본의 중국인 선원 구속과 동일한 대항수단을 행사하였다. 이러한 중국의 '과잉대응'은 중국 해군의 태평양 지역 해상활동과 연계되며 미국의 우려를 증폭시켰고, 미국의 적극적인 아시아 개입을 불러왔다. 미국은 영토분쟁에 대한 기존의 중립적인 태도에서 벗어나 센카쿠 열도뿐만 아니라 남중국해 해양영토분쟁에 적극적인 개입 의사를 표명하였다.

이러한 상황 속에서 간 나오토(菅直人) 정권의 외교전략은 '대등한 미일관계' 정책에서 이탈하여 미일동맹을 공고화하는 방향으로 전환되었다. 동시에 미일동맹을 보완하는 의미에서 가치관을 공유하는 국가와의 협력관계를 심화시키려 하였다. 이 과정에서 한미일 협력체제

---

14 東京財団(2011. 6), pp. 6-7.

의 필요성에 대한 인식이 제고되었다. 실제 마에하라 세이지(前原誠司) 외상은 한국 매일경제신문과의 2011년 1월 인터뷰에서 “북한의 무력 도발 가능성과 중국·인도 등 신흥국가의 급부상으로 새해 국제정세가 큰 변화를 맞이할 것”이라고 전제하고 한일 양국 간의 안보 분야 제휴를 공식적으로 제안하였다. 마에하라 외상은 “새해 일본 외교의 최대 현안 중 하나는 인접국과 굳건한 안전보장체제를 구축하는 것”이라고 말하였다.[15] 이는 2010년 12월 17일, 각의 결정된 「2011년도 이후에 관련된 방위계획의 대강에 대해서」[16]에서 “미국의 동맹국이며, 일본과 기본적 가치 및 안전보장상의 많은 이익을 공유하는 한국과 호주와 양자 간 혹은 미국을 포함한 다자간의 협력을 강화한다.”라는 방침의 연장선에서 나온 발언이다. 이는 일본 정부가 중국을 의식하며 미일동맹 강화 노선을 취할지라도 그 속에서 한일관계에 높은 전략적 가치를 부여하고 있다는 사실을 보여준다.

결국 미중 양강체제 시대에 일본의 선택은 요시다 노선에 대한 반성 위에 미일동맹을 상대화하며 미중 경쟁 속에 존재감을 상실해가고 있는 일본이 한국 등 다른 아시아 국가와의 연대를 강화하여 그 존재감을 제고하는 방향과 이질 국가 중국에 대한 위협을 전제로 동질 국가 미국, 한국, 호주와의 관계강화를 통해 이를 해소하는 방향, 두 가지의 정책지향성('두 개의 일본')으로 표출되었다.[17] 그런 측면에서 '두 개의

15 『매일경제신문』, 2011년 1월 2일.

16 首相官邸 http://www.kantei.go.jp/jp/kakugikettei/2010/1217boueitaikou.pdf (검색일: 2011년 1월 20일).

17 본 논문은 미일동맹과 아시아 외교를 둘러싼 인식 차이를 바탕으로 '두 개의 일본'으로 칭하고자 한다.

일본'은 기존 연구에서 탈냉전 이후 일본 외교의 두 가지 갈래를 설명한 '아시아주의' 및 '미일동맹 우선주의'와 그 맥을 같이하고 있다.[18] [19] 조양현은 현재 일본의 두 가지 국가전략을 미일동맹에 대한 평가에 기반을 두어 유엔 중심의 집단안보를 중시하는 '자유주의적 보통국가론'과 미일동맹을 중시하는 '보수주의적 보통국가론'으로 칭하고 있다.[20] 자유주의적 보통국가론의 정책적 내용으로 전향적 역사인식 등 적극적 아시아 정책이 포함되었다는 측면에서 기존 연구의 '아시아주의', '미일동맹 우선주의'와 대체로 일치하고 있다.

주목해야 할 것은 민주당 정부 이후 나타난 '두 개의 일본'에는 기존의 아시아주의, 미일동맹 우선주의와는 다른 측면이 내포되어 있다는 점이다. '아시아주의'는 미일동맹을 상대화하여 전향적 역사인식 등을 바탕으로 아시아 국가와의 유대관계를 강화하려는 외교적 전략으로 대중관계가 가장 중요한 전략적 위치를 점유하고 있었다. 기실 아시아주의는 적극적인 대중 정책의 다른 이름이었다. 그러나 미중 양강체제를 배경으로 하는 일본의 새로운 '아시아주의'는 미중 양 대국 사이에서 일본의 자립과 존재감을 유지하기 위해 일본과 비슷한 문제의식을 느끼고 있는 한국 및 아세안 등 아시아 중급 국가와의 협력관계

18 진창수, 「일본의 동아시아 정책변화: 아시아주의로의 복귀」, 『일본연구논총』 27호(2008); 渡邉昭夫, 『アジア太平洋の国際関係と日本』(東京: 東京大学出版会, 1992).

19 필자는 일본의 국가 아이덴티티가 아시아의 일원 의식을 강조하며 아시아 내부에 존재하려는 의식과 아시아를 상대화하며 아시아의 밖에 존재하려는 의식 사이에서 분열하는 것을 강조하기 위해 '내재적 접근'과 '외재적 접근'이라는 개념을 사용하였다. 최희식, 「현대 일본의 아시아 외교전략: 내재적 접근에서 외재적 접근으로」, 『국제정치학논총』 49-2호(2009).

20 조양현, 「일본 민주당 정부의 대외정책 및 한일관계 전망」, 『주요국제문제분석』(2009년 12월 9일).

를 중시하고 있다는 점에서 중요한 차이점이 내포되어 있다.

또한 기존의 '미일동맹 우선주의'는 고이즈미 정권 시기에서 잘 드러나듯, 미일동맹을 우선하는 결과 한국을 포함한 아시아 국가와의 관계가 소홀하게 되어 종종 마찰을 일으키곤 하였다. 하지만 미중 양강 체제를 배경으로 하는 일본 외교전략 속에서는 미일동맹뿐만 아니라 이를 보완할 한일관계에 높은 전략적 가치를 부여하고 있다는 점에서 중요한 차이점을 보이고 있다. 그만큼 '가까이 있는' 중국의 급속한 대두로 인해 '먼 곳에 있는' 미국과의 동맹을 보완하는 의미에서 '가까이 있는' 아시아 내부의 동질국가인 한국 및 호주와의 협력이 중요하게 된 것이다. 이렇듯 '두 개의 일본' 어느 경우든 한일관계의 전략적 가치가 높게 평가되고 있다는 사실은 주목할 필요가 있으며, 한일관계에 긍정적 영향을 미쳤던 게 사실이다.

3. 민주당의 국가상과 한국

미일동맹에 대한 평가와 더불어 일본의 대한(對韓) 인식과 정책에 영향을 미치는 것은 역사 문제를 둘러싼 인식이다. 이 근저에는 일본이 추구해야 하는 국가상에 전략과 이념이 자리 잡고 있다.

2000년대 고이즈미 내각과 아베 내각 및 아소 내각에서 보듯이 자민당정권에서는 내셔널리즘이 강화되었다. 이들 그룹은 전후체제로부터의 탈각을 통한 국가상의 재정립을 추구하였다. 자주성이 결여된 헌법의 개정, 자학사관의 극복, 교육개혁 등 국가의식과 영토의식의 제고를 추구하였다. 실제 2006년 아베 총리의 정치적 리더십하에 도덕 교육 및 애국심 교육을 강조하는 '교육기본법'이 통과되었다. 교육기본법의 통과는 '자학적 역사관'의 수정을 통해 국가의식과 영토의식을 확고히 하여 일본 민족의식의 재구축을 도모하던 보수세력의 오랜 염원이었다. '전후체제로부터의 탈각'을 슬로건으로 내세운 아베 총리와 보수세력에 있어 교육 문제는 일본 민족의 그랜드 디자인에 가장 기본이 되는 토대였던 것이다. 물론 이러한 내셔널리즘적 국가상의 추구가 식민지배의 정당화, 고노 담화와 무라야마 담화 등 일본 정부의 공식적 견해의 파기 등 과거에 대한 미화를 의미한 것은 아니었다. 하지만 고이즈미 총리의 야스쿠니 신사 참배, 아베 총리의 '협의의 강제성' 논란에서도 알 수 있듯이, 과거 역사에 대한 재해석을 불러와 한일관계에 부정적 영향을 미쳤던 게 사실이다.

반면 일본 정치세력에는 리버럴 세력이 존재하여 '아시아와의 공생'에 입각한 국가상을 추구하는 일련의 그룹이 존재한다. 특히 정권교체를 달성한 민주당에서 이러한 국가상이 추구되었던 것은 자민당과의 차별성을 의식했던 민주당 정부의 필연적 선택이었다. 후술하듯, 하토야마 내각과 간 내각에서 역사인식이 심화되었을 뿐만 아니라 내셔널리즘적 경향이 약화되는 등 자민당 정부와는 다른 방향성을 보였던 것이 사실이다. 이러한 정책은 한일관계에 긍정적 영향을 미치며 한일관계의 발전을 가져왔다.

하지만 이러한 경향은 간 내각 후반 이후 변화하기 시작하였다. 2010년 7월 참의원 선거 패배로 인해 분점국회가 재등장하며 민주당 정부의 정치기반은 약화되었고, 9월 센카쿠 분쟁과 2011년 3월 동일본 대지진 이후 일본 사회가 보수화되면서 아시아와의 공생을 추구하던 민주당 정부의 리더십이 제약되었기 때문이다. 특히 전통주의적 성향이 강했던 노다 총리의 등장으로 '아시아 공생' 전략이 상당히 후퇴하였다. 대지진이라는 국가적 위기 상황에서 메이지 유신의 '선지자'들을 떠올리는 건 전통주의자 노다 총리에게 자연스러운 일이었을 것이다. '헤이세이 유신'을 꿈꾸는 그에게 이러한 어려운 상황이야말로 '선지자적 사명의식'을 자극했을지도 모른다. 그럼에도 노다 총리는 민주당의 '아시아와의 공생' 전략에서 근본적으로 이탈했던 것은 아니다. 하지만 후술하듯 그의 내셔널리즘적 경향은 일본군위안부 문제에 대한 소극적 대응, 일본 국회의원의 울릉도 방문에 대한 소극적 대응으로 이명박 대통령의 독도방문에 빌미를 제공했던 것이 사실이다. 동시에 독도 방문에 대해 강경한 정책으로 일관하여 한일관계에 부정적 영향을 미쳤던 것이 사실이다.

이상과 같이 미일동맹에 대한 평가와 추구하는 일본의 국가상에 따라 일본의 대한 인식과 정책은 〈표 6-3〉과 같은 구분이 가능할 것이다. 민주당 정부는 I영역에서 II영역, 그리고 III영역으로 이동하면서 자민당 정부와의 차별성을 상실해 갔다. 어떤 의미에서, 민주당 정부하의 한일관계는 자민당정권의 그것으로 회귀하는 과정, 그 이상도 이하도 아니었던 것이다. 중국의 대두는 미일동맹 강화 전략에 있어서든 아시아 중시 전략에 있어서든 한국의 전략적 가치를 상승시켜 한일관계에 긍정적 영향을 미쳤던 것이 사실이다. 하지만 노다 내각의 수립으로 추구하는 일본의 국가상이 변화하면서 한일관계에 복잡한 역동성을 부여하였다. 이하에서는 민주당 정부하의 한일관계를 역사 문제, 전통적 안보 문제, 비전통적 안보 문제로 나누어 살펴보고자 한다.

표 6-3. 일본의 대한 인식과 정책

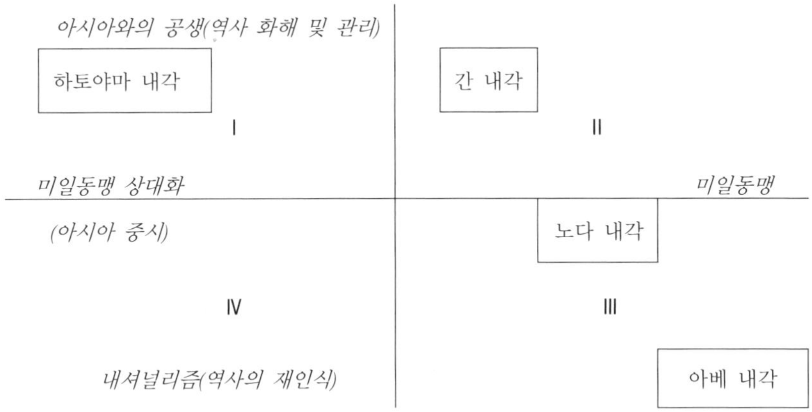

III. '역사 문제 관리'의 제도화 흐름과 그 한계

1. 역사 문제 관리 정책의 시도

기술했듯이 미중 양강체제에 직면한 일본의 외교전략 속에 한일관계의 전략적 가치는 높게 평가되었다. 동시에 민주당 정부의 '아시아와의 공생' 전략으로 역사 문제에 대한 정책은 매우 전향적인 형태로 나타났다. 이는 하토야마 총리의 첫 해외 방문지가 한국이었다는 사실에서 잘 나타난다. 무엇보다 2010년 8월 10일 발표된 간 나오토(菅直人) 총리 담화는 진일보한 역사인식을 보여주었다. 이 성명은 "한국인의 뜻에 반해 이루어진 식민지 지배"라는 표현을 사용함으로써 한일합병의 강제성을 처음으로 인정하였다. 동시에 "조선왕실의궤 등 한반도에서 유래한 귀중한 도서"를 한국에 돌려주기로 하는 등 구체적인 실천 공약이 제시되었다. 물론 한국 내에서는 성명 발표 날짜가 합병조약을 체결한 22일이나 병합을 선언한 29일이 아니었다는 점, 한일합병의 불법성을 얘기하지 않은 점, 문화재의 반환 대신 양도라는 표현을 사용한 점에서 불만이 제기되기도 하였다. 하지만 한일관계를 중시하는 민주당 지도부의 전향적 역사정책이었다는 측면에서 긍정적 평가를 받은 것도 사실이다.[21]

동시에 과거청산과 밀접한 관련이 있는 재일 한국인의 지방참정권 부여 법안에 적극적 자세를 보였으며, 종군 위안부를 비롯한 강제동원 피해자들에 대한 전후보상 문제에 관해서도 전향적인 자세를 언급하기도 하였다. 실제 2010년 7월 센고쿠 요시토(仙谷由人) 관방장관은 한일 기본조약으로 개인 청구권 문제가 완전히 최종적으로 해결되었다고 하지만 "그것만으로 충분한지" 반문하며 개인 청구권 문제에 전향적인 자세를 표명하였다.[22] 물론 이것들은 아직 실현되지 않았지만 과거 자민당정권과는 다른 매우 전향적인 자세를 보여주었다는 면에서 역사 문제가 한일관계를 악화시키지 않도록 관리하는 민주당 정부의 적극적인 노력이 엿보이는 것이었다.

물론 2009년 12월 고등학교 학습지도요령 해설서에 독도는 일본 영토라는 문구 삽입을 둘러싼 분쟁이 있어 한일관계를 긴장시켰다. 하지만 일본 정부는 최종적으로 "(고유영토인) 북방영토와 마찬가지로 우

21 진창수, 「한일강제병합 100년: 간총리 담화의 평가와 한일관계」, 『정세와 정책』 173호(2010).

22 『毎日新聞』, 2010년 7월 7일.

리나라의 영토 영역에 관해 이해를 심화시키는 것도 필요하다."라는 문구를 채택하였다. "다케시마(竹島)는 일본의 고유영토"라는 문구를 기술하지 않음으로써 한국을 배려한 것이다.[23] 당시 한국에서는 이를 비판하는 보도가 많았지만, 한일관계에 대한 민주당 지도부의 애정과 배려를 평가하는 듯 큰 문제가 되지는 않았다.

무엇보다 민주당 정부하의 역사 문제에 대한 정책은 기존 역사마찰의 '학습효과'에 의해 역사 문제가 정치쟁점화되지 않도록 자제하는 기본적인 룰이 정착시켜 가고 있다는 점에서 특기할만하다. 즉 각료는 식민지 지배를 정당화하거나 무라야마 담화 등을 부정하는 발언을 하지 않으며, 야스쿠니 신사에 참배하지 않으며 독도 등에 있어 세심한 발언을 통해 한국 국민감정을 배려한다는 점이 조금씩 제도화되어 가고 있다는 점에서 긍정적으로 평가할 수 있다.

실제로 민주당 정부하에서 각료를 비롯한 주요 정치인의 '망언'에 의한 정치 문제화 현상은 없었다. 동시에 민주당 정부의 각료가 야스쿠니 신사에 참배하여 한일 및 한중 관계를 악화시킨 적도 없었다. 또한 독도 등 민감한 문제에 대해서는 "독도는 일본의 고유 영토"라는 한국 국민감정을 극도로 악화시키는 발언을 피하고, "일본 정부의 기본 방침에 변함이 없다(2010년 4월 하토야마 총리 발언)", "독도 문제가 한일관계에 악영향을 미치지 않도록 양국 정부가 노력해 나갈 필요가 있다고 생각한다[2010년 2월 오카다 가츠야(岡田克也) 외상 발언]"는 등 우회적이며 세심한 발언을 하였다.[24] 또한 2011년 3월 4일 참의원 예산위원회

23 『동아일보』, 2009년 12월 25일.

24 『每日新聞』, 2011년 3월 5일.

에서는 독도 문제에 대한 토론 과정에서 야당의 보수의원이 “일본 영토인 다케시마를 한국 정부가 불법점거하고 있다.”라는 표현을 사용하도록 압력을 가했지만 마에하라 외상은 ‘불법점거’라는 단어를 끝내 사용하지 않았다. 전임자인 오카다 외상 또한 야당 보수의원의 압력에도 불구하고 ‘불법점거’라는 단어를 사용하지 않았다. 이는 독도 문제가 전략적 가치가 높은 한일관계를 악화시키지 않도록 배려하겠다는 민주당 정부의 독도정책을 명확히 보여주는 것이다.

2. 역사 문제 관리 정책의 실패

이렇듯 민주당 정부하에서 ‘역사 문제의 관리’ 정책이 나름대로 정착되어 가고 있었다. 하지만 2010년 7월 참의원 선거의 패배로 ‘분점국회’가 출현하면서 민주당의 권력기반이 약해졌다. 동시에 9월의 센카쿠 분쟁과 2011년 3월 동일본대지진 이후 일본 사회가 보수화되어 가고 있는 상황 속에서 역사 문제를 관리하고자 하는 일본 정부의 리더십이 발휘되기 어려운 구조가 되면서 역사 문제는 한일관계를 긴장시켰다.

그런 의미에서 간 내각 때 2011년 3월 31일의 일본 교과서 검증결과 발표는 민주당 정부의 역사 문제 관리 정책의 실패를 보여주는 중요한 사례였다. 일본 문부성이 ‘다케시마는 일본 고유의 영토이다’, ‘한국이 불법점거하고 있다’는 내용이 실린 교과서를 검증, 통과시킴으로써 한일관계가 악화되었다. 이 과정에서 민주당의 정치적 리더십은 실종되었다. 물론 대지진 복구 및 방사능 관리에 여념이 없다는 핑계가 없는 것은 아니다. 하지만 복구를 위해 주변국의 도움이 절실한 이때,

무엇보다 한국의 일본 돕기 운동으로 한일관계의 새로운 가능성이 회자되고 있던 때, 검증결과 발표를 연기하거나 내용 수정을 통해 한국을 배려하려는 민주당의 정치적 리더십이 보이지 않았다는 것은 큰 문제였다. 앞에서 언급한 2009년 12월 고등학교 학습지도요령 해설서 사례에서 일본 정부가 적극적 리더십을 바탕으로 해설서에 "다케시마는 일본의 고유영토"라는 문구를 삭제하는 데 성공하여 한일관계에 대한 부정적 영향을 최소한 것과는 대조되는 사항이었다.

노다 내각 수립 이후에는 역사 문제를 관리하려는 일본 정부의 의지가 약해졌다. 이는 일본 국회의원의 울릉도 방문을 둘러싼 일본 정부의 대응에서도 잘 나타났다. 2011년 8월 1일 자민당 '영토에 관한 특명위원회'의 신도 요시타카(新藤義孝) 위원장 대리, 이나다 도모미(稲田朋美), 사토 마사히사(佐藤正久) 의원이 울릉도와 독도 박물관을 시찰하겠다며 울릉도를 방문하기 위해 입국하면서 한일관계는 급격히 악화되었다. 물론 이러한 사태 이면에는 5월 24일 국회 독도영토수호대책특위 소속 강창일 의원 등이 일본이 러시아와 영유권 분쟁을 겪고 있는 쿠릴 열도를 시찰 명목으로 방문한 것에 대한 반발의 측면도 강하였다.[25]

일본 정부는 위 문제에 적극적인 리더십을 행사할 수 없었다. 에다노 유키오(枝野幸男) 관방장관은 7월 28일 자민당 의원들의 한국 방문을 개인적인 일로 치부하면서 역사 문제를 관리하는 데 있어 정치리더십을 포기해 버렸다. 일본 정부는 지속적으로 자민당 의원들의 '돌출 행

---

25 이기완, 「일본의 독도 영유권 주장의 정치적 의도: 자민당 의원들의 '울릉도 방문 소동'을 중심으로」, 『평화연구』 20-1호(2012).

동'임을 강조하며 사태 진화에 나섰지만, 사태가 진화되기도 전인 2일 "일본 고유영토인 북방 도서 및 다케시마의 영토 문제가 여전히 미해결 상태로 존재한다."라고 명기한 2011년 판 『방위백서』를 결정함으로써 사태를 더욱 악화시켰다. 2010년 7월 말 계획되었던 2010년 판 『방위백서』가 한일강제병합 100년과의 연관성 속에서 연기되었다는 것과 비교하면 역사 문제를 관리하기 위한 노다 내각의 능력과 의지를 의심할 수 있는 여지가 있다.

2011년 한국 헌법재판소의 판결은 사태를 더욱 악화시켰다. 2011년 8월 30일 헌법재판소는 일본군위안부와 한국인 원폭피해자에 대한 한국 정부의 부작위가 위헌임을 판시하며 한국 정부가 분쟁해결 절차에 적극 나서도록 촉구하였다. 이를 계기로 2011년 12월 교토에서 개최된 한일 정상회담에서는 이명박 대통령이 노다 총리에게 일본군위안부 문제 해결의 시급성을 강도 높게 제기하며 일본 측을 압박하였고, 이에 대해 노다 총리는 인도주의적 해법 마련을 약속한 바 있다. 그러나 법적 책임론을 주장하는 한국의 입장과 인도주의적 접근을 시도하려는 일본의 입장이 근본적으로 대립하는 가운데 이 문제는 독도 문제에 이어 또 하나의 양국 간 갈등으로 자리를 잡아가고 있었다. 이는 2011년 12월 14일 한국 정신대문제대책협의회(정대협)이 주한 일본군 대사관 앞에 소녀상을 설치하고 일본 정부가 동상의 철거를 요구하면서 양국 국민감정을 악화시키는 사태까지 발전되었다. 동시에 노다 총리는 2012년 3월 26일 국회에서 "(일본군 성적 노예라는 표현에 대해) 정확하게 기술된 것이냐 하면 크게 괴리가 있다."라고 말하면서 한국 국민감정을 더욱 악화시켰다.[26] 무엇보다 같은 해 5월 6일 일본 국회의원 방문단이 미국에 건립된 위안부 추모비 철거를 요구하고, 6월에는 일본

우익이 소녀상 앞에 '다케시마는 일본영토'라는 막대를 꽂았다는 사실이 알려지면서 한국 국민감정은 더욱 악화되었다.

물론 일본 정부는 사이토 쓰요시(齊藤勁) 일본 관방부장관을 중심으로 일본군위안부 문제에 대한 대응을 모색하며 일본군위안부 문제에 대한 총리의 사죄, 주한 일본대사의 위안부에 대한 직접 대면 사죄, 일본 정부의 직접 보상을 주 내용으로 하는 해결책을 2012년 4월 한국 정부에 제시한 것으로 알려졌다. 그러나 한국 정부는 "일본 정부가 법적 책임을 명확히 인정하지 않았다."라며 거부한 것으로 전해졌다. 노다 총리 등의 무신경적 행동과 발언으로 악화된 국민감정 속에 한국 정부는 "피해자와 관련 단체가 납득하지 않는 한 해결될 수 없다."라는 입장을 보였다.[27] 무엇보다 한국 정부가 사이토 관방부장관의 제안을 수용할 수 없었던 것은 역사 문제에 소극적으로 대응하던 노다 정부가 과연 이를 실행할 수 있을까 하는 의구심 때문이었을 것이다.

이렇듯 일본 국회의원의 울릉도 방문에 대한 일본 정부의 소극적 대응, 일본군위안부 문제에 있어 일본 정부의 미온적 대응은 2012년 8월 10일 이명박 대통령의 독도방문에 계기를 부여하였다. 여기에 8월 14일 이명박 대통령이 천황이 방한하고 싶은 경우 식민지 지배에 진심으로 사과해야 한다는 취지의 발언을 하면서 한일관계는 급격히 악화되었다. 노다 내각 8월 21일 독도 문제의 국제사법재판소(ICJ) 제소를 제안하며 한국 정부를 압박해 왔다. 10월 전년에 합의했던 한일 통화스왑 확대 조치마저 중단시키면서 노다 내각은 한일관계의 회복을 위한

26 日本国会議事録 http://kokkai.ndl.go.jp/(검색일: 2012년 7월 20일).

27 『경향신문』, 2012년 6월 1일.

노력을 방기하였다.

이렇듯 2011년 이후 역사 문제의 청산을 요구하는 한국의 요구에 대한 일본의 '무신경의 구조'가 한국의 '과잉대응'을 유발하여 한일관계의 악화를 초래하는 기본적 구도가 다시금 반복되었던 것이다.[28] 역사 문제의 분출은 한국 내, 한일관계의 전략적 가치에 대한 편차를 더욱 확대시켜 한일관계에 부정적 영향을 미친다. 한일관계에 높은 전략적 가치를 부여하는 그룹에서조차도 역사 문제가 발생하면 대일 강경정책이 필연적으로 대두될 수밖에 없기 때문이다. 후술하듯, 북한 문제를 둘러싼 한일의 긴밀한 협력, 한일 군사정보 보호협정, 상호군수지원협정, 한일 FTA, 한일 스왑협정 등이 일본군위안부 문제 및 독도 문제 등 격화된 역사영토 문제로 인해 좌초되거나 후퇴한 것은 상징적인 예일 것이다.

IV. 북한 문제 및 안보 문제에 있어 한일관계

1. 북한 문제에 있어 한일 및 한미일 공조체제

한국은 북한 핵 문제 등 안보 문제에 대해서는 기본적으로 한미일 3국의 정책조정을 근간으로 대처해 왔다. 이명박 정권 수립 이후 한미일 공조체제가 더욱 강화된 것은 보수 세력의 외교전략이 반영된 것이

---

28 이원덕, 「한일 과거사갈등의 구조와 해법 모색」, 김영작·이원덕 편, 『일본은 한국에게 무엇인가』(서울: 한울아카데미, 2006), pp. 425-429.

기도 하다.

2009년 북한의 핵실험 이후, 국제사회는 북한에 대한 제재를 강고히 하였다. 이명박 정부 또한 북한이 핵 프로그램의 핵심 부분을 폐기하면 국제사회는 북한에 확실한 안전보장을 제공하고 지원을 본격화한다는 일괄 타결안, 일명 '그랜드바겐' 전략을 발표하였다. 선 핵포기, 후 안전보장 및 지원 전략이다. 이는 북한이 핵을 포기할 때까지 국제적 포위망을 견고히 유지해야 한다는 의미이기도 하였다.[29] 일본 정부는 이와 더불어 납치 문제의 해결이 급선무였다. 한일 양국은 북한 문제에 있어 양국의 의견을 상호 수용하는 형태로 견고한 협력체제를 구축하였다. 실제 2009년 9월 한일 정상회담에서는 "당면은 안보리 결의에 기반을 둔 제재를 착실히 실시하면서 북한의 신속한 6자회담 복귀, 공동성명의 완전한 이행, 납치 문제 등의 인권상황에의 대응을 요구하는 데 일치했다."라며 한일 양국의 단결된 모습을 보여주었다.[30] 10월 9일의 한일 정상회담에서도 "북한 문제에 대해 한일, 한미일의 흔들리지 않는 연대를 확인했다."라고 하면서 북한 문제에 대한 한미일 3국의 조정을 중시하는 태세를 표명하였다.[31]

이러한 한일 양국 정부의 단일화된 의견으로 중국을 설득하는 혹은 압력을 구사하는 양상이 전개되었다. 2009년 10월 개최된 한중일 정상회담에서 원자바오(溫家寶) 총리가 북한 방문을 통해 북한이 6자회담

---

29 윤덕민, 「북핵문제와 한반도 정세: 그랜드바겐의 모색」, 『통일전략포럼보고서』 44호 (2009), p. 14.

30 日本外務省 http://www.mofa.go.jp/mofaj/area/korea/visit/0909_sk.html (검색일: 2012년 7월 20일).

31 日本外務省 http://www.mofa.go.jp/mofaj/area/korea/kaidan/sk_0910_gai.html (검색일: 2012년 7월 20일).

재개에 대해 긍정적 답변을 해 왔다는 사실을 전달하며 대북 강경정책을 완화하려 했던 반면 하토야마 총리는 기자회견에서 "(북한 문제에 있어) 핵개발, 탄도미사일 개발에 더해 한국처럼 납치 문제가 존재한다. 이 문제를 포괄적으로 해결해 간다는 것이 일본의 생각이며, 이명박 대통령이 제창하는 그랜드바겐과도 공통되는 생각이다."라며 한일 정상회담에서 합의되었던 내용을 다시 한 번 강조하였다.[32]

이렇듯 한일 및 한미일 공조를 통해 북한 문제에 대해 정책을 조율하고 이를 바탕으로 중국에 압력을 구사하는 방식이 이후에도 계속 반복되었다. 2010년 3월 천안함 사건과 11월 연평도 사건에 있어 일본은 5월 28일 화물검사법을 통과시켜 북한에 대한 제재를 더욱 강화하였고, 한국 정부의 조사결과 및 7월의 유엔 안보리 의장성명에 대해 한국 측 입장을 지지하였다. 12월 6일 개최된 한미일 외무장관 회담에서는 연평도 사건을 강하게 비난하며 "북한의 도발적·호전적 태도는 3국 모두를 위협하는 것이며, 이러한 태도에 대해 3국은 결속하여 대응할 것을 확인하였다."라며 한미일 삼각 공조체제를 명확히 하였다.[33]

반면 5월 30일 개최된 한중일 정상회담에서는 천안함 사건에 대한 한국 정부 조사에 대해 "중일 정상은 한국 및 기타 국가에 의해 시행한 조사를 중시하고, 다른 당사자의 반응에 유의했다."라는 성명을 발표하는 데 머물렀다.[34] 하지만 중국이 한국의 조사결과에 대해 신뢰하지

32 首相官邸 http://www.kantei.go.jp/jp/hatoyama/statement/200910/10JCKkyoudou.html (검색일: 2012년 7월 20일).

33 日本外務省 http://www.mofa.go.jp/mofaj/kaidan/g_maehara/usa_1012/juk_ks_jp.html (검색일: 2012년 7월 20일).

34 日本外務省 http://www.mofa.go.jp/mofaj/area/jck/summit2010/kpr_1005.html (검색일: 2012년 7월 20일).

않고 유엔 안보리 의장성명에도 소극적이었다는 것을 감안하면 한일 양국 정부의 압력이 상당히 반영된 것으로 볼 수 있다.[35]

물론 같은 해 10월 개최된 한중일 정상회담에서는 천안함 사건으로 경화된 상황을 풀기 위해 6자회담의 재개를 추구하던 중국의 입장이 반영되어 "6자회담은 회담을 위한 회담이어서는 안 되고 성과를 내는 것이 중요하다는데 일치"했다는 성명이 발표되었다.[36] 다만 회담을 위한 회담이어서는 안 된다는 한국과 일본 주장을 반영하는 타협적 형태가 되었다.[37]

천안함 사건과 연평도 사건 이후 미국 정부는 북한과의 직접 대화를 모색하였고, 중국은 6자회담의 재개를 위해 북한을 설득하였다. 이러한 흐름에 북한의 사죄와 재발방지 약속이 없다면 대화는 불가하다는 입장을 고수하던 한국 정부는 북한과의 직접 대화를 모색하는 것으로 방향을 선회하였다. 하지만 이 과정에서도 한국은 ① 회담을 위한 회담이 아니라 북한의 핵포기에 대한 구체적 행동과 도발적 행위에 대한 사과와 재발방지 등 구체적인 성과를 내는 회담이 되어야 하며, ② 남북대화가 북미대화 및 북일대화에 우선해야 한다는 입장을 고수하였다.[38] 물론 2010년 8월 카터 전 대통령의 방북, 2011년 4월 클린턴 전 대통령의 방북 등 미국의 대북접촉이 선행되며 한국과 미국 사이에는 인식의 균열이 존재하기는 했지만, 커트 캠벨 미국 국무부 동아태 차

---

35 『조선일보』, 2010년 7월 10일; 平岩俊司, 「日韓協力の重要性とその課題」, 『日本国際問題研究所コラム』(2011年 8月 2日).

36 日本外務省 http://www.mofa.go.jp/mofaj/kaidan/s_kan/cn_kr_1010.htm (검색일: 2012년 7월 20일).

37 『동아일보』, 2010년 10월 30일.

38 『한국일보』, 2010년 11월 28일.

관보는 "북한과의 협상에서 진전을 이루려면 북한이 남한과의 관계개선을 위한 조치를 먼저 보여줘야 한다."라며 한국 입장을 지지하였다.[39] 실제 2011년 7월과 9월에 남북 비핵화 회담이 개최되며 남북대화가 진전되자 10월과 12월 북미 공식 대화가 진행되었다.

이 상황에서 한국 정부의 입장을 가장 적극 지지했던 국가는 일본이었다. 마츠모토 다케아시(松本剛明) 일본 외무상은 2011년 3월 한일 외무장관 회담에서 "북한과의 대화에 대해, 우선 남북대화가 실시되고, 그 후 일본과 미국과의 대화가 실시되며, 6자회담 재개에 연결되어야 한다. 여기에도 한국 및 미국과의 연계가 중요하다."라고 발언하며 대북정책에 있어 한국과의 공조를 다시금 확인하였다. 이 회담에서 양국 정부는 "대화를 위한 대화는 부적절하며, 북한이 먼저 비핵화를 하겠다는 자신의 약속을 진지하게 이행할 의사를 구체적인 행동으로 보여줄 필요가 있다."라며 의견의 일치를 보였다.[40]

이러한 자세는 7월 23일 개최된 한미일 외무장관 회담에서도 다시금 확인되었다. 이 회담에서 3국 외무장관은 "미일 간, 한미 간 동맹, 그리고 한일 간의 파트너십이 아시아에 있어 평화와 안정의 유지에 불가결하다고 인식했다."라는 성명을 발표하였고, 북한 문제에 대해서는 비핵화를 둘러싼 남북대화를 지지하며, 6자회담 공동성명과 유엔안보리 결의에 입각하여 북한의 우라늄 핵개발 포기를 강력하게 주문하였다.[41]

---

39 『동아일보』, 2010년 9월 10일.

40 日本外務省 http://www.mofa.go.jp/mofaj/area/jck/g_kaigi/jk_1103_gai.html (검색일: 2012년 7월 20일).

41 日本外務省

이러한 한일 및 한미일 정부의 의견 조정은 5월에 개최된 한중일 정상회담에서 중국의 적극적 역할을 압박하는 형태로 나타났다. 간 나오토 총리와 이명박 대통령은 우라늄 핵개발은 유엔 안보리 결의 및 6자회담 공동성명을 위배한 것이라며 우려를 표명하면서 상임이사국이며 6자회담 의장국인 "중국의 역할에 대한 기대를 표명한다."라고 하면서 중국이 북한에 대해 구체적 행동을 이끌어내는 데 적극적 역할을 할 것을 압박하였다.[42]

이후 12월 김정일의 사망으로 주춤하던 북미대화는 2012년 2월 비핵화 사전조치, 대북 영양지원, 북미관계 개선을 주요 내용으로 하는 합의문을 발표하였다. 하지만 3월 북한이 '실용위성'이라는 미명하에 탄도미사일 발사계획을 발표하고 실제 4월 13일 미사일 발사를 강행하자 북미관계 및 남북관계와 북일관계가 냉각되었다. 이에 한미일은 4월 16일 대북제재의 강화를 핵심내용으로 하는 유엔 안보리 의장성명을 채택하는 데 협력하였다. 7월에 개최된 한미일 외무장관 회담에서는 북한 핵 문제, 탄도미사일 문제와 더불어 인권 문제의 개선까지 요구하는 강력한 선언문을 채택하면서 북한 문제를 둘러싼 한미일의 포괄적 정책협조가 구가되었다.[43]

반면 5월 개최된 한중일 정상회담에서는 북한의 추가적인 도발을 방지하기 위해 한중일이 더욱 긴밀히 협력해 가는 것에 합의했지만,

---

http://www.mofa.go.jp/mofaj/kaidan/g_matsumoto/asean1107/pdfs/juk_gk_jpr2.pdf (검색일: 2012년 7월 20일).

42 日本外務省 http://www.mofa.go.jp/mofaj/area/jck/summit2011/jck_gaiyo.html (검색일: 2012년 7월 20일).

43 日本外務省 http://www.mofa.go.jp/mofaj/kaidan/g_gemba/asean1207/juk_gk.html (검색일: 2012년 7월 20일).

북한 문제에 대해 발언을 자제하는 중국 입장을 배려하여 「3국 간 포괄적 협력 파트너십 강화에 대한 공동성언」에서는 북한 문제가 제외되었다.[44]

하지만 북한 문제에 대한 한일 간의 긴밀한 협력은 8월 이명박 대통령의 독도방문 이후 중단되었다. 북한 미사일 발사 사건이 진정된 8월에 북일 정부 간 대화가 재개되어 양국이 관심 있는 사항을 광범위하게 논의하는 고위급 정부 대화를 개최하는 데 합의하였다.[45] 물론 이러한 북일교섭의 재개는 민주당의 나카이 히로시(中井洽) 납치문제담당대신이 2011년 7월과 2012년 1월 중국에서 송일호 북일국교정상화 교섭담당대사를 극비리에 만나서 모색해 왔던 것이다.[46] 하지만 9월 27일 한일 외무장관 회담이 개최되었지만, 핵심 논의 주제는 독도 문제, 위안부 문제, 이명박 대통령의 천황사죄발언이 핵심적으로 논의되었을 뿐 북한 문제에 대해서는 한일, 그리고 한미일 간의 긴밀히 협력한다는 원론적 수준에 머물렀고, 북일 대화에 대한 정책조율은 없었다.[47]

또한 12월 북한의 인공위성 발사를 둘러싼 한일 협력은 제대로 이루어지지 않고, 한미일의 형태로 우회적으로 협력이 이루어졌다. 가령 12월 4일 개최된 북한 문제를 둘러싼 한미일 실무자회담에서 북한의 인공위성 발사가 현실화되는 경우 UN 안보리 성명에 입각하여 단호한

---

44 日本外務省 http://www.mofa.go.jp/mofaj/area/jck/summit2012/joint_declaration_jp.html (검색일: 2012년 7월 20일).

45 NHK解説委員室, 「日朝協議: 拉致問題は」. http://www.nhk.or.jp/kaisetsu-blog/450/130350.html#more(검색일: 2012년 9월 12일)

46 『産経新聞』, 2012년 1월 9일.

47 日本外務省 http://www.mofa.go.jp/mofaj/area/korea/visit/1209_gk.html (검색일: 2013년 4월 10일).

대처를 하고 동시에 북일 교섭 또한 실질적으로 중단하기로 합의하였다.[48] 하지만 한일 간의 직접 대화는 12월 12일 북한의 인공위성 발사 직후 이루어진 한일 외무장관 전화회담이 전부였다. 동시에 2013년 1월 22일 북한 인공위성 발사 이후 유엔 안보리 2087 결의안을 채택하는 과정에서도 한일 양국은 양자 회담을 통해 정책조율을 하지 못하고 미국을 매개로 원추형적인 정책조율에 머물렀다. 물론 1월 10일 개최된 한일 차관급 전략대화에서 북한 문제가 논의된 것은 사실이나 여전히 외무장관 회담 등은 개최되지 않았고, 북한 문제를 둘러싼 한일 정책공조는 예전과는 달리 미국을 매개로 간접적인 형태에 머무르고 있는 것이 사실이다.

2. 미국을 매개로 한 한일 군사협력

기본적으로 한일 군사협력은 일본의 식민지 지배로 인한 국민감정으로 터부시 되어 왔다. 1998년 10월에 발표된 「한일 파트너십 선언」은 탈냉전 이후 불안정한 아시아 정세를 바탕으로 한일 간의 안보협력을 강화하게 된 계기가 되었다. 실제 1998년 12월 한국 해군에 의한 북한 잠수정 격침사건 이후 한국 국방부와 일본 방위청 및 군부 당국자 간의 핫라인이 설치되었다. 동시에 1999년 8월에는 한국 해군과 일본 자위대 함정이 동중국해에서 공동 해난구조 훈련을 실시하였다.[49]

---

48 日本外務省 http://www.mofa.go.jp/mofaj/press/release/24/12/1205_01.html (검색일: 2013년 4월 10일).

49 서동만, 「한일 안보협력에 관하여」, 김영작·이원덕 편, 『일본은 한국에게 무엇인가』

완만하게 발전되던 한일 안보협력은 2010년 이후 미국을 매개로 더욱 강화되어 갔다. 앞서 서술했듯이, 2010년의 일련의 사건은 한일 안보협력에 대한 필요성을 제고시켰으며, 이에 따라 한일 정부는 이전까지 터부시 되어 왔던 군사협력을 구체화해 갔다. 2011년 1월 한미 국방장관 회담에서는 군사 정보의 상호 제공 및 이에 관한 규정을 명문화한 「군사정보 포괄 보호협정」 체결을 위해 노력하기로 합의하였다. 동시에 유엔평화유지활동(PKO)과 인도적 지원 및 재난구호활동 등의 분야에서 물자, 식량, 연료를 서로 지원하는 「상호군수지원협정」 체결을 위해 구체적인 협의를 진행하기로 합의하였다.

위 두 협정은 실질적으로 양국의 첫 군사협정이라는 면에서 주목을 받았다.[50] 전자의 협정은 대북 정보의 상호 공유를 염두에 둔 협정으로 한반도에 대한 한일 안보협력의 성격이 크며, 후자의 협정은 해외 군사전개에 있어 상호협력의 성격이 강하다. 이러한 군사협력은 1998년 신가이드라인이 책정되면서 주일미군의 극동지역 전개에 대한 일본의 후방지원을 가능케 했던 '미일동맹의 재정의'와 밀접히 연관되어 있었다. 일본의 군사적 역할이 주일미군의 후방지원까지 확대되면서 이를 보완할 한일 간의 안보협력, 특히 북한을 둘러싼 한일 안보협력의 필요성이 대두한 것이다. 실제 2009년 10월 한일 정상회담에서 양국은 "북한 문제에 대해 한일 간의 정보교환 구조를 더욱 강화해 가는 것에 일치했다."라는 성명을 발표하였다. 김정일 사망 이후 2011년 12

(서울: 한울아카데미, 2006), p. 149; 서승원, 「긴박한 동북아 안보정세, 그리고 긴밀화해 가는 안보협력」, 최관·서승원 편, 『저팬리뷰 2011』(서울: 도서출판 문, 2011), pp. 28-29.

50 『연합뉴스』, 2011년 1월 10일.

월 한일 정상 전화통화에서는 "다양한 정보수집 및 그 공유를 위해 협력하고 긴밀히 연계할 것"을 확인하였다.[51]

또한 한미동맹 재정의로 로컬동맹으로서의 한미동맹은 지역동맹 혹은 세계동맹으로 격상되어 주한 미군의 아시아·태평양 지역 전개가 가능해졌으며, 이에 대한 한국군의 지원이 요구되고 있으며, 이에 따라 해외 지역에서의 한일 안보협력의 필요성이 대두되었다.[52] 실제 2010년 2월 한일 외무장관 회담에서 "(아프가니스탄의) 정세에 대한 인식을 공유하며, 양국은 각국의 장점을 살린 지원을 해 나아갈 것을 확인하였다. 동시에 현재 실시 중인 한일협력(직업훈련지원, 농업재원, 남녀 격차시정을 위한 공동연수)에 더해서 한국이 지방재건팀(PRT)를 파견할 예정인 플원현에 있어 한일 양국이 협력해서 지원하기 위해 현지에서 협의를 개시할 것을 결정하였다." 동시에 "아이티 복구 부흥 지원에 있어 양국이 평화유지군(PKO)을 파견하고 있기 때문에 한일 양국이 협력해 간다." 라는 것을 확인하였다.[53]

그런 의미에서 양 협정은 미일동맹 재정의와 한미동맹 재정의에 따른 한일 안보협력의 강화를 상징적으로 보여준다고 하겠다. 미국 정부가 한일 군사정보 보호협정에 긍정적인 반응을 보인 것은 이러한 이유 때문이다. 미국이 2012년 6월 14일 워싱턴에서 열린 한미 외교국방장관 회담(2+2 회담)에서 한미일 3국 간 안보협력을 강조하며 교착상태

---

51 日本外務省 http://www.mofa.go.jp/mofaj/area/korea/kaidan/sk_0910_gai.html 및 http://www.mofa.go.jp/mofaj/kaidan/s_noda/1112_korea.html(검색일: 2012년 7월 20일).

52 하영선 편저, 『한미동맹의 비전과 과제』(동아시아연구원, 2006), pp. 29-48.

53 日本外務省 http://www.mofa.go.jp/mofaj/kaidan/g_okada/kankoku10_ga.html (검색일: 2012년 7월 20일).

에 놓인 한일 군사비밀보호협정 체결을 촉구한 것으로 보도되었는데, 이는 한일 군사협력이 한미일 협력체제의 틀 속에서 진행되고 있다는 사실을 잘 보여준다.[54]

한일 군사협력이 한미일 삼자의 군사훈련으로 나타나는 것 또한 주목할 만하다. 2010년 10월에 한국에서 실시된 대량 살상 무기 확산방지구상(PSI) 해상봉쇄훈련에 일본 해상자위대가 참가하였다. 이에 앞서 동년 7월 실시된 한미 합동군사훈련에 일본 해상자위대 장교 4명이 미군 함정을 타고 훈련 상황을 참관한 적이 있다.[55] 2010년 10월에는 한미일 장군급으로 구성된 막료회의가 운영되고 있으며, 29일 하와이에서 한미일 육군 막료회의가 개최되었다는 보도도 있었다.[56] 2011년 12월 개최된 미일 합동군사훈련에 한국이 사상 처음으로 참여하기도 하였다.[57] 2011년 7월에는 부산 해역 근처에서 한미일 해상구조훈련이 비공개로 실시되었고, 2012년 6월에는 제주도 남방 해역에서 미 7함대와 한일 해군이 참가한 대규모 해상구조 훈련과 해양차단 훈련이 실시되었다고 보도되었다. 한국 국방부는 인도훈련에 불과하다며 여론을 무마시키려 했지만, 실질적 군사훈련으로 볼 수 있다.[58] 이와 더불어 한일 양자 간의 군사훈련도 실시되고 있다. 1999년부터 한일 해군 간 해상사고 공동 대처능력 배양 및 우호관계 증진을 위한 한일 수색 및 구조훈련(SAREX)이 실시되고 있으며, 2011년 11월 7차 훈련이 실시되었다.

---

54 『동아일보』, 2012년 6월 18일.

55 山本健太郎, 「日韓防衛協力をめぐる動向と展望: 北朝鮮問題に対する日米韓の連携強化と中国の台頭を踏まえて」, 『レファレンス』 3月号(2012), p. 29.

56 『産経新聞』, 2010년 11월 7일.

57 『毎日新聞』, 2010년 12월 2일.

58 『내일신문』, 2012년 6월 29일.

하지만 2010년부터 증대한 한일 군사공동훈련에 대해 한국의 진보세력은 한반도의 냉전화를 초래한다며 강력히 반발하였다. 2011년과 2012년 한미일 공동군사훈련에 대해 한국국방부가 인도훈련이었다고 강변한 것은 이러한 국내대립을 의식하여 반대여론을 완화하기 위해서였다. 동시에 역사 문제의 분출은 한일 군사협력에도 악영향을 미쳤다. 한국 진보세력의 반발 등으로 인한 국내대립과 역사 문제의 분출이 상호작용하여 2012년 7월 한일 정보보호협정이 좌초된 것은 이러한 상황을 잘 보여준다.

V. 비전통적 안보 및 한일 FTA 문제에 있어 한일관계

앞에서 살펴보았듯이 북한 문제 및 안보협력 등 전통적 안보에 대해서 한일 양국은 미국과의 연계 속에 협력관계를 진척시켰다. 전통적 안보에 해당하는 북한 문제, 해적, 해상안보, 아프가니스탄 문제 등 국제 안보 문제에 대해서는 한일 양자 회담과 한미일 3자 회담이 중복되고 있다. 실제 2010년의 경우를 보면 한미일 3국 사이에 북한 문제와 더불어 아프가니스탄 지원 문제, 해상안보, 해적 대책이 중요한 의제였다. 한일 양국 사이에는 아프가니스탄 등 국제원조를 문제를 협의하기 위한 '한일 원조정책협의', 테러 및 해적 대책을 논의하는 '한일 테러협의'를 개최하는 데 합의하였으며, PSI에 대한 협력이 논의되었다. 한일 안보협력이 한미일 삼각관계와 연동하고 있는 것이다.

반면 경제, 에너지, 환경, 해양협력 및 인적 교류 등 비전통적 안보 문제는 한중일 협력체제와 연동하며 한일협력이 전개되었다. 실제 한

중일 협력체제에서는 경제, 에너지, 환경, 해양협력 및 인적교류 등 비전통적 안보 문제가 포괄적으로 전개되고 있다. 물론 한중일 3국은 2010년 10월「한중일 협력 10주년을 기념하는 공동성」에서 "3국은 안전보장대화를 강화하여, 3국의 방위담당자 또는 군 당국 간 규류 및 협력을 추진한다."라고 선언하며 전통적 안보 측면에서의 협력을 추구하였다. 이에 따라 2011년「한중일 해상수색구조협정」에 대해 원칙적인 합의를 이루었다.[59] 하지만 이러한 발전은 매우 제한적일 수밖에 없다. 한국과 일본 모두 미국과의 동맹관계에 있기 때문에 전통적 안보에서는 미국과의 관계가 우선시 될 수밖에 없고, 그에 따라 한미일 협력체제 내에서 주로 논의될 것이기 때문이다.

이렇듯 한중일 협력체제는 핵안전, 환경, 인적문화 교류, 경제무역 등 비전통적 안보 측면에서 괄목할 만한 성장을 보이고 있으며, 이 문제들이 한일관계와 연동하고 있음을 알 수 있다. 여기에는 두 가지 패턴이 존재한다. 우선 일부 이슈에는 한일 파트너십이 확보되고, 즉 한일관계에서 그 문제가 우선 논의되어 한일협력을 확인한 후 한중일 협력체제에서 이를 주도하는 형태이다. 다음으로 중국의 주도권하에 한중일 협력체제에서 논의된 문제들이 한일 양국에 영향을 미치는 형태가 관찰된다. 이러한 두 가지 사례를 분석하는 것은 한일관계에 있어 한중일 협력체제의 의미를 고찰하는 데 중요한 시사점을 줄 것이다.

먼저 한일협력에 기반을 두어 한중일 협력체제를 주도하는 사례를 살펴보자. 2009년 10월 9일 한국을 방문한 하토야마 총리는 기후변

59 日本外務省 http://www.mofa.go.jp/mofaj/area/jck/jck_10_ka.html 및 http://www.mofa.go.jp/mofaj/area/jck/summit2011/jck_gaiyo.html (검색일: 2012년 7월 20일).

동 문제를 포함한 환경협력을 강화하기 위해 '한일 그린 파트너십 구상'을 사무레벨에서 협의해 갈 것을 합의하였다. 동시에 자신의 동아시아 공동체 구상을 설명하며 한국의 지지를 호소하였다. 인적교류 차원에서는 한중일 대학교류 구상을 밝히면서 이를 둘러싼 한일 협력을 강조하였다.[60]

이러한 일본의 구상에 대한 한일 협력을 확인한 후 다음날 개최된 한중일 정상회담에서 이들 문제가 본격적으로 논의되었다. 이에 「한중일 협력 10주년을 기념하는 공동성명」에 한중일 대학교류 구상이 채택되었고, 이후 '아시아 캠퍼스'로 명명되며 한중일 청소년 교류 및 한일 청소년 교류의 핵심 의제가 되어 갔다. 한중일 환경협력 또한 지속적인 의제였는데 '한일 그린 파트너십'이 한일 양국 사이에서 구체화되면서 한중일 환경협력을 주도해 가고 있다. 한일관계에서 파트너십을 확보하고 이를 통해 한중일 협력체제에서 의제 설정 및 논의를 주도하는 형태가 확보된 것이다.

2011년의 경우 동일본대지진 이후 나타난 핵안전 문제에 있어 한일 파트너십 또한 한일관계가 한중일 협력체제를 선도하는 양상을 보여주었다. 2011년 5월 22일 한일 정상회담에서 '한일 원자력안전 이니셔티브'가 채택되었다. 이는 원자력 안전에 관한 협력, 평상시의 정보교환 강화, 긴급 시의 의사소통, 원자력 문제를 협의하는 고위급 회담의 개최를 핵심 내용으로 하는 한일 원자력안전 이니셔티브는 한중일 정상회담 공동성명 「원자력안전 협력에 관한 합의문서」의 토대가 되

60 日本外務省 http://www.mofa.go.jp/mofaj/area/korea/kaidan/sk_0910_gai.html (검색일: 2012년 7월 20일).

었다.[61] 무엇보다 2010년 12월 20일 서명한 「한일 원자력 협정」은 한중일 정상회담의 핵심 의제인 에너지 및 핵안전을 한일이 주도할 수 있는 토대가 되었다.

물론 중국의 주도에 의해 한중일 협력체제의 핵심의제가 되고 있는 부분도 존재한다. 한중일 FTA와 한중 FTA 논의가 대표적이다. 2011년 5월 한중일 정상회담에서 중국은 한중일 FTA 교섭 개시를 주장하였다. 동시에 10월에는 한중 FTA 교섭을 제안하였다. 이후 한중일 FTA와 한중 FTA가 한일 FTA에도 영향을 주면서 복잡한 역학관계를 보이고 있다.

민주당 정부는 적극적인 FTA 정책을 추진하였다. 실제, 민주당 정부의 신경제정책으로 평가받는 '신성장 전략' 내에 FTA 정책이 중요한 부분을 차지하였다. 2009년 12월 각의 결정된 '신성장 전략'은 크게 세 가지의 방향성으로 나타났다. 첫째, '고용·인재'라는 타이틀 속에 보육 시스템 개혁 등 저출산 사회에 대처하기 위한 적극적 시책의 실시이다. 둘째, 신성장 산업으로 환경(칸쿄), 건강(켄코), 관광(칸코)에 역점을 두어 신성장 동력을 창출하려는 3K 전략 및 과학기술 진흥 정책이다. 마지막으로 기존 산업의 국제경쟁력을 활용하여 아시아·태평양 지역의 고도성장 벨트에 참여하려는 적극적 FTA 전략이다.[62] 결국 이러한 경제 전략은 대외 연계를 통해 기존 주류 산업의 국제경쟁력을 최대한 활용하면서 신성장 산업의 육성을 통해 일본 경제를 성장시키고, 성장의

---

61 日本外務省 http://www.mofa.go.jp/mofaj/area/jck/summit2011/jk_gaiyo.html (검색일: 2012년 7월 20일).

62 首相官邸 http://www.kantei.go.jp/jp/kakugikettei/2009/1230sinseichousenryaku.pdf (검색일: 2012년 7월 20일).

혜택으로 저출산 고령화에 대처하려는 전략이다.

이에 하토야마 총리는 한국 정부에 한일 FTA 교섭 재개를 요구하며, 한일 경제협력 혹은 경제공동체에 적극적인 모습을 보였다. 이러한 한일 FTA에 대한 자세는 간 나오토 총리 때에 더욱 강화되어 갔다. 2010년 5월 한일 양국 정부는 한일 FTA 교섭 재개를 위한 고위급 회담에 합의하였다. 노다 내각 때, 2011년 10월 한일 정상회담에서는 한일 FTA 교섭재개를 위한 실무자 회담을 가속화할 것과 더불어 시장 불안정에 대처하기 위해 한일 스왑협정 한도액을 130억 달러에서 700억 달러로 확대하는 것도 합의하였다. 이러한 한일 FTA 협상 재개를 위한 노력과 스왑협정의 확대는 동아시아 무역자유화 및 금융협력에 있어 한일 파트너십의 토대가 될 것으로 예상되었다.

동시에 2010년 10월 간 나오토 총리는 TPP 교섭에의 참가를 검토하겠다는 방침을 표명하며 TPP 참가에 열의를 보였다. 하지만 간 총리의 TPP 참여 발표는 국내적 대립구조를 야기하였다. 농업 단체의 집단적 반발 심지어 민주당 내 반발에 직면하여 간 총리는 TPP 참여 여부에 대한 명시적 답변을 회피할 정도였다. 더욱이 2011년 3월의 동일본대지진은 이러한 TPP 참여에 부담스런 구조를 만들어 내었다. TPP 참여로 농·수·축산업의 막대한 피해가 예상되고 있는 상황에서 위 산업이 주산업인 동북 지역에 지진피해가 집중된 것은 TPP 참여에 대한 정치적 부담을 증대시켰다.

하지만 노다 총리는 2011년 11월 APEC 회의에서 TPP 교섭에 참가하겠다고 공식 발표하였다. 따라서 노다 총리의 TPP 교섭에의 참여 표명은 2010년을 기점으로 하는 일본 외교전략의 전환 속에서 이해되어야 할 것이다. 동시에 한국의 적극적 FTA 전략이 일본 정부의 초조함을 가속화한 측면도 존재한다.[63] 2011년 10월 한미 FTA 협정이 미 의회를 통과하자 일본 언론은 '대충격'이라는 표현을 써가면서 위기의식을 감추지 못하였다. EU, 인도, 미국 등 거대 경제와 FTA를 체결하며 '경제영토'를 확장해 가는 한국을 보며 국제시장에서 경쟁 관계에 있는 일본의 국제경쟁력이 약화되어 갈지 모른다는 위기의식이 팽배해진 것이다.

이러한 한일 FTA 및 TPP에 대한 일본의 적극적 노력은 중국을 자극하였다. 마치 경제 분야에서 한미일 삼각관계를 강화하는 듯한 일본의 FTA 정책이 중국을 자극하며, 중국은 한중 FTA 및 한중일 FTA를 통해 이에 대항하고자 한 것이다.[64] 그 와중에 2011년 5월 한중일 FTA 교섭 실시 합의는 한국의 한일 FTA에 대한 매력을 감소시키는 결과를 초래하였다. 2010년 5월 이후 한일 FTA 교섭 재개를 위한 고위급 회담이 개최되고 있지만 일본 정부는 여전히 농산품 개방과 비관세장벽 철폐에 소극적 자세를 보이고 있어 타결 가능성이 낮다고 판단하기 때문이다.[65] 오히려 중국의 적극적 FTA 전략을 감지한 한국은 2012년 5월 2일 중국과의 FTA 교섭을 선언하며, 한중 FTA에 무게를 두고 있는 실정이다.[66]

동시에 역사 문제가 한일 경제협력에 부정적 영향을 미치고 있는 것도 확인된다. 일본군위안부 문제가 정치적으로 쟁점화되었던 2011년

---

63 황순택, 「일본의 FTA 정책과 TPP 참여 전망」, 『주요국제문제분석』(2011년 12월 16일), p. 8.

64 손열, 「한미 FTA 이후: FTA 네트워크와 동북아」, 『창비주간논평』(2011년 11월 13일).

65 『동아일보』, 2012년 5월 16일.

66 외교통상부 통상교섭본부, 「한중 FTA 추진 참고자료」(2012).

12월 한일 정상회담에서 노다 총리는 한일 FTA 교섭 재개를 역설하였지만 이명박 대통령은 이에 대한 언급을 회피하며 일본군위안부 문제를 적극 제기했을 뿐이었다.[67] 역사 문제로 국내 비판이 비등한 상황 속에서 'FTA 전도사'로 자칭하던 이명박 대통령 또한 소극적 태도로 전환될 수밖에 없었던 것이다. 일본 또한 이명박 대통령의 독도방문에 대한 대항조치 중 하나로, 2012년 10월 전년에 합의했던 한일 통화스왑 확대 조치를 중단하였다. 한일 역사 문제의 분출이 그동안 점진적으로 이루어 왔던 성과를 일시에 무너뜨렸던 것이다.

VI. 한일관계에 있어 민주당정권의 의미와 한계

민주당정권하의 한일관계를 포괄적으로 살펴보면, 중국의 대두는 미일동맹 강화 전략에 있어서든 아시아 중시 전략에 있어서든 한국의 전략적 가치를 상승시켜 한일관계에 긍정적 영향을 미쳤던 것이 사실이다. 하지만 일본 국가상을 둘러싼 인식의 차이는 한일관계에 복잡한 역동성을 부여하였다.

하토야마 내각과 간 내각 초반에는 역사인식이 심화되면서 그동안 터부시 되었던 한일 군사협력이 논의되는 등 한일관계가 그 어느 때보다 긴밀화되어 갔다. 하지만 간 내각 후반 이후 변화하기 시작하였다. 2010년 7월 참의원 선거 패배로 인해 분점국회가 재등장하며 민주당 정부의 정치기반이 약화되었고, 9월 센카쿠 분쟁과 2011년 3월 동

67 『한국신문』, 2011년 12월 19일.

일본대지진 이후 일본 사회가 보수화되면서 아시아와의 공생을 추구하던 민주당 정부의 리더십이 제약되었기 때문이다. 특히 전통주의적 성향이 강했던 노다 총리의 등장으로 '아시아 공생' 전략은 상당히 후퇴하였다.

〈표 6-3〉 일본의 대한 인식과 정책처럼, 네 가지 형태로 일본의 대한 정책을 유형화하면 민주당 정부는 I영역(아시아 중시와 아시아와의 공생전략)에서 II영역(미일동맹 중시와 아시아와의 공생전략), 그리고 III영역(미일동맹 중시와 내셔널리즘 전략)으로 이동했다고 볼 수 있다.

기실 I영역과 III영역은 새로운 형태가 아니었다. 기존 자민당 정부에서도 종종 보이던 형태들이었다. 아시아 중시 전략은 전향적 역사인식을 가져와 역사 문제가 관리되는 경향을 보인 반면 미일동맹 중시 전략은 아시아 외교에 대한 상대적 경시현상이 나타나 역사 문제를 일으키곤 했기 때문이다. 무엇보다 아시아 중시 전략을 전개했던 정치인들은 리버럴 세력이 많아 아시아와의 공생전략에 친화적이었다. 반면 미일동맹 중시 전략을 전개했던 정치인들은 보수세력이 많아 내셔널리즘적 경향을 보였으며, 이러한 경향이 역사 문제를 유발했던 것이다.

하지만 자민당 시기의 I영역과 민주당 시기의 I영역은 명백한 차이점을 내포하고 있었다. 기존의 '아시아주의'는 미일동맹을 상대화하여 전향적 역사인식 등을 바탕으로 아시아 국가와의 유대관계를 강화하려는 외교적 전략으로 대중 관계가 가장 중요한 전략적 위치를 점유하고 있었다. 기실 아시아주의는 적극적인 대중 정책의 다른 이름이었다. 그러나 미중 양강체제를 배경으로 하는 일본의 새로운 '아시아주의'는 미중 양 대국 사이에서 일본의 자립과 존재감을 유지하기 위해 일본과 비슷한 문제의식을 느끼고 있는 한국 및 아세안 등 아시아 중급국가와의 협력관계를 중시하고 있다는 점에서 중요한 차이점이 내포되어 있다.

무엇보다 한일관계에 새로운 가능성을 보여준 것은 다름 아닌 II 영역(간 내각)이 새롭게 나타났다는 것이다. 이는 정권교체를 달성한 민주당이 2000년대 자민당의 내셔널리즘적 국가상이 가져온 폐해를 인식하며 '아시아와의 공생' 전략을 선택하였기 때문이었다.

자민당하의 '미일동맹 우선주의'는 고이즈미 정권 시기에서 잘 드러나듯 미일동맹을 우선하는 결과 한국을 포함한 아시아 국가와의 관계가 소홀하게 되어 종종 마찰을 일으키곤 하였다. 하지만 미중 양강 체제를 배경으로 하는 일본 외교전략 속에서는 미일동맹뿐만 아니라 이를 보완할 한일관계에 높은 전략적 가치를 부여하고 있다는 점에 있어 중요한 차이점을 보이고 있다. 그만큼 '가까이 있는' 중국의 급속한 대두로 인해 '먼 곳에 있는' 미국과의 동맹을 보완하는 의미에서 '가까이 있는' 아시아 내부의 동질국가인 한국 및 호주와의 협력이 중요하게 된 것이다.

무엇보다 간 내각은 '미일동맹 우선주의'와 '아시아와의 공생전략'이 공존할 수 있음을 보여주었던 중요한 사례였다. 이는 중국의 대국화와 북한 핵 문제로 인해 미일동맹을 강화할 필요성이 증대되었다는 객관적 사실을 리버럴 세력이 수용한 것으로도 해석할 수 있다. 이러한 사실로 리버럴 세력이든 내셔널리즘 세력이든 중국과 북한 문제로 인해 미일동맹을 강화하는 것에 의견 수렴이 이루어지고 있다는 점을 알 수 있다.

그러나 평화헌법과 군사력 강화를 선택지에서 제외한 리버럴 세력은 미일동맹을 강화하는 것뿐만 아니라 가치관을 공유하고 있는 아시아 국가, 특히 한국과의 연대강화를 통해 이를 보완하려는 전략을 보여주고 있는 반면 내셔널리즘 세력은 평화헌법 개정과 군사력 강화 및 국가·국민의식의 강화를 통해 미일동맹을 보완하려는 전략을 구사하고 있어 한일관계에 있어 다른 함의성을 가지고 있다. 즉 내셔널리즘 세력은 일본의 자주성 확보와 군사력 확대를 통해 미일동맹을 보완하려는 '강한 일본+미일동맹 강화' 전략이 강한 반면 리버럴 세력은 '강한 일본' 전략을 선택지에서 제외하고 '아시아 가치공유국가와 연계+미일동맹 강화' 전략을 구사하고 있는 것이다. 따라서 II영역은 한일관계 발전에 가장 우호적인 환경을 조성하게 된다. 실제 간 내각 시 한일관계는 군사협력이 논의되는 등 최고점의 상황을 보여주었다.

하지만 간 내각은 분점국회와 일본 사회의 보수화 흐름 속에서 아시아와의 공생전략을 추구함에 있어 리더십의 제약을 받았다. 앞서 살펴보았듯이 2010년 8월의 센카쿠 분쟁에 있어 자제적 대응은 국내 반발을 초래하였고, 2011년 3월 31일 일본 교과서 검증결과 발표에 있어서는 총리 관저의 리더십이 전혀 발휘되지 않았다.

III영역(노다 내각)으로 회귀한 민주당은 결국 자민당과의 차별성을 상실하게 되었다. 물론 노다 내각 또한 이명박 대통령의 독도방문 이전에는 아시아와의 공생전략에서 근본적으로 이탈한 것은 아니었다. 하지만 일본 국회의원의 울릉도 방문에 대한 소극적 대응, 일본군위안부 문제에 있어 미온적 대응이 독도방문을 초래한 측면이 있었다는 점에서 이미 노다 내각 출범과 동시에 한일관계는 나락의 길을 준비하고 있었다고 볼 수 있다.

아베와 자민당, 그리고 일본 유신회는 III영역의 극단적 위치에 자신을 포지션함으로써 노다 내각의 존재감을 약화시켰고, 민주당은 명확한 대립점을 찾지 못하고 국민으로부터 멀어져 갔다. 현재 민주당은 2013년 2월 전국대회에서 「당창생 본부 1차 보고서」를 제출하고, 신강령을 채택하였다. 거기에서 민주당은 아시아와의 공생을 다시금 제창하며, 자민당의 내셔널리즘을 비판하고 있다. 동시에 평화주의 헌법정신의 계승, 전수방위 원칙의 견지 등 리버럴 색채를 강화하였다.[68] 야당 공조를 추구하던 전략에서 헌법 개정을 추구하는 일본 유신회와 거리를 두기 시작하였다. 물론 이러한 흐름에 대한 노다, 마에하라 등 구주류파가 반발하고 있지만, 최소한 다른 정당들과의 차별성을 의식하며 자신의 전략적 포지션을 추구하고 있다는 점에서 '정상화'의 길을 내딛고 있다. 분당의 위기에 직면한 것은 사실이지만 최소한 자민당과 일본 유신회의 내셔널리즘 경향에 역풍이 불 때 반사이익을 노려볼 수 있는 상황으로 가고 있는 것이다.

역사에 '가정(if)'은 탁상공론의 사고 유희(遊戱)에 불과할지 모르나, 만약 간 내각의 실패 이후에 민주당이 오카다 가츠야(岡田克也) 혹은 2011년 8월 민주당 대표선출(실질적 총리 선출) 1차 선거에서 1위를 했던 가이에다 반리(海江田万里)를 총리로 선택하여 I영역으로 회귀했다면 어떻게 되었을까? 이들은 기본적으로 '아시아와의 공생전략'을 견지하고 있었기에 일본 국회의원의 울릉도 방문 문제와 일본군위안부 문제에 성실한 대응을 보여줌으로써 한국 정부에 어느 정도의 기대를 주게 되었을 것이고, 이명박 대통령의 독도방문이라는 최악의 상황은 피할 수 있지 않았을까? 중일관계를 근본적으로 악화시켰던 센카쿠 국유화 조치라는 무리한 선택도 안 하지 않았을까? 이명박 대통령의 독도방문과

68 http://www.dpj.or.jp/article/102037/(검색일: 2013년 4월 10일).

천황사죄발언, 센카쿠 문제가 일본의 대한 인식과 대중 인식을 악화시켜 아베 신조와 일본 유신회의 존재감을 제고시켰던 것을 염두에 두면, 오카다 내각 혹은 가이에다 내각의 출연은 이를 미연에 방지할 수 있었을지 모른다. 최소한 자민당과의 대립전선을 명확히 하며 자신의 존재근거를 확보하면서 2012년 12월 중의원 선거에서 자민당정권으로의 정권교체까지는 막을 수 없었겠지만, 참패는 피하면서 양당제의 기본 골격은 유지할 수 있지 않았을까?

역사가 우연과 필연의 조합이라고 한다면, 2011년 8월 새로운 총리를 선출하는 과정에서 벌어진 '우연'이 민주당의 몰락과 같은 참사를 가져온 '필연'이 되어 버렸다. 2011년 8월 민주당 대표 경선에서 오카다가 출마하지 않고 노다를 지지하면서 빗나가기 시작한 '우연'은 가이에다가 1차 투표에서 1위를 했음에도 2차 투표에서 반오자와 정서로 역전당하는 '우연'으로 귀결되었다. 결국 모든 '우연'의 향연이 끝난 2011년 8월 29일 그날이 민주당의 운명, 일본 정치의 운명을 결정한 날이었음은 틀림없다. 운명의 장난처럼 가이에다는 2012년 12월 중의원 선거 참패 뒤 민주당 대표로 선출되었다.

또 다른 '우연'은 이명박 대통령의 독도방문이었을지 모른다. 한일관계를 중시하며 '뼛속까지 친일파'라 야유받던 이명박 대통령의 독도 방문은 민주당의 운명을 바꿔 놓았다. 자국 영토 수호의지를 명확히 보여준 이웃 나라 대통령의 모습 속에 권력 변동기에 직면한 중국 지도부는 센카쿠 문제에 강경하게 나올 수밖에 없었다. 일본 정부 또한 흥분하며 냉정함을 잃어 갔다. '정치 실패자'로 낙인된 극우적 성향의 아베, 제3의 극을 표방하며 등장한 일본 유신회가 부상할 수 있는 환경을 조성해 준 것이다.

물론 민주당 정부는 이명박 대통령 독도방문 이전에 이미 지지율이 높지 않았고, 자민당으로의 정권교체가 예상되었던 것은 사실이다. 이는 경제불황, 동일본대지진이라는 국가적 재난에 적절히 대응하지 못한 것 등으로 민주당의 정책과 리더십에 대한 국민의 실망이 고조되었기 때문이다. 이명박 대통령의 독도방문과 천황사죄발언으로 고조된 한일 갈등과 센카쿠 문제를 둘러싼 중일 갈등은 자민당과의 차별성을 추구하며 '아시아와의 공생전략'을 추진하던 민주당 정책의 실패를 의미하였고, 민주당의 존재근거 자체를 박탈하는 것이었다. 결국 민주당은 누구도 예상하지 못했던 중의원 선거 참패로 거의 몰락의 수준까지 내몰렸다.

참고문헌

김성철. 2009.「일본 민주당 정부와 미일관계」,『정세와 정책』162호.

김열수. 2012.「미국의 신국방전략과 한국의 대비전략」,『국가전략』18-2호.

박영준. 2009.「일본 민주당의 외교안보정책 구상과 대한반도 정책 전망」,『JPI 정책포럼』, 9월.

______. 2010.「일본 방위계획대강 2010과 한국 안보정책에의 시사점」,『EAI 논평』16호.

서동만. 2006.「한일 안보협력에 관하여」, 김영작·이원덕 편,『일본은 한국에게 무엇인가』, 서울: 한울아카데미.

서승원. 2011.「긴박한 동북아 안보정세, 그리고 긴밀화해 가는 안보협력」, 최관·서승원 편,『저팬리뷰 2011』, 서울: 도서출판 문.

손열. 2011.「한미 FTA 이후: FTA 네트워크와 동북아」,『창비주간논평』, 11월 13일.

외교통상부 통상교섭본부. 2012.「한중 FTA 추진 참고자료」.

윤덕민. 2009.「북핵문제와 한반도 정세: 그랜드바겐의 모색」,『통일전략포럼보고서』44호.

이기완. 2012.「일본의 독도 영유권 주장의 정치적 의도: 자민당 의원들의 '울릉도 방문 소동'을 중심으로」,『평화연구』20-1호.

이숙종·이원덕. 2009.「글로벌 시대의 한일관계」,『EAI 논평』4호.

이원덕. 2006.「한일 과거사갈등의 구조와 해법 모색」, 김영작·이원덕 편,『일본은 한국에게 무엇인가』, 서울: 한울아카데미.

조양현. 2009.「일본 민주당 정부의 대외정책 및 한일관계 전망」,『주요국제문제분석』, 12월 9일.

______. 2011.「3·11 일본 대지진 사태의 대내외적 영향 및 전망」,『주요국제문제분석』, 4월 17일.

조재욱. 2011.「일본의 지역안보전략과 한일군사협정: 동북아 안보공동체와의 상관성을 중심으로」,『국제문제연구』43호.

진창수. 2008.「일본의 동아시아 정책변화: 아시아주의로의 복귀」,『일본연구논총』27호.

______. 2010.「한일강제병합 100년: 간총리 담화의 평가와 한일관계」,『정세와 정책』 173호.
최희식. 2009.「현대 일본의 아시아 외교전략: 내재적 접근에서 외재적 접근으로」,『국제정치학논총』 49-2호.
______. 2011.「전후 한일관계의 구도와 민주당 정부하의 한일관계」,『국제지역연구』 20-3호.
하영선 편저. 2006.『한미동맹의 비전과 과제』, 동아시아연구원.
황순택. 2011.「일본의 FTA 정책과 TPP 참여 전망」,『주요국제문제분석』, 12월 16일.

東京財団. 2011.『日本の対中安全保障戦略: パワーシフト時代の総合・バランス・抑止の追求』, 東京財団政策提言, 6月.
______.『アジア太平洋の地域安全保障アーキテクチャ: 地域安全保障の重層的構造』. 東京財団研究報告書, 8月.
平岩俊司. 2011.「日韓協力の重要性とその課題」,『日本国際問題研究所コラム』, 8月 2日.
山本健太郎. 2012.「日韓防衛協力をめぐる動向と展望: 北朝鮮問題に対する日米韓の連携強化と中国の台頭を踏まえて」,『レファレンス』, 3月.
青木保・浦田秀次郎など. 2005.『東アジア共同体と日本の針路』, 東京: NHK出版.
渡邉昭夫. 1992.『アジア太平洋の国際関係と日本』, 東京: 東京大学出版会.
鳩山由紀夫. 2009.「私の政治哲学」,『Voice』 9月号.

찾아보기

[ㅎ]

Abstract

The Rise and Fall of the Democratic Party of Japan

Edited by Park, Cheol Hee (Professor, Seoul National University)

The Democratic Party of Japan (DPJ) assumed power for three years and three months, but it's political experiment ended up in failure. In 2009 general election, the DPJ succeeded in grasping power by securing 308 seats. However, in 2012, the DPJ obtained only 57 seats, awarding power back to the Liberal Democratic Party.

How can we evaluate the performance of the DPJ administration? What was the secret of pushing the LDP out of power? What were the major policy goals that DPJ tried to achieve? By which method did the DPJ leaders try to accomplish their goals? What were the major achievements and failures of the DPJ administration? These are the main questions that this book addresses.

This book is comprised of two parts. The first part deals with domestic political dynamics after the DPJ assumed power. It highlights the DPJ performances in the context of inter-party as well as intra-party competition. Also, shifting popular endorsement was analyzed in this part. The second part deals with external relations under the DPJ administration. US-Japan, Japan-China, and Korea-Japan relations have been critically reviewed in this part.

It is the hope of the authors of this book, who have been engaged in a joint research project for about three years, that a macroscopic analysis of the DPJ regime based on empirical evidence will contribute to a better understanding of contemporary Japanese political dynamics.

저자 약력(가나다순)

김경주(金慶珠, Kim, Kyung Joo)

현재 일본 도카이대학 교양학부 국제학과 부교수. 이화여자대학교 사회학과 졸업. 일본 도쿄대학 대학원 총합문화연구과 석사 및 박사(사회언어학 전공). 일본 CS아사히방송 시사프로진행자 등을 역임. 주요 저서에 『일한의 공통인식』(도카이대학출판회, 2006), 『언어 속의 한일관계』(리쓰메이칸대학출판회, 2013), 『굴곡의 나라 한국』(쇼덴샤출판, 2013) 등이 있다.

박영준(朴榮濬, Park, Young June)

현재 국방대학교 안보대학원 교수. 연세대학교 정외과, 서울대학교 외교학과 석사를 거쳐 일본 도쿄대학에서 국제정치학 박사학위 취득. 한일 신시대 공동연구위원회 한국 측 연구위원, 하버드대학교 US-Japan Program 초빙연구원 등을 역임. 주요 저서에 『제3의 일본』(한울, 2008), 『안전보장의 국제정치학』(공저, 사회평론, 2010), 『21세기 국제안보의 도전과 과제』(공저, 사회평론, 2012) 등이 있다.

박철희(朴喆熙, Park, Cheol Hee)

현재 서울대학교 국제대학원 교수 겸 일본연구소장. 서울대학교 정치학과 졸업. 동 대학원 정치학 석사. 미국 컬럼비아대학에서 정치학 박사학위 취득. 일본 정책연구대학원대학 조교수, 외교안보연구원 조교수, 미국 컬럼비아대학, 일본 게이오대학, 고베대학 객원교수 등을 역임. 주요 저서에 『代議士のつくられ方』(文藝春秋, 2000), 『자민당 정권과 전후 체제의 변용』(서울대학교출판문화원, 2011), *National Identities and Bilateral Relations*(공저, Stanford University Press, 2013) 등이 있다.

심미정(沈娓正, Shim, Mi Jung)

미국 보스턴대학 학사. 서울대학교 국제대학원 석사학위 취득. 석사학위 논문으로 "From the Intra-party Conflicts to Party Switching: A Research on Ozawa's Defection from the DPJ"가 있다.

조양현(曺良鉉, Jo, Yanghyeon)

현재 국립외교원 아시아태평양연구부 교수 겸 외교사연구센터장. 서울대학교 외교학과 석사. 일본 도쿄대학 정치학 박사. 전 국민대학교 일본학중점연구소 전임연구원, 하버드대학 웨더헤드센터 Academic Associate. 주요 저서에 『アジア地域主義とアメリカ』(東京大學出版會, 2009), 『외교문서 공개와 한일회담의 재조명 1』(공저, 선인, 2010), 『일본과 동아시아: 지역협력과 공동체 구상』(공저, 동아시아연구원, 2011), 『현대외교정책론』(제2판)(공저, 명인문화사, 2012), 『동아시아 다자협력의 제도화』(공저, 오름, 2012) 등이 있다.

최희식(崔喜植, Choi, Hee Sik)

현재 국민대학교 국제학부 조교수. 서울대학교 정치학과 학사 및 석사. 게이오대학 정치학 박사. 최근 연구성과로 「동북아 국제질서의 변동과 한일관계의 새로운 전개」, 『일본연구논총』(37호, 2013), 「나카소네 야스히로의 정치 리더십 연구: 내재화된 변혁적 리더십의 성과와 한계」, 『한국정치학회보』(46-5호, 2012), 「한미일 협력체제 제도화 과정연구: 1969년 한미일 역할분담의 명확화를 중심으로」, 『한국정치학회보』(45-1호, 2011), 「이승만 정부 시기의 한일관계: 한미일 냉전전략의 불협화음과 한일관계의 정체」, 『세계지역연구논총』(27-3호, 2009), 「한일회담에서의 독도 영유권문제: 한국 외교문서의 분석과 그 현대적 의미」, 『국가전략』(15-4호, 2009) 등이 있다.